四部委铸牢中华民族共同体意识研究基地

——兰州大学中国边疆安全研究中心资助出版

本书为国家社科基金重大项目"中国陆地边境对应国口岸志资料收集、整理与研究"（批准号：23&ZD205）阶段性成果

穿梭于中吉边境口岸的阿图什市跨国商人

杨亚雄 著

人民出版社

责任编辑：宫　共
封面设计：胡欣欣

图书在版编目（CIP）数据

穿梭于中吉边境口岸的阿图什市跨国商人 / 杨亚雄
著. -- 北京：人民出版社，2025. 4. --ISBN 978-7-01-
027095-1

Ⅰ. F724. 781

中国国家版本馆 CIP 数据核字第 2025XH3703 号

穿梭于中吉边境口岸的阿图什市跨国商人

CHUANSUO YU ZHONGJIBIANJING KOUAN DE ATUSHISHI KUAGUO SHANGREN

杨亚雄　著

人民出版社 出版发行
（100706　北京市东城区隆福寺街 99 号）

北京建宏印刷有限公司印刷　新华书店经销

2025 年 4 月第 1 版　2025 年 4 月北京第 1 次印刷
开本：710 毫米×1000 毫米 1/16　印张：19.25
字数：294 千字

ISBN 978-7-01-027095-1　定价：68. 00 元

邮购地址 100706　北京市东城区隆福寺街 99 号
人民东方图书销售中心　电话（010）65250042　65289539

序

　　在中国陆地边境 9 省区中，分布着内蒙古自治区、新疆维吾尔自治区、西藏自治区、广西壮族自治区等 4 个自治区和辽宁省、吉林省、黑龙江省、甘肃省、云南省等 5 个多民族省份，因此少数民族多便成为中东部省区对中国陆地边境 9 省区的刻板印象。其实不然，因为中国陆地边境 9 省区的人口并不多，根据 2022 年末的人口数据，中国陆地边境 9 省区人口相加总数为 27228.28 万人，只占全国总人口 141175 万人的 19.3%。① 再从 2020 年第七次人口普查数据来看，汉族人口为 1286311334 人，占全国总人口的91.11%；各少数民族人口为 125467390 人，仅占全国人口的 8.89%。② 如果去除沿海、中部省份中的少数民族人口，中国陆地边境 9 省区少数民族比例只会低于 8.89%，加上国内在市场经济条件下人口不断迁徙与流动，中国陆地边境 9 省区从整体上来说并不是到处都是少数民族，而是少数民族人口呈现出从城市、乡镇到村寨的上升趋势，汉族人口呈现出从城市、乡镇到村寨的下降趋势。本丛书作者群从 2017 年以来进行 99 个中国陆地边境口岸普查和蹲点时也发现，在口岸常住、流动的人口多以职业身份生活，因为职业代表着生计，生计则是口岸多种职业群体生活的基础。这就是本丛书以中国陆地边境职业群体为名的根本原因。

---

① 徐黎丽、马晓东：《陆地边境口岸在中国式现代化建设中的功能》，《云南师范大学学报》2024 年第 1 期。

② 中华人民共和国中央人民政府：《第七次全国人口普查公报》，2021 年 5 月 11 日，https：//www.gov.cn/guoqing/2021-05/13/content_5606149.htm。

　　谈及中国陆地边境职业群体，不得不谈社会分工与职业、民族之间的关系。社会分工是生产力与生产关系协调发展的基础。从社会分工的多次细化变革的脉络来看，都极大地促进了人类社会的发展，同时也带来人的身份不断细化，比如农业与牧业的分工，使得人类分为农人与牧人，农人与牧人因生产生活范围有限，便以地域与生计为主形成了不同的称谓，这些称谓与我们现在所说的族群相关，比如在蒙古高原上以牧业为主的人从古至今有匈奴、鲜卑、回鹘、突厥、蒙古等等；手工业与农牧业的分工，使得人类的身份更加细化与多元，因为每一种手工业都会出现一种次身份，比如织布者、采矿者等等，由此出现了以不同语言称谓的捕鱼者、冶铁者，并逐渐演变为族群的称谓；商业与以上所有职业的分离，则出现了更多的商人群体，如卖食品者、卖衣服者、卖日用百货者等等，他们因卖相同货物便成为同一类型的人并逐渐演变为某种族群。在以上三次社会分工的基础上，人类社会在人口不断增长和职业不断细化的基础上使得人类物质生活日益丰富。随着物质生活的丰富和发展，社会分工便迎来了内部分工再细化。它包括工作程序的再细化和工作人员的再细化，如服装业中有做上衣和裤子之分，上衣又分制作袖子、前襟、后襟、领子、制作和缝纽扣等工作程序，相应来说制作每一种分产品的人就自然成为一组，比如袖子组等等。这样，人类社会随着社会分工内部的再分工，生产的产品更加符合人类生活和精神需求，于是新职业出现、老职业消逝便成为常态，如物流业、快递业兴起，由此又产生了快递员、物流人的身份；农作物收割被机器代替后，麦客等传统职业及其身份逐渐消失。因此社会分工创造了劳动者的社会身份，并且为主要的社会身份。因为每一种职业都是以维持生计的分工为基础，生计又是人类生存与发展的基石。即使目前以文化为产业的今天，生计仍然是人类第一要务，职业仍是人类最主要的身份。

　　那么民族又与社会分工产生的职业身份有何关系？虽然至今民族并没有统一的标准，但从历时性的角度来说，它是血缘关系与地缘关系相结合的结果。具有血缘关系的人首要生存之道仍然是寻找生存的生计，于是在相同的生态环境下从血缘向外扩大的群体从事相同的生计方式成为民族的最重要因素。这就与社会分工后产生的农人、牧人、手工业者、商人及其以后以上分工中的某一内部分工中的职业相对应。为了保障生产与生活的稳定，需要建立政权保护生产成果，于是以地域为基础建立政权，关于此可以从流传至今的古代政权名称中看出因分工产生的职业痕迹。再从共时性角度来说，现代被称为某个民族的族群，因生计而迁徙流动不再是居住在某个区域的群体时，由血缘关系和地缘关系组成的职业群体的身份再次被新的职业身份所取代，加上血缘关系在数量庞大的人口和越来越细化的社会分工面前回归到人类最基本的家庭单位时，民族就走上了逐渐式微的道路。当然不断出现的新职业又成为新族群的称谓，但社会性团体代替族群性团体已经是当代社会的发展趋势，以民族身份获取生计的时代已经一去不复返了。

有鉴于此，本丛书以中国陆地边境口岸职业群体为研究对象，组成一套研究丛书，它们分别是杨亚雄写作的《穿梭于中吉边境口岸的阿图什市跨国商人》、杨丽云写作的《若羌绿洲种枣人的生计调适研究》、王悦写作的《清末以降马鬃山口岸守边者社会建构研究》、韩静茹写作的《中哈边境口岸装卸工研究——以阿拉山口和霍尔果斯口岸为例》、于洁茹写作的《中哈边境口岸互市女商嬗变研究（1992—2022）》，旨在让读者了解中国陆地边境的职业群体，认识他们对中国陆地边境安全与发展作出的不可替代的贡献。

是为序。

徐黎丽

2024 年 4 月 8 日

于兰州大学一分部和协楼 106 室

目　录

前　言

阿图什市跨国商人无论在当地还是在整个新疆都有很大影响。对该群体的关注缘于作者在阿图什市开展基层工作的经历以及对该族群现实问题的持续观察。阿图什市商人持续多年的跨国经营，成为商人们及其家庭赖以为生的主要经济活动。商人们常年穿梭的两个陆路边境口岸见证了阿图什市的跨国商贸历程。

一、研究缘起、背景和意义

（一）研究缘起

关注新疆克孜勒苏柯尔克孜自治州（以下简称克州）阿图什市商人群体，特别是选择阿图什市松他克乡大肖鲁克村维吾尔族跨国布料商贸群体作为本书研究的对象，主要缘于作者2012年在阿图什市松他克乡为期一年的基层工作经历（驻村）。驻村的一年里，作者深刻感受到阿图什浓厚的商业氛围，尤其是以跨国经商而名噪当地的松他克乡给作者留下了深刻的印象。在作者所工作的大肖鲁克村，从事跨国布料生意的商人群体引起了作者的注意。在多番了解之后，作者发现这一群体之所以能够跨出国门经商，是因为当地两个常年运行的陆路边境口岸，这是商人们跨国经商所依赖的一个必不可少的条件。几十年来，阿图什市的跨国商人正是长期穿梭于吐尔尕特口岸和伊尔克什坦口岸，才成就了他们的荣耀和辉煌。驻村工作结束后，作者持续关注这一特殊的跨国商贸群体，并与其中一部分商人始终保持着联系，不断深入开展这方面的专题研究。

（二）研究背景

人类对经济活动或生计类型的选择是基于自身对所处环境的调适以及自我认识和改造自然之能力的大小。从宏观的地球大环境来看，人类的生计方式存在一个不断调适和变化的过程。农业经济作为一种传统的经济类型，在人类的繁衍和延续中，发挥着极其重要的作用。然而由于自然环境的变化，人口的增长，单凭农业越来越难以给人类提供稳定和适宜的给养。在此情境下，为了谋生，不少以农业为生的人群逐渐脱离了对土地的依赖，选择了其它生计方式。面对农业生计的局限性，阿图什市的部分人选择了一条其擅长的谋生之道：经商。

阿图什市位于天山南麓，塔里木盆地西北缘，帕米尔高原东部，生活着维吾尔、柯尔克孜、汉等民族，其中，维吾尔族人口占据绝大多数。同其他绿洲盆地的民族一样，农牧业是该市的主要经济类型。阿图什市人多地少，既有的土地不足以养活越来越多的人口。因为历史、地理以及人文环境等各方面的因素，阿图什市历史上就以商业而闻名，是著名的西域商都。当地的维吾尔族人以重商和善商而著称。20世纪80年代以来，在国家"对外开放，对内搞活"政策的影响下，阿图什市维吾尔族人利用有利的地缘优势（邻近吐尔尕特口岸和伊尔克什坦口岸），他们不仅把生意做到全国各地，而且还向海外进发，尤其是在中亚、中东、俄罗斯等国家和地区的阿图什商人较多。久而久之，在当地形成具有重大影响的跨国商贸群体。据不完全统计，阿图什的跨国经商人数在5000以上，仅吉尔吉斯斯坦首都比什凯克市某巴扎[①]就有1000多名中国新疆阿图什籍维吾尔族人长期经营布匹生意。在海外市场上，阿图什市维吾尔族人的影响越来越大。经商文化已经成为传统融入了阿图什市维吾尔族人的血液当中。

---

① 巴扎：在中国新疆以及中亚、中东等地流行的一种集市或农贸市场。

　　大肖鲁克村是阿图什市松他克乡肖鲁克村、亚喀巴格村、温吐萨克村三个村的合称，位于该乡西北部。该村的传统生计类型是农业种植和果业栽培。全村的总耕地面积有 5193 亩，人均耕地面积只有 0.44 亩，主要种植小麦、玉米等。近几年，由于气候干旱，水资源锐减，大肖鲁克村的农田灌溉也随之减少，再加上松他克平原区的土地本身碱性较大，农业收入整体上不如以前。2019 年，全村种植小麦 3010 亩，玉米 1998 亩。① 同南疆众多维吾尔族家庭一样，大肖鲁克村村民也有庭院经济，主要栽植葡萄和苹果。其中葡萄居多，品种主要是木拉格。总体而言，大肖鲁克村的生计类型比较单一。在传统经济活动不足以维持基本生计的情况下，寻找替代性生计就成为部分大肖鲁克村人不得已的选择。

　　大肖鲁克村是松他克全乡甚至阿图什全市跨国商人数量最集中的区域，其中有近 90% 的商人作布料经营。几十年的跨国经营，铸就了大肖鲁克人勤劳、坚强、乐观的性格，也改变了其家庭的生活面貌。过去的十多年来，由于受商人的生意类型单一、所跨国家政治经济形势变化、自身文化水平偏低、国际金融危机以及国内相关制度建设滞后等各种因素的影响，很多人的经营相继出现困境，他们赖以生存的商贸生计面临着挑战，甚至有一部分人终止了在国外的经营返回国内。然而，在整个国际商贸环境发生较大变迁的今天，大部分阿图什市跨国商人依然坚守着跨国布料经营，持续承担着中国—中亚商贸文化交流的民间使者之重任。

（三）研究意义

　　口岸职业群体是口岸建设与发展的有生力量，它的发展壮大是口岸发挥辐射带动作用的结果。长期依靠口岸而生的群体，其生计状况事关其生存与发展，事关其文化的延续和繁荣。阿图什市跨国商人群体是伴随中国改革开放而形成的一个特殊职业人群，是当前中国向西开放的中坚力量，对该群体的研究无论在理论方面，还是在现实方面，都具有重大意义。

---

① 　数据来源：新疆克州阿图什市松他克乡政府经信委提供。

1.理论意义：阿图什市跨国商人群体作为跨国族群的重要组成部分，因为该群体的"两头在外"决定了她不是简单意义上的口岸职业群体。口岸是阿图什市跨国商人中转、仓储的平台，是商人们通关的要道，发挥着媒介的作用。因此，必须从不同的角度和方向来研究该群体的经商过程和现实状况，此种研究有助于丰富当前口岸职业群体的研究视角。另外，在传统生计模式的持续出现难以为继时，生计主体如何适应环境变迁而实现自身的生计模式变迁以及如何持续新的生计类型，同样是本书研究的核心所在。本书所研究的阿图什市跨国商人群体因环境的变迁也面临着既有生计活动（商贸）可持续的问题。因此，本书的研究不同于学界传统的生计问题研究，而是在全面研究阿图什跨国商贸群体跨国经营活动的基础上，以商人面临的主要问题为研究导向，探讨跨国群体的生计之可持续问题，从而丰富了生计研究的领域和视角。

2.现实意义：新疆阿图什市松他克乡大肖鲁克村维吾尔族跨国商贸的历史虽然不算太长，但它是阿图什市维吾尔族生计方式从农业种植和果业栽培向商贸业转型变迁的典型。厚重的经商文化造就了跨国商人群体独特的性格，由于影响甚大，他们成为新疆其他地区维吾尔族人经商借鉴和学习的样板。只要一提到阿图什市维吾尔族商人，特别是该地区的大肖鲁克人，他们的经商故事和特殊经历经常为本群体或他者所津津乐道，其影响已经超越了族群和地域的边界，在全疆范围内都经常被人们讨论。大肖鲁克村人为什么要经商，为什么会经商，为何要出国经商，为何有如此大的影响，他们为什么大都选择布料经营，什么时候开始从事此业，现况如何，面临哪些困难和问题等等。通过对这些问题的探讨和回答，对国家、社会、商人关注维吾尔族跨国商贸乃至边境地区跨国贸易的持续和发展问题提供某种思考路径，对于现实问题的解决提供某些思路和方法。作为实证性或对策性研究，本书的研究有着鲜明的现实意义。

二、研究综述

本书主要研究的是生活在西北边疆地区商人的跨国生计活动，涉及边疆地区跨国民族的生计文化变迁，核心是探究边疆地区少数民族如何通过口岸这一载体实现自身的生计多样化。因此本书主要涉及跨国民族、生计及其可持续、跨国商贸、经济人类学、口岸等多方面的研究。

（一）国内研究

1. 跨国民族

"跨国民族"自 20 世纪 90 年代初一经提出，就在学界引起了极大关注，对相关理论和现实问题的研究比较热烈。

第一，关于跨国民族相关理论研究。何为跨国民族，这一基本概念问题目前还尚未形成比较一致的观点和结论。有人提出了跨国民族的代名词"跨界民族""跨境民族"以及"跨国人民"等。这三个概念对应的英文分别是"cross-border ethnicity""trans-border ethnicity""international ethnicity"。这三者的关系如何，研究者们见仁见智。马曼丽教授（2009）对此作了清晰的界定。马教授认为跨国民族指跨居到别国的民族，中间可能相隔一个国家，也可能相隔两个或数个国家；而跨界民族[①] 范围则局限于同一民族在相邻两国跨居，强调两国的毗邻性，即有条共同的边界横亘两国间，在边界线周围居住的民族；跨境民族范围则比跨界民族广，它不仅包括跨界民族范围，还包括在边界线两侧附近比较大的一块区域内跨国而居的民族。[②] 学界对"跨国民族""跨境民族""跨界民族"三者的辨析持续时间很长，成果

---

① 马曼丽认为，跨界民族概念有狭义和广义之分。狭义上讲，跨界民族是指那些原发民族和其传统聚居地被分割在不同国家而在地域上相连并拥有民族聚居地的民族。广义上讲，跨国民族指原发同一民族或者因消极被国家分割在不同国境内，或者因主动积极跨界而居，地域相连并拥有民族聚居地的民族。参见马曼丽《跨国民族理论问题综述》，民族出版社 2009 年版，第 3 页。

② 马曼丽：《跨国民族理论问题综述》，民族出版社 2009 年版，第 2—3 页。

也较多①，跨国民族虽是一个民族学概念，但在国际政治和国际关系学界被经常运用，尤其是跨国民族问题引起的国际政治现象成为不少学者研究的对象。这一现象到底是民族政治现象还是属于国际政治范式，目前学界并没有获得一致的认知。周建新教授（2013）对因跨国民族引发的不同国家政治变化之事象进行了研究，他将之界定为"族缘政治"②。在跨居模式的研究方面，周建新在对中国南方与大陆东南亚跨国民族的交往互动模式作了分析研究后，提出了"和平跨居论"③，这一理论的出现在学界产生了很大影响。

第二，关于跨国民族现实问题研究。国内的跨国民族问题研究有一个重要特点，那就是研究的范围一般集中在边疆地区，尤其是西北和西南边疆的跨国民族成为多方研究的重点，有时将跨国民族问题作为边疆问题来研究。如马曼丽和艾买提合著的《关于边疆跨国民族地缘冲突的动因与和平跨居条件的思索》（载《中国边疆史地研究》2003 年第 2 期），安俭的《跨国民族问题与边疆稳定战略研究》（载《中国与东南亚民族论坛论文集》，民族出版社 2004 年版），马曼丽和马磊所著的《论跨国族体问题的发展及其对中国边疆安全的威胁与对策》（载《中南民族大学学报》2010 年第 1 期）等等，都是从现实的跨国民族问题出发，来研究与其相关的各种边疆问题。

2. 生计研究

生计，即英语中的"livelihoods"，顾名思义，就是主体用来维持和创造

①　此类成果参见葛公尚《试析跨界民族的相关理论问题》，《民族研究》1999 年第 6 期；曹兴《论跨界民族问题与跨境民族问题的区别》，《中南民族大学学报》2004 年第 2 期；丁延松《"跨界民族"辨析》，《北方民族大学学报》2005 年第 4 期，等。

②　周建新认为，族缘政治就是一个国家所拥有的跨国民族，其政治诉求以及由此产生的政治、经济、文化、社会行为对国家政治与国际关系产生的作用和影响，跨国民族之间曾经天然的各种联系被当代国家界限阻碍。由于国家疆界与跨国民族的文化界限无法重合，便自然形成了矛盾，而这种矛盾的大小是与跨国民族人口多少、地域大小、资源多寡、文化传统强弱、历史记忆、参与现代国家构建程度等众多因素相关的。参见周建新《跨国民族族缘政治分析》，载吴楚克主编《中国当代边疆理论创新与发展研究》，学苑出版社 2013 年版，第 35 页。

③　周建新：《和平跨居论：中国南方与大陆东南亚跨国民族和平跨居模式研究》，民族出版社 2008 年版。

生活的方式或手段。纵观国内研究成果，生计研究大都集中在生计变迁和生计可持续研究方面。

（1）生计变迁研究

在国内，生计变迁研究是民族学和人类学研究者的重要研究内容。费孝通（1986）在《江村经济》中对开弦弓村的以农耕和养蚕业为主，养羊、贩卖和贸易等为辅助的经济生活（生计类型）作了深入细致的调查研究。①在此著作中，作者描述并探讨开弦弓村人的生计类型，对影响当地人的经济生活（生计）的因素做了客观的分析。当时费先生的生计研究并没有像当前学界这般生搬硬套生计分析理论框架，而是身体力行地通过长时间的调查分析，对田野点的生计情况做了实事求是的分析和总结。因此，《江村经济》可以称之为国内生计研究的经典之作。费孝通对村庄生计的研究开启了中国人类学生计研究的时代。中华人民共和国成立以来，尤其是改革开放以后，由于城市资本与农村土地之间的矛盾频发，学者们开始探究当代村庄生计研究模式，"劳动力的全球流动，文化和体验的商品化，以及移动互联网在乡村地区的渗透和扩散有可能成为影响中国村庄生计模式的决定性力量。"②综合而言，学者们主要关注以下几个方面：

第一，生计方式与自然生态环境关系的研究。罗康隆（2004）认为一个民族的生计方式就是其改造和利用所处自然环境的产物，也是其所处的自然环境的一种文化选择，"各民族生计方式在对其自然条件的改造利用过程中形成了自己特色的获取和利用资源的方法，但这一系列方法要持续发挥作用，就一定要将这些方法纳入该民族的文化之中，使之成为该民族文化的一个有机部分，与该民族文化的其他部分形成一个社会事实，这一过程就是民族生计方式与自然条件的相互调适过程。"③杨军昌（2013）认为民族的生计方式之形成，是其积极利用和改造其所处的自然生态系统的结果，"民族生

①　费孝通：《江村经济》，北京大学出版社 2012 年版。

②　刘能：《费孝通和村庄生计研究：八十年的回顾》，《西北师大学报》（社会科学版）2015 年第 2 期。

③　罗康隆：《论民族生计方式与生存环境的关系》，《中央民族大学学报》2004 年第 5 期。

计方式既根植于各民族所处的多样性的自然环境和多样性的文化土壤，又受制于不同时代彼此间发展不平衡的科学技术和生产力水平。"①

　　第二，影响生计变迁的因素研究。秦红增（2009）认为改革开放以来影响少数民族生计变迁的因素主要包括土地制度、政府决策、科技手段、市场导向以及村民的自我发展需求，这些因素并不是孤立存在的，它们相互促进相互影响。② 郑宇（2015）认为，资源的配置变迁影响着中国少数民族生计方式的转型，他认为，少数民族传统生计方式的变迁是一种整体性的呈现，"在国家与市场两大力量的驱动下，它集中表现为各民族群体资源配置机制的结构性变迁，即从本土共同体的复合型、平衡性与互惠性配置方式，先后转变为国家控制下的、资源高度集中支配的实践，再到当代以资本为原则的、以市场运作为主导的基本模式。"③

　　第三，生计变迁与文化变迁的关系。庄孔韶（2006）在对中国四种主要的生计类型分析研究后认为，文化变迁或文化适应的重要前提是"地方族群的文化主体地位的保持和尝试、寻找生计方式与文化心理上的转换时空"④。刘生琰（2013）通过对甘南藏族聚居区的田野调查，做了游牧民族生计变迁与心理适应的关系研究⑤，这类研究将生计变迁和文化变迁视为一个彼此互动的有机体，既相互促进又相互制约，并不处于单一的线性关系中。崔明昆（2015）对云南新平县戛洒镇一个傣族聚居村调查研究后认为，该村"在长期的历史进程中所形成的生计模式是一种自然环境的文化机制。随着社会经济的发展，村民的生计模式正发生深刻而剧烈的变革，村民以一种较

① 杨军昌：《侗族传统生计的当代变迁与目标走向》，《中央民族大学学报》（哲学社会科学版）2013 年第 5 期。

② 秦红增、毛淑章：《改革开放 30 年少数民族生计模式变迁——来自广西壮族自治区隆安县那门壮族村的田野报告》，《思想战线》2009 年第 1 期。

③ 郑宇：《中国少数民族生计方式转型与资源配置变迁》，《北方民族大学学报》（哲学社会科学版）2015 年第 1 期。

④ 庄孔韶：《可以找到第三种生活方式吗？——关于中国四种生计类型的自然保护与文化生存》，《社会科学》2006 年第 7 期。

⑤ 刘生琰：《游牧民生计方式变迁与心理适应研究——以甘南藏区为视点》，博士学位论文，兰州大学西北少数民族研究中心，2013 年。

为主动的方式融入开放的市场中，体验出对社会文化环境的适应性，但又不得不受限于一些限制性因素的影响。"①

（2）生计可持续研究

什么是可持续，怎么看待生计的可持续？赵兴玲（2009）认为，解决我国失地农民问题，最主要的是要解决失地农民的长远生计，也就是该群体生计可持续问题。② 陆五一等（2011）认为"可持续生计是以一种发展的眼光看待一个传统问题，也因此得出了一些新思路和新方法，这就为更好地解决贫困问题、生计问题奠定了理论基础和政策依据。"③ 传统生计模式变迁后，社区或村落的生计道路如何运行？马海寿（2010）对新疆昌吉回族自治州一个回族社区的生计变迁研究后认为，社区居民或村庄村民生计变迁后必然要走一条可持续发展道路，即英国海外发展部（DFID）提出的生计可持续路径。④ 国内的学者针对不同地区和不同族群的贫困者生计情况，从制约贫困者生计可持续的因素，解决生计可持续问题的途径以及生计资本与生计策略的关系等方面进行了诸多实证研究。

第一，制约失地农民可持续生计问题的因素研究。孙绪民（2007）认为影响失地农民生计可持续的因素很多，但主要涉及就业、经济、智力、社会保障等方面的支撑，如若没有这几个方面的支撑或基础不够，那对问题的解决将徒劳无功。⑤ 李小云（2007）认为导致农户生计脆弱性的原因很多，但不同群体其脆弱性也不尽相同，生计资产种类单一且数量缺乏，生计策略选择不足，这些都是农户生计脆弱的直接原因。⑥ 学者们大

---

① 崔明昆等：《云南新平傣族生计模式及其变迁的生态人类学研究》，《云南师范大学学报》（哲学社会科学版）2015 年第 5 期。

② 赵兴玲等：《可持续生计视角下失地农民长远生计问题探究》，《云南地理环境研究》2009 年第 1 期。

③ 陆五一等：《关于可持续生计研究的文献综述》，《中国集体经济学》2011 年第 3 期。

④ 马海寿：《当代新疆昌吉地区回族生计方式变迁研究》，博士学位论文，兰州大学西北少数民族研究中心，2010 年。

⑤ 孙绪民、周森林：《论我国失地农民的可持续生计》，《理论探讨》2007 年第 5 期。

⑥ 李小云、董强、饶小龙等：《农户脆弱性分析方法及其本土化应用》，《中国农村经济》2007 年第 4 期。

多从家庭经济基础、教育状况、政府性的社会保障体系等方面来阐述此问题。

第二，解决失地农户生计可持续问题之途径研究。有的研究者从政策和制度的角度来分析，如黄建伟（2011）认为创新和完善基本政策，理性决策，这是解决失地农民生计可持续问题的基本点。① 杨斌（2011）认为农民生存和发展保障制度的设计和安排，可以提升农民就业择业以及生存和适应社会的能力，促进其生计的可持续。② 张大伟（2011）从生态环境的治理、政策体系的完善以及生计资本的优化等方面来解释失地农民生计可持续问题。③ 有的学者则从生计的多元化方面来阐述可持续问题，如张丙乾（2007）认为"能力和资产"是农户生计多元化选择的重要基础，对农户生计多元化的需求要格外重视。④ 梁义成（2011）则把农民生计多样化问题上升到农村可持续发展的高度。⑤ 苏芳（2009）认为要实现农户生计多样化，就要将农户能力和资本储备从农业生产领域转移到第二和第三产业。⑥ 也有学者从就业方面来论述生计可持续问题，如张学英（2010）认为实现被征地农户生计可持续的一条主要途径是就业。⑦ 王惠博（2008）从身份转换的角度来论说失地农户（新市民）的生计可持续途径，他认为要注意对新型市民的职业培训，增加其自身拥有的生计资本，循序渐进地解决这一群体生计的可持

① 黄建伟：《基于公共政策纵向空间分层设计的失地农民生计问题研究》，《商业研究》2011年第2期。

② 杨斌、贺琦：《失地农民保障制度的理念、原则及其框架研究——基于可持续生计视角》，《当代经济管理》2011年第1期。

③ 张大维：《生计资本视角下连片特困区的现状与治理——以集中连片特困地区武陵山区为对象》，《华中师范大学学报》（人文社会科学版）2011年第4期。

④ 张丙乾等：《多元生计途径：一个赫哲族社区发展的路径选择》，《农业经济问题》2007年第8期。

⑤ 梁义成等：《基于多元概率单位模型的农户多样化生计策略分析》，《统计与决策》2011年第15期。

⑥ 苏芳等：《生计资本与生计策略关系研究——以张掖市甘州区为例》，《中国人口·资源与环境》2009年第6期。

⑦ 张学英：《可持续生计视域下的被征地农民就业问题研究》，《贵州社会科学》2010年第4期。

续。① 王三秀（2010）在对国外关于生计可持续观念的演进和其理论逻辑分析研究后认为，要实现我国贫困农户可持续生计目标，除了要强调扶贫目标的整体性，还要强调农民自身的能力建设，在扶贫实践中，要构建多方行为体的合作机制，在理论上，要构建我国特色的可持续生计理论。② 刘峰（2012）通过研究日、美等国外的解决失地农民生计问题的经验和我国发达的江浙地区被征地农户生计保障方面的经验后提出，在解决我国失地农民生计问题要"首先明确政策目标和解决思路的可行性……确立就业优先的目标重点突出社会保障"③。综合起来讲，研究者对解决生计可持续问题的途径和方法方面，大都强调生计内容的整体性、生计策略的多元化、生计资本的可用性、反贫主体的协作性，本质上还是以人为本，以可持续发展的视角看待生计可持续问题。目前学界对此问题的研究趋势表明，可持续生计内容发展作为新的研究焦点，越来越多的研究者在运用和发展生计可持续分析框架，实践应用研究成为主流。

第三，生计资本与生计策略之间的关系研究。生计资本和生计策略作为生计研究的重要内容，学界有人将其单独研究，也有人对二者之间的关系进行研究。杨云彦（2009）认为人力资本与失地农户生计质量息息相关，要重点考虑对这类资本支撑的农户可持续发展能力进行培养，积极促进生计模式的可持续化。④ 姚娟（2012）在对牧民生计资本做了详细测量的情况下，得出的结论是牧民生计资本水平不同，其分布也不均衡。⑤ 周易（2012）认为影响农户选择以自我创业为主的生计策略的主要因素有年龄、受教育状

---

① 王慧博：《失地农民可持续生计问题分析》，《宁夏社会科学》2008 年第 5 期。

② 王三秀：《国外可持续生计观念的演进、理论逻辑及其启示》，《毛泽东邓小平理论研究》2010 年第 9 期。

③ 刘峰、杨志平：《国内解决失地农民生计保障问题的经验研究及启示》，《内蒙古农业大学学报》（社会科学版）2012 年第 5 期。

④ 杨云彦、赵锋：《可持续生计分析框架下农户生计资本的调查与分析——以南水北调（中线）工程库区为例》，《农业经济问题》2009 第 3 期。

⑤ 姚娟、程路明、石晓平：《新疆参与旅游业牧民生计资本研究——以喀纳斯和乌鲁木齐县南山生态旅游区为例》，《干旱区资源与环境》2012 年第 12 期。

况、婚姻情况、朋友数量、家庭总收入等。①

3. 跨国商贸研究

目前，学界有关跨国商贸的研究成果主要集中在两个方面：一是关于外国人在华跨国商贸或移民的研究。如：马晓燕（2008）对北京市望京"韩国城"移民社区多元文化的研究②；刘云刚等（2010）对广州日本移民的生活方式研究③；Bodomo A（2010）对广州非裔商贸区对中非关系的影响之研究④；李志刚、杜枫（2012）对广州非裔经济区的城市新社会空间的生产之实证研究⑤。二是关于华人跨国贸易或移民研究。如：龙登高（1998）对海外华商经营模式的研究⑥；傅江景（2003）对海外华商经济发展的经验、成就与启示之研究⑦；周敏、刘宏（2013）对美国与新加坡海外华人的跨国主义实践模式及其差异比较研究⑧；周建新、蒙秋月（2013）对广西那坡县那孟屯中越边民的跨国谋生现象及策略研究⑨。

4. 经济人类学研究

经济人类学是人类学和经济学的结合，是一门从人类学角度出发，运用民族志等方式研究人类经济制度和行为的科学。经济人类学起源于 19 世纪 70 年代，真正形成于 20 世纪 40 年代。国内学界对该跨界学科的研究成

---

① 周易、付少平：《失地农民的生计资本与生计策略关系研究——以陕西省杨凌区为例》，《广东农业科学》2012 年第 5 期。

② 马晓燕：《移民社区的多元文化冲突与和谐——北京市望京"韩国城"研究》，《中国农业大学学报》（社会科学版）2008 年第 4 期。

③ 刘云刚等：《广州日本移民的生活活动与生活空间》，《地理学报》2010 年第 10 期。

④ Adams Bodomo, "The African Trading Community in Guangzhou: An Emerging Bridge for Africa-China Relations", *The China Quarterly*, Vol.203, No. (Sep. 2010), pp.693-707.

⑤ 李志刚、杜枫：《"跨国商贸主义"下的城市新社会空间生产——对广州非裔经济区的实证》，《城市规划》2012 年第 8 期。

⑥ 龙登高：《海外华商经营模式的社会学剖析》，《社会学研究》1998 年第 2 期。

⑦ 傅江景：《试论海外华商经济发展的经验、成就与启示》，《国际经贸探索》2003 年第 5 期。

⑧ 周敏、刘宏：《海外华人跨国主义实践的模式及其差异——基于美国与新加坡的比较分析》，《华侨华人历史研究》2013 年第 1 期。

⑨ 周建新、蒙秋月：《跨境谋生：现象与策略——以广西那坡县那孟屯中越边民跨国谋生个案为例》，《广西民族大学学报》（哲学社会科学版）2013 年第 1 期。

果较多。

美国人类学家威廉·施坚雅（William Skinner）于 20 世纪 60 年代在《亚洲研究季刊》发表了《中国乡村的市场制度与社会结构》（*Markets and Social Structure in Rural China*）的民族志调查报告。作者在报告中对中国传统乡村市场的功能作了分析，对乡村市场的演变过程作了探讨，分析研究了新中国农村市场制度之变革和政府对农村市场的政策等问题。20 世纪四五十年代，美国经济人类学形成和发展时期，中国人类学界对此新兴学派还比较陌生。但也有例外，如费孝通先生于 1938 年完成了博士学位论文《江村经济》，作者通过对江南一个村庄（开弦弓村）村民的生产、消费、分配和交换过程进行实地调查，讨论中国乡村社会之结构和变迁过程。费孝通先生在此文中认为，中国传统的经济结构，不是简单的农耕经济，而是农业和手工业融合的乡土经济。1949 年，费孝通先生与其助手又合作完成了英文版的《乡土中国》，在此书中，作者对云南三个村庄的经济作了调查分析。通过对村庄的农业收入、土地利用、农业生产活动的回报率等问题的研究，得出了要缓解当地贫困就必须走工业化道路的结论。费孝通先生的这两本著作成为中国人研究中国社会经济生活的经济人类学代表作。

较早学习和研究经济人类学的是中国香港和台湾地区的人类学者。如徐正光在 1974 年发表的《经济人类学的若干问题》一文中，对经济人类学的研究领域做了全面介绍。进入 20 世纪 80 年代，中国的经济人类学研究进入翻译介绍国外经济人类学著作的阶段。北京大学社会学人类学研究所对促进经济人类学中国化方面贡献颇多。1996 年，时为中央民族大学在读博士研究生的王燕祥撰写并发表了《西方经济人类学述要》和《经济人类学与民族经济学》两篇文章，作者在文中"简要介绍了西方经济人类学的发展过程，并探讨了产生于我国的民族经济学和经济人类学的异同。"[①]1997 年，北京大学青年学者王铭铭出版了《社会人类学与中国研究》，作者就施坚雅对

---

① 　罗康隆、田广：《论经济人类学在中国本土化实践及理论贡献》，《中央民族大学学报》（哲学社会科学版）2014 年第 3 期。

中国传统乡村社会之经济人类学研究作了介绍和评价。1997年，日本人类学家栗本慎一郎所著的《经济人类学》中译本在中国出版发行，这是在我国第一本全面介绍经济人类学发展过程、研究领域和学术流派的著作。[①] 2001年，云南大学陈庆德教授出版了《经济人类学》一书，全书分为上下两大篇，上篇主要对经济人类学的理论方法做了介绍，下篇则对经济人类学的研究范畴做了分析。2002年，中央民族大学施琳教授在其博士学位论文基础上修撰并出版了《经济人类学》一书，作者在书中对经济人类学的历史理论源流、发展历程、研究方法、学科流派以及经济人类学在中国的本土实践等问题作了梳理和论述。上述两本以经济人类学命名的著作，是中国本土学者系统性、全面性研究经济人类学所形成的重要成果。2004年，浙江大学庄孔韶教授主编的《人类学通论》出版；2006年，华东师范大学田兆元教授主编的《文化人类学教程》出版；2007年，中山大学周大鸣教授编撰的《人类学导论》出版；这些著作都对经济人类学作分析和研究。2013年，汕头大学田广教授和吉首大学罗康隆教授合编的《经济人类学》出版，作为一部经济人类学教科书，田、罗二人的这本书成为普通高等学校师生学习和研究经济人类学的重要教材。

5. 口岸研究

严格意义上说，通商口岸是近代历史发展的结果，自《南京条约》中的"五口通商"[②] 之后，口岸成为中国近现代历史中经常被提及和讨论的话题。因此，口岸作为历史发展的产物，其在中国存在的时间较长，但其作为学术研究的对象，学界对口岸的研究并没有同口岸本身的历史发展完全同步。相应地，国内外学界对中国口岸的广泛研究和持续关注始于中华人民共和国成立之后，特别是以党的十一届三中全会为起点，中国改革开放事业的全面开启使得口岸成为政治界和学术界讨论的热点。随着"一带一路"倡议的提出和深入实施，口岸再次成为学者们竞相研究的炙热话题。具体而言，

---

① 施琳：《经济人类学》，中央民族大学出版社 2002 年版，第 276 页。

② 即广州、福州、厦门、宁波和上海五大港口。

学界对陆路口岸的研究主要集中在这样几个方面：

（1）口岸的特征与分布体系

从地理上看，我国相继与 14 个国家在陆地上相邻，基本上同这些邻国都设有促进彼此交流的陆上通道，这些通道最后大都发展成了陆路边境口岸。我国陆路边境口岸的分布格局和特征关系到整个口岸体系功能的发挥，关系到中国沿边开放战略的有效实施。在既有的 99 个陆路边境口岸中，西南地区的分布较广，而西北地区的陆路口岸只有 16 个，比起西南地区来说，分布密度并不高，但重要性却并不亚于后者。学者张国坤认为，陆路边境口岸的分布与整个中国的陆地边界走向一致，因边界走向不同，各省区的口岸分布形态和格局各异，黑龙江省边境口岸的分布成倒放的"V"字形"雁阵"式格局，即以抚远为"雁头"顶点，漠河、东宁口岸为"两翼端点"的格局，新疆、云南的口岸则近似于"C"字形格局。①陆路边境口岸也有其自身的特点，如这些口岸对邻国有严重的依赖性，邻国的政治、经济、文化发展以及国内安全形势对陆路边境口岸的影响很大，只有邻国的内政稳定，且与中国的外交友好，陆路边境口岸的正常运行和进一步发展才会有良好的外部条件。另外，陆路边境口岸一般要求对方国家也应在其相邻边界地区设置口岸，这是不同于其他类型的口岸之处。在现有的 16 个西北陆路边境口岸中，基本上每个口岸在对应国家都设有一个对应口岸，这体现了陆路边境口岸的对等性。

（2）口岸的结构与功能

口岸是国家主权在边境地区的有效投放，所以它不同于一般的边境区域，是一个具有特定范围，承担特定任务，发挥特定功能的特殊综合体。我国已故著名人文经济地理学家、中国科学院地理科学与资源研究所研究员郭来喜认为，我国的口岸基本结构包含五大系统：对外运输系统、对外贸易系统、监督检查系统、服务系统和综合管理系统，也就是说，口岸发挥着对

---

① 张国坤等：《中国边境口岸分布及其特征》，《吉林师范大学学报》（自然科学版）2003 年第 3 期。

外运输、对外贸易、监督检查、服务和综合管理五大功能。① 中央民族大学经济学院张丽君教授认为，口岸除了发挥传统的政治、经济和安全等功能外，还应发挥鲜明的文化功能，这是实现"一带一路"建设沿线国家民心相通的基础。口岸文化的建设及口岸文化功能的发挥"在'一带一路'建设中发挥重要文化力量，对文化兴边、文化富边以及睦邻、安邻、富邻具有重要意义。"②

（3）口岸城镇的研究

口岸城镇是与口岸地理分布和功能发挥密切相关的边境地方。改革开放以来，中国相继设立了不少充当对外开放前沿的口岸城镇。学界也对此问题给予极大关注。大多数研究者从口岸城镇化的必要性、现状以及发展对策等方面进行探究。如有研究者认为，新疆口岸城镇化发展对整个新疆乃至西部的经济发展，对新疆外向型经济发展和国际区域合作都有重要意义。③ 也有学者运用实证研究的方法研究民族地区新型口岸城镇发展的动力及其机制以及口岸发展对边境口岸城镇发展的影响。如中央民族大学经济学院教授张丽君就中蒙边境地区最大的陆路口岸二连浩特的发展对城市二连市的影响进行实证研究之后认为，要推动陆路边境口岸城镇的发展，"必须以完善口岸外贸通道功能，提升口岸综合经济实力为抓手，并借力国家战略发挥政策叠加效应，充分利用口岸与口岸城镇之间的影响效应。"④

（4）口岸史的研究

如前文所述，现代意义上的口岸是中国近代史发展的结果。事实上，诸多口岸尤其是陆路边境口岸，大都是由我国历史上的通外山口发展而来。至少，我国西北地区的陆路边境口岸产生与形成过程大都如此，它们是从当

---

① 郭来喜：《中国对外开放口岸布局研究》，《地理学报》1994 年第 5 期。
② 张丽君：《"一带一路"背景下我国陆路边境口岸文化功能的重新审视》，《甘肃社会科学》2016 年第 4 期。
③ 艾翅翔、刘变叶：《试论新疆边境口岸的城镇化发展》，《北方经济》2010 年第 18 期。
④ 张丽君、张珑、李丹：《口岸发展对边境口岸城镇发展影响实证研究——以二连浩特为例》，《中央民族大学学报》（哲学社会科学版）2016 年第 1 期。

初一个名不见经传的通外山口发展成为"丝绸之路经济带"建设沿线的重要节点和通道。当然，现代意义上的口岸开埠大都是近代以来中国遭受外来侵略之后，在帝国主义列强逼迫下的不得已之结果。就中国通商口岸的形成与发展，有研究者认为近代中国城市化的历史过程，就是通商口岸化的过程。① 在西部大开发战略实施之前，学界更多关注的是东南沿海等比较发达的水运口岸或港口，对西部内陆边境口岸涉及较少。针对此种情况，复旦大学戴鞍钢教授通过比较研究后认为，近代中国东西部通商口岸历史状况及口岸物流和商贸交易呈现出很大差异，主要原因是口岸的分布区位之不同，这也是中国近代史上帝国主义列强把东南沿海地区作为通过商贸交易来实现逐利最大化的首选，而把西部内陆边区作为侵略殖民的据点而非商贸要地的原因。②

（5）口岸与边疆安全

口岸对国家安全，尤其是边境安全的影响是显而易见的。口岸在促进边疆地区外向型发展的同时，也给当地社会安全稳定带来了诸多影响。如云南师范大学何跃教授通过对云南边境地区主要贸易口岸的境外流动人口的特征以及这一群体对边疆安全的影响研究之后认为，在非传统安全问题频现的背景下，如何在扩大边境贸易开放宽度和深度的同时，对境外流动人口实施有效的区域管理，是政学两界面临的重要议题。③

（6）口岸与口岸所在地发展之间的关系研究

口岸发展到底对口岸所在的县（市）发展有多大的正向作用，如何对其进行评估，国内有不少学者在此方面进行了一些有价值的探讨。目前的此类研究主要表现在两个方面：一是对口岸经济与载地县（市）经济的关系进

---

① 杜语：《近代中国通商口岸研究——历史与现状》，《中国社会科学院研究生院学报》1996年第6期。

② 戴鞍钢：《近代中国西部内陆边疆通商口岸论析》，《复旦学报》（社会科学版）2005年第4期。

③ 何跃：《云南边境地区主要贸易口岸的境外流动人口与边疆安全》，《云南师范大学学报》（哲学社会科学版）2008年第2期。

行的研究。边境口岸与载地县（市）之间存在一定的协同发展效应，它们之间的关系是"两个系统之间生产要素的传递和流动过程，而且是相互影响和彼此带动的过程"①。二是对边境口岸建设与口岸城市发展的研究。边境口岸建设与口岸城市发展存在相互促进关系，"口岸城市的发展主要依托相应口岸的建设，具有不同地域条件及发展基础的边境口岸拥有不同的发展优势及潜力。"②

除了上述方面外，有个别研究者重点研究微观视角下的某一特定口岸在"一带一路"背景下的发展状况。如有学者通过分析霍尔果斯口岸的文旅现状，对中哈边境文化旅游产品需求进行了量化测度。③整体而言，就国内现有的研究成果来说，对口岸的关注大体上集中在两大方面：宏观的口岸布局体系、历史发展研究和某一特殊地区的口岸经济研究。而且，大多数的研究者具有经济学和地理学的学科背景，从民族学或人类学的角度来探讨口岸问题的成果相对较少。

（二）国外研究

1. 族群生计研究

早在 20 世纪二三十年代，国外学者就已经开始了对族群生计的研究，如人类学大师马林诺夫斯基（1922）在其名作《西太平洋上的航海者》中就谈到了特罗布里恩岛上的土著人的经济生活，虽然全书主要谈的是库拉圈贸易，但作者是以当地人的经济生活作为研究的支撑，围绕经济活动（生计）的运行来描述"项链和臂镯的交换活动"④。生计之概念，最早由英国学者罗伯特·钱伯斯（Robert Chambers）于 20 世纪 80 年代提出，后来学者们又对

---

① 穆沙江·努吉热：《新疆边境口岸经济与地方经济协调发展研究》，博士学位论文，新疆大学经济与管理学院，2018 年，第 28 页。

② 于晓华等：《丝绸之路经济带陆路边境口岸城市地缘战略优势度综合评价》，《干旱区地理》2016 年第 5 期。

③ 纪光明、由亚男：《中哈边境文化旅游产品需求测度研究——以霍尔果斯口岸为例》，《新疆财经大学学报》2017 年第 2 期。

④ ［英］马林诺夫斯基：《西太平洋上的航海者》，张云江译，中国社会科学出版社 2009 版。

生计概念作了进一步研究。钱伯斯认为，生计或生计方式是"谋生的方式，该谋生方式建立在能力、资产（包括储备物、资源、要求权和享有权）和活动基础之上"①，这一概念得到了多数专家学者的认可。纳什列（2000）认为，"生计系统是由一套复杂多样的经济、社会和物质策略构建的，这些策略通过个体借以谋生的行为、财产和权利得以实行。人们进行选择，利用机会和资源，同时又不妨碍他人目前或将来的谋生机会，稳定的生计即由此获得。"② 英国学者埃利斯·弗兰克（Ellis, 2000）对农民生计作了多项研究，尤其是对生计的多样性作了诸多探索，他对生计多样性的解释是："为了生存和改善农民的生活水平，农户建立的过程是由一个活动和资产多元化的组合。"③ 在应用研究方面，主要有联合国开发计划署（UNDP）（2000）提出的可持续生计途径，即用投入、产出、成果、影响和过程等指标来研究可持续性生计，主要对主体的生计安全进行多维度的检测。美国的援外合作组织CARE（2000）作为一个非政府组织，提出了农户生计安全框架，即以家庭为要点，对家庭内的性别和生育关系给予格外关注，着重对男、妇、老、幼等多方主体的作用进行分析。

　　生计可持续或者可持续生计，即英文中的 sustainable livelihoods。可持续生计概念萌芽于 20 世纪五六十年代，它的产生是对发达资本主义、斯大林社会主义集体模式以及其他模式的反思，尤其是对上述模式下将贫困农户和小商品经济视为无关紧要和微不足道的补充这一根深蒂固思维范式的反思。正是在这种以后现代主义为特质的反思中，生计可持续观念逐渐产生。综观国外对可持续生计研究，大多都集中在两个方面，即可持续生计的内涵探究和可持续生计实际应用。在内涵阐释方面，1995 年的《哥本哈根宣言》

---

① Chambers R，Conway G，*Sustainable rural livelihoods：Practical concepts for the 21stcentury*，Brighton，England：IDS（Institute of Development Studies），1992，pp.5-9.

② ［美］纳列什·辛格、乔纳森·吉尔曼：《让生计可持续》，《国际社会科学》（中文版）2000 年第 4 期。

③ Ellis Frank：*Rural Livelihood sand Diversity in Developing Countries*，Oxford：Oxford University Press，2000，pp.xiv+273.

中对可持续生计的定义是："使所有男人和女人通过自由选择的生产性就业和工作，获得可靠和稳定的生计。"英国学者斯库恩斯（Scoones，1998）在其论文《可持续性农村生计：一个分析框架》中将可持续生计定义为："某一个生计由生活所需要的能力、有形和无形资产以及活动组成。如果能够应付压力和冲击进而恢复，并且在不过度消耗其自然资源基础的同时维持或改善其能力和资产，那么该生计具有持续性。"① 学者法林顿（Farrington，1999）等在其文章《可持续性生计实践：概念在农村的早期应用》中对可持续生计基本概念也作了探讨。② 英国的研究机构海外发展部（DFID）（2001）则提出了一套被广泛应用的可持续生计分析框架（SLA，Sustainable Livelihood Approach），该分析体系以人为中心，主要强调贫困群体积极主动的参与式发展，将其背景和面临的现实以及需要做出的政策作一套相对完整的互联互动的整体分析，以期调节生计过程的各环节进而增强贫困者的生计能力。此分析框架包括五个部分，即脆弱性背景、生计资本、结构和过程转变、生计战略和生计输出。当今学术研究中，对生计资本的衡量更为强调。生计资本也包括五部分：自然资本、金融资本、物质资本、人力资本和社会资本。对于五类生计资本的测度和衡量，又可以运用若干小指标来测量。③ 除上述机构外，联合国粮农组织（FAO）、世界银行（WB）等组织机构也对可持续生计分析框架做了侧重点不一的界定和研究。

2. 经济人类学

西方学界于 20 世纪 40 年代将人类学和经济学结合，形成了一个新的跨界学科——经济人类学。早期的西方学界对经济人类学的研究，主要是对原始状态下的经济制度和行为之描述和讨论。如英国学者卡尔·皮尔森（Pearson）对原始人类及其家庭经济进行了初步探究。人类学功能主义学

① Scoones I，*Sustainable rural livelihood：A Framework for Analysis*，London：IDS（Institute for Development Studies），1998，pp.1-23.

② Farrington J，Carney D，Ashley C，et al，*Sustainable Livelihoods in practice：early applications of concepts in rural areas*，*Natural Resource Perspectives*，42，London：Overseas Development Institute，（June 1999），p.3.

③ 陆五一等：《关于可持续生计研究的文献综述》，《中国集体经济学》2011 年第 3 期。

派大师马林诺夫斯基（Bronislaw Malinowski）在《西太平洋上的航海者》（*Argonauts of the Western Pacific*，1922）中对特罗布里恩群岛上的居民"库拉圈贸易"的研究，是人类学家真正意义上将人类学和经济学结合研究的典范。马林诺夫斯基通过"库拉圈"（Kula ring）交换形式之研究来说明，原始状态下的交换活动（经济行为）与其他的社会行为有密切的关联，主体的经济行为除了有经济目的以外，还存在维持人际关系和承担社会责任等方面的目的。"在血缘、地缘、文化、宗教、认同、经济、生活上等存在差异的社会可以通过商品和具有象征意义的类似于'库拉'的物的交换与流动实现整合，并获取维持社会群体延绵共存的物质资源和精神资源。"[1] 马林诺夫斯基的弟子弗斯（William Raymond Firth）在继承马氏的功能主义理论与方法的同时，对前者的经济研究理论作了发展性研究。弗斯认为，物品的稀缺性是普遍现象，价格与价值的关系不仅在西方现代经济学中适用，即便在原始状态下的经济行为中也可以解释和说明一些问题。弗斯认为西方传统经济学理论具有一定的普遍适用性，有些术语和方法可以用来研究前工业社会的经济制度和经济行为。

　　进入 20 世纪四五十年代，经济人类学真正诞生与形成。美国人类学家赫斯克维茨（Melville J. Herskovits）于 1940 年出版《原始人的经济生活》（*The Economic Life of Primitive Peoples*，1940）[2]。赫氏认为，以最小投入获取最大产出的收益最大化原则普遍适用，所不同者在于某些区域的经济"理智"糅合了民族、宗教、文化、习俗等因子，人类学家认为在于通过各种经济形式，去发现人类经济活动的共同价值。除赫斯克维茨之外，弗斯特（G.M Foster）的《墨西哥原始经济》（*Primitive Mexican Economy*，1942）和《墨西哥农村的村民经济及其原始营销状况的特别资料》（*The Folk Economy of Rural Mexican with Special Reference to Marketing*，1948）中，波郎尼（K. Polany）的《伟大的转变》（*The Great Transformation*，1944），塔克斯（Soul

---

[1]　敏俊卿：《中间人：流动与交换——临潭旧城回商群体研究》，博士学位论文，中央民族大学民族学与社会学学院，2009 年。

[2]　该书 1952 年再版时更名为《经济人类学》（*Economic Anthropology*）。

Tax）的《征服的遗产》（*Heritage of Conquest*，1952）和《便士资本主义》（*Penny Capitalism*，1953）等人类学家之大作，都是将人类学研究与西方经济学方法成功结合运用的典范。这一时期的经济人类学研究在理论和方法上比较单一，虽然还处于起步阶段，但学界呈现出将两大学科进一步结合的发展趋势。

20 世纪 60 年代，美国人类学界出现"形式主义"（formalist）和"实质主义"（substantivist）的争论。所谓"形式主义"，实质上是马林诺夫斯基的大弟子弗斯和赫斯克维茨等学者对马氏的经济交换活动研究的反思。在马氏看来，原始状态下的经济行为与现代社会的经济行为存在本质差别，而弗斯等学者认为，物品的稀缺性是全世界的共同范畴，原始状态下的经济制度和行为也可以通过获益最大化的经济理性来解释，不同社会发展水平的经济活动，只有形式上（数量和程度）的差别。然而，学界又有部分学者就弗斯、赫斯克维茨等人对马林诺夫斯基的经济人类学理论的反思性研究进行了反思，即反思基础上的再反思。这些学者以波朗尼为代表，他们重新肯定了马林诺夫斯基的经济交换理论之观点，并对其加以发展和深化。他进一步提出了随后引发学界大论战的经济"形式主义"和"实质主义"学说。前者是指"人为了满足物质需要而与自然界和其他社会成员间发生的交换关系"，后者是指"人们对稀缺性资源进行理性选择的情况"①。

两种主义对人之本质的争论，其核心点在于："人究竟是一种冷静和理智地进行最大化分析的动物，抑或是被文化价值所引导、努力追求美好道德而并非仅仅贪婪与物质利益的社会成员？"②对该问题的争论，双方谁也无法说服对方。两大学派的论战，在美国人类学界产生了深刻的影响，两者虽然都没有明显地输给对方，但随着双方辩论的深入，在经济人类学的某些细节问题上，两者的观点逐渐接近。

进入 20 世纪 70 年代，随着两大主义之论战的结束，经济人类学者

---

① 施琳：《经济人类学》，中央民族大学出版社 2002 年版，第 77 页。

② 参见施琳《经济人类学》，中央民族大学出版社 2002 年版，第 64 页。

不再拘泥于在"实质主义"和"形式主义"之间的"站队",而是走上了更加广义的学科发展道路。20 世纪 70 年代以后,经济人类学关注的范围进一步扩大。如格尔茨(C. Geerts)在《农业内卷化:印尼的生态变迁过程》(*Agricultural Involution*,*The Process of Ecological Change in Indonesian*,1963)、《小贩和王子》(*Peddlers and Princes*,*Social and Economic Moderni_zation in Two Indonesian Towns*,1963)和《尼加拉:十九世纪巴里剧场国家》(*Negara*:*The Theatre State in Nineteenth Century Bali*,1980)三部著作中对"发展"进行了研究。20 世纪 80 年代,在人类学家施耐德的倡导下,美国经济人类学会 SEA(Society of Economic Anthropology)成立,SEA大会成立时收集而成的论文集《经济人类学——课题与理论》(*Economic Anthropolgy*,*Topics and Theories.*)出版,该书涉及的研究领域广泛,"从传统的波朗尼学派到新崛起的马克思主义经济人类学,从生态视角分析资源配置问题到发展经济学的理论与实践等等,可以说基本上代表了当时美国经济人类学的最新成果及研究水平。"[1]该书可以说"标志着美国经济人类学的学术研究翻开了新的篇章。"[2]

总体上来说,西方的经济人类学可以分为这样几个学派:形式主义学派、实质主义学派、马克思主义经济人类学派。这三个学派是美国经济人类学研究领域最重要的三个学派。也有研究者把那些研究领域和视野广阔的学者另归一类,即新广义学派。[3]

3. 口岸研究

国外有关口岸的研究大都集中在经济方面,而且主要是对海运港口(海路口岸)吞吐货物的能力、水平、困境等进行技术方面的研究。如 Emily M. Peschel 等人对瑞典哥得兰岛贸易口岸(trading port in Gotland)进行的研究;Yuhong Wang 和 Kevin Cullinane 通过运用网络流的分析方法,对东亚地区的集装箱港口的交通整合进行的研究;Carmen Pedroza 对墨西哥普

---

[1] 参见施琳《经济人类学》,中央民族大学出版社 2002 年版,第 111 页。

[2] 参见施琳《经济人类学》,中央民族大学出版社 2002 年版,第 111 页。

[3] 参见施琳《经济人类学》,中央民族大学出版社 2002 年版,第 246—260 页。

罗格雷索港口的中间商以及非正式贸易与 IUU 捕捞活动之间的联系所做的研究；等等。总之，国外学界对港口（口岸）的研究在视角、内容、成果类型等方面比较单一。

（三）研究述评

1. 跨国民族

关于跨国民族研究，首先，国内的跨国民族研究基本上集中在边疆少数民族地区，而且多以边疆安全稳定的视角来解读跨国民族问题。另外，从现有的成果来看，西南跨国民族研究多用"跨界民族"，西北边疆则多用"跨国民族"，这源于国内学界对基本概念的辨析不清，结论不明之故。其次，国内跨国民族研究对国外相关成果的重视不足，有"闭门造车"之嫌。再次，运用跨学科研究法对跨国民族的研究不足。最后，过去 10 年，学界对跨国民族的研究力度不够，尤其是对现实问题的关注不够，有影响的成果也较少。作者认为，跨国民族中的"跨国"既是静态的分布，也是动态的主体接触，涉及跨国的活动、跨国空间的迁移以及表现在文化心理上的跨国认同。目前，学界对跨国民族的现实活动，尤其是跨居他方的相关民族的研究较少。在地区化和全球化迅猛发展的今天，跨国民族不仅是一种客观存在，更是民族间、国家间交流互动的主要载体。因此，在以后的研究中，加强跨国民族在不同跨居国之间整体的互动才能更好地解释当前的跨国民族整体情况。

2. 生计可持续研究方面

可持续生计概念从产生之日起，就把"反贫困"作为概念的生命力，国外对此问题的研究存在一条学科内在的理论逻辑：生计可持续的基本条件是完整的生计内容，单一或独立的反贫或脱贫主体满足不了农户生计内容的整体需要，而要实现农户的生计可持续，各个脱贫主体就必须有机合作。这一理论逻辑的现实意义是，农民生计的可持续实践需要包括农户自身、政府、社会组织以及其他主体在内的多方通力协作，才能在现实生活中有可能达到既定的目标。由于"反贫困"导向概念，故国外尤其是西方的生计可持续概念一开始便打上了经济学和社会学的烙印。作为研究工具的生计可持续分析框架，虽然生态经济学属性较浓，但仍不失为一种有效的生计类型分析方法，"它为发展和贫困研究提供一个重要问题的核对清单，并概括出这些问题之间的联系；它提醒人们把注意力放在关键的影响和过程上；强调影响农户生计的不同因素之间的多重性的互动作用。"[①]

目前的生计可持续理论研究还比较滞后，理论体系还不尽完善，经典理论大都产生于 10 年前，在过去的 10 年中则鲜有重要影响的理论出现。而且在研究的方法层面上，当前的研究以静态的评价和测度为主，缺少动态的跟踪和预测。在研究对象方面，大多数学者选择贫困农民，尤其是失地农民作为研究对象；对非农耕群体的生计问题关注的还不够。

3. 跨国商贸研究方面

从研究对象和内容来看，学界的研究主要集中在国外商人在中国经商以及华商（主要指汉族）在东南亚、欧美等经济发达地区和国家的经商活动方面，少数民族跨国经商研究成果较少；从研究区域来看，对城市跨国商贸的研究多于乡村跨国商贸研究。

4. 经济人类学研究方面

作为研究人类社会的各种经济生活、经济制度及其演化规律的人类学分支学科[②]，经济人类学的形成和发展，是人类学研究领域增扩的重要表现。用文化的角度来研究人类社会的经济制度与行为，弥补了用纯经济方法研究经济活动的某些不足，也为人类学家从微观角度分析论述人类的经济行为提供了新的方法和视角。在学科发展之早期阶段，经济人类学主要关注的是原始状态下人们的经济活动，随着学科的演进和发展，经济人类学的研究范畴明显扩大，它不再局限于对"原始"经济的分析，凡是人类的经济活动都成为它探讨的对象。不同于传统的经济学研究方法，经济人类学的主要方法依然遵循着人类学最基本的田野调查法，它以田野民族志的研究方法，借用西

---

① 苏芳、徐中民、尚海洋：《可持续生计分析研究综述》，《地球科学进展》2009 年第 1 期。

② 田广、罗隆康：《经济人类学》，宁夏人民出版社 2013 年版，第 1 页。

方经济学的某些术语或者研究技术，通过参与式观察来研究某一社区或区域的人们的经济生活以及经济行为同宗教、习俗、传统观念等文化事项之间的关系。该学科同中国学者自创的民族经济学既有相互重叠的部分，也有诸多不同之处。"它们在研究视域方面有诸多重叠、交叉的部分，在研究的基本方法方面有许多共通的地方，在学科发展趋势方面向着广义方向发展；但是二者具有完全不同的理论源流与产生的社会历史背景，所以在根本性的指导思想方面，在研究目的、侧重点与服务对象方面均有极大差异。"① 所以，经济人类学在中国的实践，需要进行中国化之过程。根据中国的实际情况将学科理念和理论方法运用于中国研究实践，中国学者更要对经济人类学理论进行中国化的分析和研究。

5. 口岸研究方面

综合而言，学界对口岸的研究大都是静态化的描述，对口岸的某一单向度功能研究得比较多，口岸经贸的研究者和研究成果的数量处于"双高"状态。学界对陆路边境口岸的研究既有在宏观层面进行的整体性、战略性思考，如研究口岸在促进国家发展战略实施中所起的作用以及"一带一路"背景下口岸的发展等问题；也有对特定口岸进行的微观分析，如对个别口岸的某一方面进行的实证研究。较少有学者从人的角度来研究口岸是当前口岸研究的不足之处。

总之，基于当前学界对相关议题研究的现状和边境地区跨国族群通过口岸开展跨国活动的研究较少的事实，作者试图从阿图什市跨国商人的跨国活动入手，特别是从微观和宏观两方面拓宽对相关问题的研究视角，研究出边境地区跨国民族开展跨国经济活动的新意。

---

① 施琳：《经济人类学》，中央民族大学出版社 2002 年版，第 288—289 页。

三、相关概念界定

（一）跨国商贸群体的界定

跨国商贸群体，顾名思义，指从事跨国商业和贸易的族群或人群。在学界，尚未有人对这一概念做过解释和定义。因为本书研究的对象为阿图什市跨国商人，他们的经商地区主要集中在中亚五国，绝大多数在上述国家的首都，其商贸活动是典型意义上的跨越国境的行为。故本书中的跨国商贸群体，意即跨越两国或多国开展对外贸易的人们的集合，而非一般意义上的在双方边境从事边贸的人群。

学界普遍认为，跨国主义理论（Transnationalism）范式的滥觞虽然在西方，但该理论及其实践的研究在中国亦不乏成果。国家教育行政学院研究员丁月牙认为，跨国主义理论主要有三大核心概念，即跨国实践、跨国社会空间（或者社会场域 Social Field）以及跨国认同。她认为，跨国主义就是"由人们或者机构所建立和维持的跨越国界的网络，以及通过该网络而产生的各种互动和交换关系。它的行为主体可以是移民、社区、民间组织或者网络和跨国公司，其内容是跨越国家界线所建立起来的各种联系和活动，其范围跨越了政治、文化、经济和意识形态等各领域，其发生具有一定的频率、广度、深度以及持续性等特征。"[1] 本书研究的跨国商贸是比较典型的跨国主义实践，它是草根型的来自基层的经济性的跨国主义实践。根据美国社会学教授阿列汗德罗·波特斯（Alejandro Portes）的研究，底层跨国主义是跨国主义最为重要的部分，也是最值得研究的部分。[2] 以跨国主义的视角来看待商贸群体在跨国社会场域的行为，在某种程度上能够避免将移民输出国和输入国、母国文化和移民地文化对立起来认识，即突破了原来对跨国移民所给

---

① 丁月牙：《论跨国主义及其理论贡献》，《民族研究》2012 年第 3 期。

② Alejandro Portes, "Conclusion: Theoretical convergencies and empirical evidence in the study of immigrant transnationalism", *International Migration Review*, Vol.37, No. 3, 2003.

予的单向的、线性的、简单的认识论，而是用更加包容的"疆域共融"之视角取代以往的二元对立的逻辑思维。跨国商贸作为经济跨国主义的实践形式之一，对其的研究，也应该改变将移民看成是单向的资本流动的传统看法，运用互惠共赢的资本流动分析视角。①

跨国商贸是跨国主义在商贸领域的实践，是跨母体国和目的地国的双边或多边活动。一方面，跨国主体的主要活动在所跨国家，在当地谋生并创造财富，成为当地的纳税人和市场经济行为的参与者；另一方面，跨国商贸主体的根（家）在母国，其出国主要是为了生计，消费地主要在母国内。这是跨国商贸群体的基本特征。随着区域一体化和经济全球化的发展，物理上的距离所形成的藩篱已经被发达的通讯和网络所形成的概念上的空间所代替，跨国流动已经成为当前人类活动的一个最普遍的现象之一，而且呈现出更加鲜明的发展势头。换言之，跨国商贸活动的发展从频度、广度、深度等方面更加明显。

综上所述，本书认为，跨国商贸群体指参与跨国商贸活动的人或人群，是跨国主义在商贸领域的实践主体之一。跨国商贸群体的根本特征就是频繁地跨越国家界线，频繁地往来或穿梭于跨出国和跨入国之间。跨国商贸群体在寻求自身和家庭生计改善的同时，成为所跨国家之间最重要的民间交流群体之一。所以，他们不仅仅是经济意义上的主体，还是政治、文化等不同方面双边或多边交流的使者和媒介。因此，对跨国商贸群体的研究，不能简单地局限在其经济特性上，基于全方位的、多视角的、整体性的审视，是研究这一复杂的群体的根本途径。

（二）生计可持续的界定

生计是民族学和人类学以及社会学研究经常出现的一个术语，也是发展经济学研究中的一个常见词汇。当地何为生计，对其如何界定，目前学界尚未对此有一个统一的权威性说法。现代工具书对生计亦有解释，如《现代

---

① 丁月牙:《论跨国主义及其理论贡献》,《民族研究》2012 年第 3 期。

汉语大辞典》中的解释是"维持生活的各种办法，如衣食住行等方面"。生计在英文中是"livelihood"，该词在《牛津高阶英语词典》中的解释是"a means of earning money in order to live"，可以译为"为了维持生存的赚钱之道"。总之，工具书对生计的定义是"维持生活或生存的方法"。此处的生计不能与收入完全画等号，因为前者远远超过了普通意义上的收入概念，它"把关注点转向达到一种生活所需要的手段，而不仅仅是获得的收入或者达到的消费来衡量一个净产出"[①]。同收入、工作等概念相比，生计的范围更广，对描述和理解农民群体或者贫困家庭的生存状态更加有利。民族学和人类学对生计类型或生计方式的关注较多，生计方式同该学科所涉及的另一概念"经济类型"等有密切的联系，经常互用，所不同者在于，前者的经济学特性更强。

本书认为，生计是个人或者群体在维持自身生存与发展的各种方法、途径和获得的状态。具有广义和狭义之分，前者可以指所有个人或者群体保持和维系生活的方法；后者仅指农民或者在社会中处于不利地位的群体（disadvantaged people）的谋生方法和状态。生计不仅仅是在持续的动态过程中产生的结果，更是主体在维系和改善生活的过程中，他们所具有的各种资产（assets）、能力（capacities）、活动（activities）与其选择策略之间的关系。因此，生计是主体与外界互动的行为、过程、结果以及各种要素之间发生的组合关系。

生计可持续既是过程，也是结果，具有一定的动态性。本书认为，生计可持续是主体为达到改善生活条件之目的而能够持续性地做出的各种行为（活动）、策略选择的能力。生计可持续，也可称为可持续生计，目前政界和学界都对此议题给予了长期关注和重点研究。

（三）跨国商贸群体生计可持续的界定

跨国商贸群体的生计可持续就是指从事跨国商贸活动的人员维系和改

---

① 苏芳、徐中民、尚海洋：《可持续生计分析研究综述》，《地球科学进展》2009 年第 1 期。

善自身和家庭生活质量而有能力持续性地作出各种行为和选择的状态。这里至少涉及三个层面的问题，一是所跨国家的各种环境和制度，如属于国家或中央级的关系问题；二是群体所在地方的地方性文化知识体系，属于地方性的"小传统"问题；三是群体自身的能力，属于个人问题。

跨国商贸群体的生计可持续影响因素较多，相比较国内商贸群体而言，问题更加复杂多变，因此，其生计可持续具有较多不确定性。

四、研究内容与研究方法

（一）研究内容

本书的研究对象是阿图什市松他克乡大肖鲁克村维吾尔族跨国布料商贸群体，重点研究该群体如何通过吐尔尕特口岸和伊尔克什坦口岸这两个通道实现自身生计的转型以及可持续。本书作者经过较长时间对大肖鲁克村跨国布料商人主要生活与经营地点的调查和对商人经营过程的跟踪研究，综合分析商人们出国经营布料的主要原因和商人们目前的生意现状。通过对100位商户的样本调查和相关个案研究，主要阐述和分析商人们的经营状况，特别是面临的主要困难以及困难产生的原因，并提出商人们改善现状和解决困难的相关路径。最后提出边境地区跨国民族之生计可持续有利于促进边疆安全稳定和跨国民族和平跨居的结论。本书具体的章节内容分布情况主要有：第一章是前沿，其中包括研究背景、意义、研究现状、主要理论与概念介绍等；第二章对本专题研究的田野点概况作了介绍；第三章对阿图什市跨国商人常年穿梭的口岸作了描述；第四章对阿图什市大肖鲁克村跨国布料商贸群体产生的因素作了分析；第五章对阿图什市大肖鲁克村跨国布料商人的经营（生意）过程和主要困难表现作了阐述；第六章对阿图什市大肖鲁克村跨国布料商人所面临的困难原因作了分析；第七章提出改善大肖鲁克村跨国布料商人生意的路径和建议；最后得出本书研究的结论与思考。

（二）研究方法

本书以马克思主义交往理论，特别是世界交往理论为指导思想，以生计为论题研究的切入点，本着实事求是和理论联系实际的态度，采用实证分析和人文研究相结合的方法，运用文化人类学和民族学、生态经济学、历史学等多种学科的视角，对本论相关的内容进行综合研究分析。

具体的研究方法有：田野调查法、定量研究法、文献研究法、比较研究法等。

1.田野调查法

本书作者于 2012 年在松他克乡开展基层工作时，对肖鲁克村、温吐萨克村、亚喀巴格村（三个村在本书中合称"大肖鲁克村"）进行初步的田野普查和个别案例调查。此外，在 2012 年，作者亦对跨国布料商人最重要的两个通关通道——伊克什坦口岸和吐尔尕特口岸进行了初步调查。2015 年7 月和 8 月，作者再次到吐尔尕特口岸进行实地调查。2016 年 2 月至 8 月，作者又前往大肖鲁克村进行田野调查；期间，作者对该村跨国布料商人曾经的主要货物中转站和原始资本积累的平台——阿图什市原"香港巴扎"进行了调查。2016 年 8 月中旬至 9 月中旬，作者到大肖鲁克村跨国布料商人主要的销货点——吉尔吉斯斯坦比什凯克"玛蒂娜巴扎"进行跟踪调查。2016年 9 月中旬至 10 月中旬，作者又前往商人们最重要的进货点——浙江省绍兴市柯桥区"中国轻纺城"进行实地田野调查。2019 年 8 月，作者再次到大肖鲁克村和吐尔尕特口岸、伊尔克什坦口岸开展实地调查。

上述田野点的调查，主要用了访谈和参与观察等方法。通过对主要当事人（商人、管理人员、企业负责人、当地社会精英等）的访谈和对某些主要活动的参与，获得了第一手资料。

2.定量研究法

田野调查结束后，作者对获得的田野资料进行分析，主要运用数据分析软件（SPSS）等工具对调查数据进行分析。

3. 文献研究法

在族群历史、宗教、文化等研究方面，作者主要运用了本学科常用的文献分析法。如运用史志资料等对研究对象的历史和现状等方面进行描述。

4. 比较研究法

在布料市场方面，作者对国内和国外的布料市场进行比较分析；对跨国布料商人所在的不同的销货市场（巴扎）进行对比分析和研究。此外，本书还在家庭规模、年龄、跨国商贸年限、生意规模等指标方面进行比较研究。

第一章　田野概况

阿图什市是新疆维吾尔自治区的一个县级市，隶属于新疆克孜勒苏柯尔克孜自治州，是克州的首府城市。阿图什市是本书的主要田野调查区。阿图什市以商贸著称，该市商贸文化发达，商人数量众多，尤其是往来于中国和外国的跨国商贸人员数量庞大，形成了极具影响的中国阿图什市海外商贸群体。从事布料生意的跨国商人占了整个阿图什市跨国商人的半壁江山，形成了独特的跨国布料商贸文化。

本书的具体田野调查点，选在了作者曾经工作过的阿图什市松他克乡的肖鲁克村、亚喀巴格村和温吐萨克村（三个村在本书中合称为"大肖鲁克村"）。大肖鲁克村是阿图什市跨国商人数量最集中、影响最大的地方，因此该区域成为本书田野调查的中心点。除大肖鲁克村之外，由于商人跨国商贸活动的流动性，作者又选了商人们商业活动最重要的几个地方为调查的参照田野点，它们是：阿图什市原"香港巴扎"（商人们曾经原始积累的主要平台和最重要的货物中转地），浙江省绍兴市柯桥区"中国轻纺城"（商人最重要的进货地），吉尔吉斯斯坦首都比什凯克市"玛蒂娜巴扎"（商人最重要的销货地），吐尔尕特口岸和伊尔克什坦口岸（商人们最重要的跨国商贸通道）。

2012年1月至12月，作者在大肖鲁克村驻村工作一年，对该地的跨国布料商人作了初步的普查和调查。2015年7—9月，作者前往大肖鲁克村跨国布料商人的两个主要运输通道——伊尔克什坦口岸和吐尔尕特口岸调查。2016年2—8月，作者再次前往大肖鲁克村进行田野调查，对该调查点的

360多户跨国布料商家庭重新作了实地普查和相关的个案调查。2016年8月、9月，作者到吉尔吉斯斯坦比什凯克市"玛蒂娜巴扎"调研。2016年10月，作者到浙江省绍兴市柯桥区"中国轻纺城"调研。2018年8—9月，作者再次前往伊尔克什坦口岸和吐尔尕特口岸调查。2019年8月、9月，作者前往阿图什市松他克乡回访调查。

第一节　南疆商都

如前文所述，阿图什市以商贸发达和商人众多而著称，是新疆南疆著名的商都。往来于古丝绸之路上的新疆维吾尔族是一个善商和精商的民族，阿图什维吾尔族人是这一善商且重商之族群的典型代表，本书的研究区域就是阿图什市。

阿图什市位于我国新疆维吾尔自治区西南部，是我国唯一的以柯尔克孜族命名的自治州的首府，是全州的政治、经济、文化中心。阿图什市地处塔里木盆地西北缘，帕米尔高原东部，东经75°31′—78°28′，北纬39°34′—40°45′，东毗阿合奇、柯坪，西邻乌恰县，南接喀什、巴楚、疏附、疏勒等地，北邻吉尔吉斯斯坦。全市东西长241公里，南北宽136公里，是一个拥有边界线长达128公里的边境城市，全市总面积1.55万平方公里。位于乌恰县的两个口岸吐尔尕特口岸和伊尔克什坦口岸距离阿图什市分别为60公里（距离老口岸150公里）和190公里，距喀什机场35公里，乌鲁木齐至喀什铁路途经阿图什，314国道也穿境而过，地理位置优越，曾是历史上丝绸之路通往中亚、西亚和南亚的主要通道。阿图什市辖有7个乡镇（松他克乡、阿扎克乡、阿湖乡、格达良乡、上阿图什镇、哈拉峻乡、吐古买提乡）75个行政村2个自然村、2个街道办事处（幸福街道和光明街道）16个社区。全市总耕地面积173.77平方公里。阿图什的资源蕴藏也比较丰富，有金、铜、铁、锡、铅锌、镍、钴、花岗岩、大理石等矿产；有甘草、党参、黄芪等野生药材；也有棕熊、雪豹、盘羊、雪鸡等野生动物。阿图什在新疆乃至全国都有其特殊之处，它有中国西部最古老的石窟寺（三仙洞），中国西部最古老的佛塔（莫尔佛塔），它是中国著名的无花果之乡，是新疆最有名的木拉格葡萄之乡，是新疆最早的足球运动之乡，还是新疆现代教育的发祥地和新疆维吾尔族文化的摇篮。

一、历史沿革

在汉代以前，阿图什市由西域三十六国之一的疏勒国管辖。汉神爵二年（前60年），统治西域的日逐王先贤掸率众归属汉朝，同年西汉在乌垒城（今新疆轮台）设西域都护府，西域诸地正式归入我国版图。疏勒隶属汉朝设置的西域都护府，阿图什为疏勒郡之治所。魏晋时期，阿图什属西域长史府管辖。后来，同疏勒等地皆属于嚈哒管辖。北周天和元年（566年），嚈哒被突厥攻破，阿图什又被突厥统辖。隋文帝开皇三年（583年），达头自立为西突厥可汗，阿图什又属于西突厥。唐太宗贞观二十三年（649年），阿图什受唐安西都护府疏勒都督府节制。唐文宗开成五年（840年），回鹘汗国崩溃，西迁回鹘的一支同其他部族建立了喀喇汗王朝，阿图什为其领地。元末明初，阿图什属东察合台汗国。明武宗正德九年（1514年），东察合台汗王后裔赛义德汗在今莎车县建立叶尔羌汗国，阿图什成为该汗国的领地。清高宗乾隆二十四年（1759年），大小和卓叛乱被平定后，阿图什属喀什噶尔办事大臣管辖，清政府在阿图什庄设立阿奇木伯克，经管地方事宜。清德宗光绪十年（1884年），新疆建省，阿图什属于新疆省管辖。光绪二十九年（1903年），伽师县成立。除今上阿图什镇隶属疏附县管辖外，阿图什其他乡镇皆属伽师县管辖。民国二十七年（1938年），阿图什设治局成立。民国三十二年（1943年），阿图什设治局被升为阿图什县（丙级县）。新中国成立后，1950年3月，阿图什县人民政府成立，隶属喀什噶尔专员公署。1954年7月，克孜勒苏柯尔克孜自治州成立，阿图什县归自治州管辖，并被置为州首府所在地。1986年6月，阿图什撤县设市，同年10月，阿图什市（县级市）正式成立。

二、自然气候

从地貌上看，阿图什市东西长，南北窄，南部东西两端突出中部凹进，地势南低北高，西高东低。北部以高山和丘陵为著，哈拉峻、吐古买提等微型盆地坐落其中。南部呈冲积平原区，地势较为平坦，土壤肥沃，适宜耕种，是主要粮食产区。境内主要河流有恰克马克河和博古孜河。前者又称为舒图克塔什河，发源于乌恰县境内，全长 166 公里。后者古时称为伊兰乌里斯河，发源于阿图什市西北部的玛依丹山脉，全长 100 左右。阿图什市的气候属于温带大陆性干旱气候，四季分明，全年干旱少雨，日照也很充足，年日照总数在 2500—3000 小时，6—8 月作物生长的时段，日照时间长达15 小时。春秋两季较短。春季天气多变，升温较快，多沙尘天气；夏季炎热，雨水蒸发严重；秋季比较凉爽，降温较为迅速；冬季较冷，极寒天气少见，晴日较多且少雪。阿图什市是典型的"万山之市"，境内高山连绵，峡谷纵横。

三、人口与民族构成

阿图什市历来就是多民族聚居的地方，目前生活着维吾尔、汉、柯尔克孜、回、塔吉克、哈萨克、乌兹别克、藏、瑶、壮、东乡等 11 个民族。根据第七次人口普查数据显示，常住人口为 290936 人，全市户籍人口 28.55万人。总人口中：维吾尔族 23.25 万人，占总人口的 81.43%。阿图什市的维吾尔族主要分布在该市的松他克乡、阿扎克乡、格达良乡、上阿图什镇、阿湖乡和市城区等平原区，在哈拉峻乡和吐古买提乡也有少量分布，受到这两个盆地居住的柯尔克孜人的影响，这一地带的部分维吾尔族人主要从事牧业。城区的维吾尔族人，除了政府机关和企事业单位的职工之外，大都从事商业、餐饮服务业等行业。农业种植和栽培是阿图什市维吾尔族人的主要传统经济活动。柯尔克孜族 3.16 万人，占总人口的 11.05%。汉族 2.08 万人，占总人口的 7.28%。其他少数民族 0.06 万人，占总人口的 0.24%。

中华人民共和国成立后，阿图什市境内的维吾尔族主要从事农业生产，随着经济的发展，维吾尔族的生活和居住条件大为改善，人口获得了长足的增长。1949年，阿图什境内维吾尔族人口60383人，1994年，人口达到147012人，增长1.43倍。[1] 2019年，阿图什市维吾尔族人口达到22.48万人。

四、阿图什市维吾尔族民众生计概况

阿图什市维吾尔族的经济类型主要以农业种植、果业栽培为主，亦有数量较大的人以经商为生，松他克乡和阿扎克乡尤其如此。阿图什市的商人不仅在全国各地做生意，而且有很多人将生意做到国外，在海外形成了阿图什人的"商圈"。阿图什市维吾尔族人善于经商，十分精明，在全疆有名。据《阿图什市志》记载，阿图什维吾尔族人经商的文化传统与阿图什维吾尔族人中融入了大量栗特人有密切关系。栗特人早在汉代就居住在葱岭以西，是丝绸之路最活跃的商人，经常成群结队往返于葱岭至中原的丝绸之路上。[2]《唐会要》记载，栗特人"生子必以蜜食口中，以胶置手内，欲其成长口尝甘言，持钱如胶之粘物。习善商贾，争分铢之利。男子二十，即送之他国，来过中夏，利之所在，无所不至。"[3] 阿图什市是丝绸之路上的大商埠，大批栗特人世世代代在此开市贸易，不少人由行商发展为坐商，在此定居下来，开设店铺。后来，大部分栗特人融入阿图什市维吾尔族人之中，其经商传统也为当地阿图什人所继承。"维吾尔人在形成和发展的过程中，继承和发扬了重商、崇商、精商的传统，成为丝绸之路上重要的商业民族。"[4] 整体而言，如果根据分布区域来看，上阿图什地区（主要指今上阿图什镇等区域）的维吾尔族主要以农业种植为主要经济活动，下阿图什地区（主要包括今松他克乡、阿扎克乡等区域）的维吾尔族主要以果业栽培和经商为其主要生计方式。

---

[1]　阿图什地方志编纂委员会：《阿图什市志》，新疆大学出版社1996年版，第775页。

[2]　中共阿图什市史志办：《西域商城——阿图什》，新疆人民出版社2004年版，第774—778页。

[3]　（宋）王溥：《唐会要》卷九十九，上海古籍出版社2012年版，第2105页。

[4]　方晓华：《巴扎的文化解读》，《新疆社会科学》2007年第5期。

　　阿图什市境内的维吾尔族之农业生产历史悠久、经验丰富，主要种植大麦、小麦、棉花、苜蓿等农作物。境内的维吾尔族饲养牲畜主要以家庭圈养为主，畜牧品种有牛、羊、马等，这些牲畜成为家庭肉、乳的主要来源，也是主要的生产工具。19世纪末，阿图什的维吾尔族封建农奴制经济逐渐被地主所有制经济所代替。中华人民共和国成立后，阿图什市的维吾尔族形成了以农业为主，兼营畜牧业的生产格局。除了农牧经济外，园艺栽培也是阿图什人重要的经济活动。此地光照充足，气候干燥，无霜期长，昼夜温差大，这些成为瓜果栽培的良好条件。在此方面，无花果栽培成为全疆甚至全国最具特色的园艺类型。此外，手工业和商业在阿图什人生活中亦占有很大比重，尤其是后者越来越成为当地群众生产与发展的主要经济活动。

　　目前，阿图什市经济发展比较滞后，全市的工业化水平较低，规模及以上企业匮乏，人均收入低于全疆平均水平，财政供给率低。据阿图什市统计局的数据显示，2019年，阿图什全市全年实现农林牧渔业总产值16.88亿元，其中：农业产值10.05亿元，林业产值0.1237亿元，畜牧业产值5.9451亿元，渔业产值0.031亿元，农林牧渔服务业总产值0.7350亿元。全年农作物播种面积39.79万亩，比上年增加1.44万亩。其中，粮食种植面积26.21万亩，油料种植面积0.0161万亩，蔬菜种植面积0.6516万亩，瓜果类种植面积0.2130万亩，其他作物种植面积3.17万亩，特色林果种植面积14.02万亩。全年粮食产量11.55万吨，粮食亩产为440.9公斤，蔬菜1.68万吨，瓜果类0.49万吨，特色林果产量7.66万吨。[①]

第二节　田野点介绍

　　大肖鲁克村作为阿图什市跨国商人最集中的区域，也是本书最主要的田野调查点。由于大肖鲁克村位于阿图什市松他克乡，故先要对松他克乡做

---

① 阿图什市统计局：《阿图什市2019年国民经济和社会发展统计公报》，2020年7月28日，见https：//www.xjats.gov.cn/xjats/c103461/202007/c71aef65e1ba45f7ad2324e78a8dd99c.shtml。

一个整体的介绍，然后对大肖鲁克村做详细介绍。

一、无花果之乡

阿图什是中国著名的无花果之乡，如果更精确一点，应该说该市的松他克乡是真正的无花果之乡。松他克乡的无花果主要集中在该乡的阿孜汗村，无花果栽培是全乡林果业的重要组成部分。松他克乡位于阿图什市西南郊，离市区 3.5 公里，地处东经 76°09¢—78°21¢，北纬 39°40¢—39°80¢之间，全乡占地面积 183 平方公里，东西约 20 公里，南北约 17 公里。

1938 年前，松他克属于伽师县的阿斯图什庄或大阿图什庄。① 阿图什设治局成立后，阿斯图什庄归阿图什设治局管辖，设集兴镇。建县后，境内设集兴镇（含今阿孜汗村、塔格提云村、松他克村、买谢提村）、和顺乡（今肖鲁克）、农丰乡（今瓦克瓦克村）。1948 年春，和顺乡、农丰乡并入集兴镇。中华人民共和国成立后，成立阿图什县第一区，下设 6 个乡，一乡阿孜汗（含塔格提云）、二乡买谢提、三乡松他克、四乡拖库勒、五乡瓦克瓦克（含巴格拉、克青孜）、六乡肖鲁克。1953 年撤销区，设松他克乡，直辖于县。1958 年 9 月，成立英雄（松他克）人民公社，下设 4 个管理区（原四乡）、20 个大队。1962 年调整时，撤销管理区，由公社直接管理大队。1964 年合并为 10 个生产大队。1967 年，松他克人民公社改为红旗人民公社。1984 年 10 月 25 日，社改为乡。同年 11 月将所属大队改为村民委员会。②

目前，全乡下辖松他克村、阿孜汗村、买谢提村、瓦克瓦克村、克清孜村、巴格拉村、温吐萨克村、亚喀巴格村、肖鲁克村、托库勒村、园艺村等 11 个行政村，105 个生产小队，7400 余户 40000 余人，其中维吾尔族39800 多人，汉族 700 多人，柯尔克孜族 20 余人。松他克乡的传统经济活动是粮食播种和果业栽培，全乡总耕地面积 33187 亩，人均 0.8 亩。截至2019 年末，粮食播种面积 27000 亩，棉花播种 5410 亩，油料 425.8 亩，葡

---

① 大阿图什包括今松他克乡、阿扎克乡、阿湖乡和市区的两个街道；小阿图什即今上阿图什镇。——作者注。

② 阿图什市地方志编纂委员会：《阿图什市志》，新疆大学出版社 1996 年版，第 68 页。

萄栽培面积 25403 亩，主要以栽植葡萄为主。① 经商和务工也是全乡经济收入的主要渠道之一，尤其经商是当地不少人重点选择的生计活动（做生意）。早在 20 世纪 80、90 年代，在素有南疆商品集散地之称的"香港巴扎"经商的人中有 70% 的人就是松他克乡的农民。进入 21 世纪后，经商依然是众多松他克乡人重要的生计选择。据不完全统计，全乡有 3000 多人在国内外经商，其中国外经商者超过 1000 多人，主要集中在大肖鲁克村（亚喀巴克村、肖鲁克村温吐萨克村）。在跨国生意人当中，资产超过 200 万的有 100 多人，超过 100 万的有 900 多人。整体而言，松他克乡人多地少，水资源也比较短缺，博古孜河穿流于阿孜汗村、买谢提村、托库勒村、瓦克瓦克村以及克清孜村。

二、具体田野点

跨国布料商贸群体是一个流动群体，他们活动的地方主要有三类：家乡、进货地、销货地。因此，本书的田野调查也主要涉及以下四个点：

大肖鲁克村（中心田野点）；

阿图什市原"香港巴扎"（参照田野点 1）；

比什凯克市"玛蒂娜巴扎"（参照田野点 2）；

浙江绍兴柯桥"中国轻纺城"（参照田野点 3）。

上述四个点构成了大肖鲁克村跨国布料商人的生意圈，如图 1-1 所示。

四个田野点之间的关系：中心田野点大肖鲁克村包括三个现有行政村：肖鲁克村（以下简称为"肖村"）、亚喀巴格村（以下简称为"亚村"）、温吐萨克村（以下简称为"温村"）。大肖鲁克村农民首先去浙江柯桥布料市场进货，发至"香港巴扎"批销，个别商人带"香港巴扎"的货物出国卖布。20世纪 90 年代以后，"香港巴扎"逐渐消亡。跨国商人们直接从柯桥发货至比什凯克。一般情况下，商人们每年回国两次，且赚钱后主要在阿图什、喀什消费。在异国他乡打拼的商人在上了年纪后最终选择落叶归根。

本研究设一个中心田野点，三个参照田野点，缘由如下：

---

① 数据来源：阿图什市松他克乡政府提供。

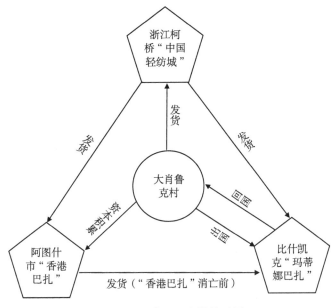

图 1-1　四个田野点的关系图

1. 设大肖鲁克的三个村为中心田野点，主要考虑的是商人们虽然一年里绝大部分时间不在家，但其生活的牵挂和重心依然是家庭，每年的重要节点是商人们与家人团聚的时刻，正如国内进城务工的农民工春节返乡一样。只不过本书所关注的对象是出国赚钱的维吾尔族农民，他们不是为别人打工而是自己当老板。尽管如此，绝大多数商人还是选择每年回归两次或两次以上，他们并没有真正成为迁入地的公民。

2. 作为调查对象的大肖鲁克村布料商们一直处于流动状态，他们一年四季往返于国内外，要获得被调查者的信息，除了要了解其家庭情况外，还要动态跟踪这一群体的活动踪迹，所以作为进货地点的柯桥和主要销货地的比什凯克亦是作者重点的田野调查点。

3. 大肖鲁克村的布料商们，尤其是改革开放后第一批出国的商人，他们出国前乃至出国后一段时间内，在阿图什本地有过做布料生意或者其他经营的经历。这一时期对商人们影响最大的莫过于被人称"香港巴扎"或"上海巴扎"（又称"阿图什市工贸市场"）的本土市场，该巴扎对大肖鲁克村乃至整个阿图什商人的成长贡献甚大。虽然该巴扎业已衰亡，已成过去，但要了解商人们的经商历史，尤其是他们出国前的情况，就难以绕开对该巴扎的研究。

4. 流动和迁徙是布料商经营活动基本特征，商人们也并非全部聚集在一起，他们活动的足迹并不局限柯桥和比什凯克，国内的广州、杭州、常熟等地亦是商人们的进货地之一。国外的阿拉木图、杜尚别等也有一小部分商人在经商，但商人们最集中、对其跨国布料生意影响最大的莫过于浙江柯桥的"中国轻纺城"和吉尔吉斯斯坦首都比什凯克的"玛蒂娜巴扎"。

因上述原因，作者于 2012 年全年在阿图什松他克乡做基层工作时，对松他克乡大肖鲁克村做了前期普查。2016 年 2 月至 9 月，作者又对大肖鲁克村的跨国布料商做了民族学学科意义上的田野调查。期间，作者分别于当年 8 月、9 月前往比什凯克"玛蒂娜巴扎"和浙江绍兴柯桥"中国轻纺城"做了跟踪式、参与式调查，获得了第一手的田野调查资料。2019 年 8—9 月，作者再次到大肖鲁克村进行田野调查，了解松他克乡跨国商人的实际情况。

（一）大肖鲁克村

大肖鲁克村位于阿图什市城郊的东北部。中华人民共和国成立后，肖鲁克成为阿图什县第一区所属的六乡。1958 年，英雄人民公社成立后，肖鲁克成为公社下辖的四个管理区中的一个区。1962 年，管理区被撤销，公社直接管辖大队。1964 年，原管理区所管理的 20 个大队被合并为 10 个生产大队，原肖鲁克管理区被析置为三个大队，即肖鲁克大队、温吐萨克大队和亚喀巴格大队。1984 年 10 月，人民公社改为乡，次月，所属生产大队全部改为村民委员会。至此，大肖鲁克村被划分为肖鲁克村、亚喀巴格村和温吐萨克村。

肖鲁克村位于松他克乡的东北部，距离乡政府 3.5 公里。全村实有人口 710 户 4012 人，10 个小队（村民小组），共有耕地 2253 亩。全村经商家庭达 500 户以上，在国外经商者 540 人。1000 万元以上资产者 28 人，200 万元以上资产者 332 人。肖鲁克村现有小学 1 所。

亚喀巴格村地处松他克乡的西北部，肖鲁克村以西，距乡政府 3 公里。相传此处是喀喇汗王朝的王室果园所在地。亚喀巴格村全村有 7 个小队，共有耕地 1585 亩。护照持有人数达 1337 人，其中有 500 户以上从事商业买卖活动，在国外经商者有 432 人。1000 万资产者有 21 人，200 万以上资产者 288 人。亚喀巴格村现有小学 1 所。

温吐萨克村位于松他克乡的西北部，亚喀巴格村以南，距离乡政府 2.5 公里。相传该地曾经由 10 个萨克人居住。温吐萨克村现有人口 568 户 3139 人，7 个小队。耕地共有 1355 亩，持护照者 723 人，在国外经商的人 400 多人。1000 万元以上资产的有 18 人，200 万元以上资产的大概有 200 多人。温吐萨克村现有小学 1 所。

表 1-1　2019 年大肖鲁克村人口、耕地、收入情况

村	人口	男性人数	总户数量	占地面积（亩）	小队数量	耕地面积（亩）	人均收入（元）
温吐萨克	3139	1609	568	3600	7	1355	8674.25
亚喀巴格	4564	2392	739	3780	7	1585	8752.64
肖鲁克	4012	2087	705	4200	10	2253	7932.41
合计	11715	6088	2012	11580	24	5193	8453.10

资料来源：松他克乡大肖鲁克的三个村委会提供。

（二）三个特殊的巴扎

巴扎，即集市。千百年来，巴扎是我国新疆、中亚以及中东地区民众进行日常产品交换、商品消费活动的主要场所，是很多商人一生中度过时间最长的场所之一。巴扎对于新疆和中亚诸多民族的重要性，不亚于我国内地华北地区农贸集市对农民的重要性。巴扎不仅具有鲜明的经济功能，还有独特的文化功能。巴扎是各种信息传播的主要阵地，人们通过逛巴扎，不仅能得到所需的生产生活用品，而且还能获得所需的信息，加强了亲朋好友之间的联系，汲取各种新的文化因子，这对繁荣当地文化发挥着重大作用。下文介绍的这三个巴扎是大肖鲁克村跨国布料商人生计活动的重要场所，是他们实施跨国商贸的必经程序。巴扎是本书研究涉及的大肖鲁克村布料商人之主要活动场域，商人们除了睡觉，几乎所有的活动都在巴扎。因此，巴扎不仅

是生产生活资料交换的重要场所，还是人们的精神支柱，市维吾尔族文化传统的基础场域。通过巴扎这个平台，维吾尔族的日常生活和生产方式以及族群心理、风俗习惯等皆能反映出来。总之，巴扎是维吾尔族商业传承与发展的载体。

根据巴扎所包含商品的种类，巴扎可以分为综合性巴扎和专业性巴扎，前者是指充斥着各种生产生活用品的巴扎，一般可以分为蔬菜区、肉区、服装区、餐饮区等；后者则是仅专营某一类商品的巴扎，如买卖牛羊的牲畜巴扎，专营工业品的工业品巴扎等。按照巴扎所在的区域，可以分为农村巴扎和城市巴扎。一般情况下，城市巴扎多以专业性巴扎居多，农村巴扎以综合性巴扎为甚。根据巴扎的影响力和国际化程度，巴扎又可分为国际巴扎和国内巴扎，国际巴扎最大的特点是外向性，如位于新疆乌鲁木齐天山区延安路的"二道桥大巴扎"[①] 就是典型的国际巴扎。

同其他地方的维吾尔族人一样，阿图什市大肖鲁克村的布料商人做生意同样也离不开巴扎。商人们的布料买卖活动真正始于改革开放以后。首先，商人们去内地纺织品市场（巴扎）进货，将货物带回至本地的巴扎上销售。1991年苏联解体后，中国同中亚诸国建立了外交关系，经贸往来随之展开。大肖鲁克村人自1992年下半年以后，开始大批前往中亚、俄罗斯、中东等地，最初，他们把从内地发至阿图什本地的货物再次发到比什凯克、塔什干、杜尚别、阿拉木图等地，本土的巴扎充当货物中转地。后来，尤其是20世纪90年代末，随着商人们在国外的逐渐适应和国外布料生意的发展，商人们将生意的重心转移到了国外，从内地进货以后直接发货至国外的布料巴扎，不再通过阿图什本地的巴扎来中转。从历时性角度看，大肖鲁克村的跨国布料商人的足迹到过的巴扎主要有三类：进货巴扎、中转巴扎和销货巴扎。进货巴扎（市场）主要有浙江省绍兴市柯桥区的"中国轻纺城"、江苏常州的纺织品批发市场、广东广州的纺织品批发市场、上海的纺织品批发市

---

① "二道桥国际大巴扎"建成于2003年，是规模宏大的国际性巴扎，每天都有大量国内外人士前去参观、体验和购物。该巴扎于2004年入选为乌鲁木齐"十佳建筑"，有"世界第一大巴扎"之称。

场等。中转巴扎主要有原阿图什市"香港巴扎"。销货巴扎主要有吉尔吉斯斯坦比什凯克的"阿拉米丁巴扎""玛蒂娜巴扎"①"多尔多伊巴扎"②、吉尔吉斯斯坦南部城市奥什的"卡拉苏巴扎"③、哈萨克斯坦阿拉木图的"巴拉克赫力卡巴扎"④、塔吉克斯坦首都杜尚别市城区的"阔尔翁巴扎"⑤、乌兹别克斯坦塔什干的"阿图什巴扎"⑥。此外还有比什凯克原"吐尔巴扎""国英商场"等巴扎也曾有大肖鲁克村布料商人的活动足迹。通过调查得知，大肖鲁克村商人活动时间最长、与他们联系最密切、影响最大的巴扎主要有三个：原阿图什市"香港巴扎"、柯桥"中国轻纺城"和比什凯克"玛蒂娜巴扎"。这三个巴扎的共同特征是：一是三者皆处于城区，属于城市巴扎。二是三个巴扎主营的皆为纺织品和服装，是专业性的巴扎。三个巴扎组成了大肖鲁克村商人经商的活动路线网络（见图1-2）。

进货——销货——回归——进货——销货——回归……如此循环往复，这是大肖鲁克村的跨国布商人年复一年不断重复的过程。商人们奔波于各个巴扎之间，构成了一个连贯的经营活动轨迹。

1."香港巴扎"

"巴扎"作为新疆农牧民获取生活资料和生产资料的场所，囊括新疆部分族群之社会生活的各个方面。巴扎是维吾尔族人一生中花近一半时间来活动的地方，然而，它的产生需要具备一定的条件。绿洲农业和商业传统是巴扎产生的社会环境。⑦此外，巴扎的形成还须具备一定的地缘和人缘条件。

---

① "玛蒂娜巴扎"（Мадина базары/Madina bazari）是位于吉尔吉斯斯坦比什凯克最大的布料批发和零售巾场。

② "多尔多伊巴扎"（Дордой базары/Dordoi bazari）是中亚地区最大的综合性批发市场。

③ "卡拉苏巴扎"（Kapa-Cyy базары/Karasuu bazari）是吉尔吉斯斯坦最南端的一个大巴扎，由于距离乌兹别克斯坦较近，许多乌兹别克斯坦的商客也经常在该巴扎活动。

④ "巴拉克赫力卡巴扎"（Барахолка базары/Barakholka bazari）位于哈萨克斯坦阿拉木图市的热特苏区（Жетысуский/Zhetysu）。

⑤ "阔尔翁巴扎"（Корвон базары/Korvon bazari）位于塔吉克斯坦首都杜尚别市。

⑥ "阿图什巴扎"（Атуш базары/Atush bazari），乌兹别克斯坦首都塔什干，于2013年被取缔。

⑦ 方晓华：《巴扎的文化解读》，《新疆社会科学》2007年第5期。

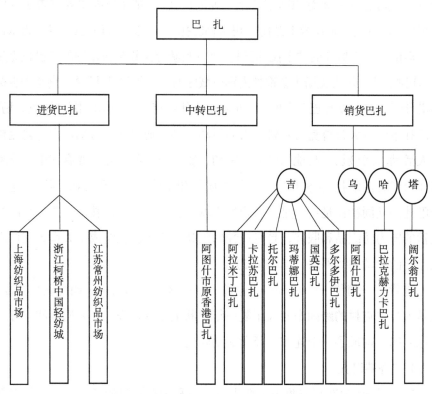

图 1–2　大肖鲁克村跨国布料商人经商的主要巴扎及其分类①

阿图什市位于葱岭（帕米尔高原）东麓，是古代丝绸之路上商旅必经的憩足之地，具有商品集散地的地缘优势。一是阿图什市位于绿洲文明与草原文明的接合部位。在南部的绿洲农耕经济与北部的草原游牧经济相互影响中，作为接合部的阿图什市，便首先在文化传播过程中接受其优秀的部分，为己所用，发展自己。二是自汉唐以来，阿图什市地处丝绸之路的必经之地，又是塔里木盆地与帕米尔高原的交界之处，是葱岭交通要道之东侧门户。东西双方的商队在翻越葱岭之前，都要在这里集结、修整、组合和开市贸易，此处遂成为商贸的集散地，并形成商贸大都市。自汉唐以来，阿图什市一直是中国西部的一个商贾云集的商贸大都会，在我国西部商贸发展史上有着辉煌的

---

①　图中加粗字体部分为大肖鲁克村商人们经商活动最重要的三个巴扎。

历史。自西汉伊始，阿图什就隶属于西域三十六国之一的疏勒国，而疏勒国已经是塔里木盆地西北缘的商贸云集的大都会。[①] 史载：汉代疏勒"有市列"[②]。这就是说，在疏勒王城中，不仅有一般的货物交换和市场，而且已经开始有相当规模的城市建筑、街道和商业店铺。阿图什市地处中西方丝路贸易的门户，丝绸之路上最活跃的"昭武九姓"人，将阿图什市作为重要的中转站和商品集散地。"从这里垄断中原西出的大量丝绸、茶叶等商品，然后又运转到葱岭以西的西亚，直至欧洲，从中牟取大量利润。同时又将欧洲及西亚的茴香、胭脂及其他珍稀土特产运回阿图什销售"[③]，使阿图什市成为丝绸之路一个极其繁荣的货物转运商埠和交易市场。南疆交通基础设施滞后。地理上，南北疆受天山阻隔，导致南疆交通严重落后，限制了货物流通。内地的工业品在 20 世纪 80 年代，只能运输到阿图什市，葱岭以西难以到达。在这种条件下，阿图什市便成为南疆货物集散中心。

早在 2012 年作者到阿图什市松他克乡参加基层工作时，有一乌鲁木齐的朋友向作者介绍阿图什市有一个名为"香港巴扎"的城市巴扎非常出名，他曾经在 20 世纪 90 年代初去逛过，当时该巴扎非常繁荣。朋友建议作者去看看。在当地朋友的带引下，作者来到一个叫"西域商贸城"的巴扎，此巴扎看上去显得比较萧条。引路人介绍说该巴扎就是"香港巴扎"。一年的基层工作快结束时，乌鲁木齐的那位朋友问作者关于"香港巴扎"的现况，对方表示"西域商贸城"绝对不是"香港巴扎"，"香港巴扎"位于大清真寺旁边，而且早已消亡。他之所以向作者打听"香港巴扎"，就是想知道当地人对"香港巴扎"还有无印象。朋友进一步说，作为一个土生土长的乌鲁木齐人，对"香港巴扎"的印象都依然存在，当地人肯定知道此巴扎，除非作者的引路人是一个年轻人。的确，作者的带引人是一个年轻人，他显然对"香港巴扎"的情况了解不多。2016 年春节过后，作者再次到阿图什市调研，对"香港巴扎"的具体情况做了全面调查。作者的调查主要借助于当事人的

---

① 阿图什地方志编纂委员会：《阿图什市志》，新疆大学出版社 1996 年版，第 10 页。

② （汉）班固：《汉书·西域传·疏勒国》，中华书局 1992 年版，第 2872 页。

③ 中共阿图什市史志办：《西域商城——阿图什》，新疆人民出版社 2004 年版，第 72 页。

回忆和市工商局的档案。当年参与兴建和管理的干部、在"香港巴扎"做过生意的老商人接受了作者的调查和采访。

调查主要涉及的问题有三个方面，即形成、发展和消亡。具体包括"香港巴扎"形成的背景、时间、地点、发展阶段；"香港巴扎"消亡的时间、原因以及影响等。

关于香港巴扎的形成时间，目前没有一个明确的定论，至今流传着多种说法。经作者查阅大量史志资料、历史文献、新闻报道、报刊，采访老干部、当地老商户，以及通过网络搜索，获得了数量众多的信息和线索，经过整理与核实，归纳为以下两种说法：

说法一，中华人民共和国成立后，阿图什市城区巴扎一直存在，即使在"文化大革命"等特殊时期，巴扎也隐蔽性地存在，当地人称为"地下巴扎"。十一届三中全会以后，"地下巴扎"公开营业。自此，被抑制的阿图什个体经济获得了松绑。1979年，部分阿图什维吾尔族人背着馕，去上海、江苏、浙江等沿海省市批购当地工业品并将之运到阿图什来销售，他们将沿海的繁华以商品的形式输入阿图什。商贩们选择在大清真寺所在地的吾斯唐路及其周围摆摊设点，销售商品。久而久之，吾斯唐路成为众多商人蜂攒蚁聚之地，逐步形成了杂乱但红火的工业品批发和零售基地。因大多数货物来自中国最发达的城市上海和香港，故此市场被当地人称为"上海巴扎"或"香港巴扎"，"香港巴扎"的叫法更广一些。"这个市场最初出现在1979年冬天。当年一些维吾尔人在新经济政策指引下，不远万里去上海、江苏、浙江等沿海城市做生意，采购当地生产的工业品，尤其是新疆少数民族急需的工业品，通过邮局寄包裹回来，然后在路边摆摊销售，很受群众欢迎，生意很是兴隆，盈利颇为可观。因而吸引了不少人外出做生意，各地寄来的商品越来越多，镇上到处可见个体户的小摊点，摆满了五光十色的商品，招来了一批批顾客。当时人们称这个市场为'香港巴扎'。"[1] "博格拉巴扎"[2] 负责人

---

[1] 沈其彦：《无花果之乡阿图什市》，新疆克孜勒苏柯尔克孜文出版社1989年版，第27页。

[2] 该巴扎位于阿图什市幸福路中段，以经营服装和小商品为主。

Imi·N 是 20 世纪 70 年代末闯上海的最早一批人之一，他回忆道：1979 年开始，国家实施改革开放，阿图什人也动了起来。市周边乡镇的农民曾在街心花园（今市人民广场）周围等几处地面摆摊做生意，随着商人（个体户）数量的增多，他们的活动范围从天山路扩展到吾斯唐路，因为大清真寺位于吾斯唐路，做完礼拜的人们就近挑选自己喜爱的商品，故吾斯唐路成为销售商品的主要场地。老百姓把以吾斯唐路为主的商人兜售商品的地方称为"香港巴扎"。

说法二，1983 年，为进一步规范市场秩序，方便个体工商户经营和各族群众出行购货，促进市场繁荣，阿图什县[①] 工商局向县政府报送了《关于成立阿图什县工贸市场的报告》。该报告很快被政府批准，并开始筹建统一、有序的工贸市场。首先，政府给商户们核发营业执照，对商人们的乱占乱摆行为做说服和劝导工作。其次，由政府牵头，通过多方筹资在吾斯唐路建立工贸巴扎，即市工贸市场，解决了当时吾斯唐路农产品、工业品、畜牧产品等各类巴扎混乱交错的问题。"1984 年阿图什县财政拨款 100 万元兴建工贸巴扎，设固定摊点 1000 多个，以后又建起了玻璃钢瓦大棚，并增设活动房，市场内全是个体户经营。阿图什的'香港巴扎'已发展成为南疆工业品的贸易中心。"[②] 市工商局退休干部 Ünu·H 曾亲身参与了工贸市场的兴建，他介绍道：在吾斯唐路的主要两段，即光明路至松他克路段和松他克路至幸福路段，1984 年由政府筹资兴建了工贸市场，这个市场被时人称为"香港巴扎"。后来，在此基础上巴扎又陆续扩建，形成了以工贸巴扎为主体，集农产品、肉类产品于一体的城市大巴扎。然而，政府还是习惯用工贸大市场来指代"香港巴扎"，之所以要这样叫，可能的原因是此工贸市场由政府筹资兴建，如此称呼方能突出政府在"香港巴扎"发展中的主导作用。

作者对曾经参与兴建和管理"香港巴扎"的克孜勒苏柯尔克孜自治州（以下简称"克州"）工商局干部 W 做了采访调查。W 于 20 世纪 60 年代初

---

① 　1986 年 6 月，国务院批准阿图什撤县设市。

② 　中国共产党柯尔克孜自治州党史办：《中国共产党克孜勒苏柯尔克孜自治州简史》，新疆人民出版社 2008 年版，第 222 页。

出生于阿图什市幸福街道，中专毕业后分配到阿图什市工商局，从此一直在工商系统工作。他比较认同第二种说法：

> 香港巴扎兴建于20世纪80年代初，具体时间是1984年6月。由克州和阿图什市工商部门建立第一段钢化玻璃大棚巴扎，我们称第一段"拉巴斯"。具体位置就是现在的吾斯坦路中的光明路到松他克路这段，到1985年年底建成。当时形成了"三街六面"的格局。所谓三街，就是在这段吾斯坦路两边修建了两排平房，然后在中间，商户们又自己搭起了两排背靠背的木头房子，这样形成了三个通道，就成为三街，六排铺面就成为六面。1985年7月，在吾斯坦路的另一段，即从松他克路到幸福路这一段，州市两级工商局又修建了第二段大棚巴扎，即第二段拉巴斯。这两段拉巴斯当时共有102间平房。由于商业的发展，现有的两段拉巴斯容纳不了越来越多的商户，故又在吾斯坦路清真寺方向起，直到州一中背后，修建了席棚巴扎。席棚巴扎当时由商户自己搭建的木头摊位和政府建造的铁皮箱子式的摊位两部分组成，铁皮箱子摊位是政府出租给商户经营的，商户要定期给政府交租金。席子大棚巴扎是在1988年年底完成的。
>
> 1990年3月12日，前两段拉巴斯起火，大火烧毁了商户们所有货物和钱财。在那种情况下，商户们依然向北京亚运会筹资捐款十几万元用以支持运动会的举办。"3.12"大火后，政府又在吾斯坦路幸福路方向起直到阿孜汗路这一段，修建了两排平房，让失火后的商户们向这边搬迁。
>
> 1993年5月1日，政府又将幸福路到阿孜汗路这段巴扎拆掉，修建了174间小房子，督促老巴扎上经营蔬菜的商户搬迁。1996年，政府拆除了174间小房子。1996年7月1日在今博格拉商贸城附近修建了"利民市场"，小房子上的商户又搬到了"利民市场"。1997年10月，西域商贸城开始修建，1999年2月1日建成。这个西域商贸城是由私人投资兴建的，当时为了执行"管办分离"的政策，政府督促原"香

港巴扎"的商户搬往西域商贸城。①

W 认为，政府正式支持"香港巴扎"的建设始于 1983 年。1984 年，政府出资正式兴建正规的巴扎，这是"香港巴扎"向正规化迈进的重要一步。在 W 看来，"香港巴扎"真正辉煌了 6 年（1984—1990）。1990 年 3 月的火灾成为该巴扎发展的转折点，火灾之后，"香港巴扎"就逐渐走下坡路了。

上述两种说法皆有根据。第一种说法主要涉及了非正式或者雏形的"香港巴扎"之形成时间，是民间对当时在市中心出现的非规范化市场之叫法。后一种说法则是官方对"香港巴扎"之"正名"时间，即"香港巴扎"真正意义上被政府认可和支持的时间。由政府主导在吾斯唐路建立工贸市场标志着工业品巴扎在"香港巴扎"体系中绝对性主体地位的确立，以至于后来的政府文件中都以"工贸市场"或者"市工贸大市场"来指代"香港巴扎"。因此，民间更加认同第一种说法，而第二种说法则得到政府的认可。

据作者多次实地查证并同多人访谈，对"香港巴扎"的出现时间以及该巴扎主体形成的时间有了基本的脉络。"香港巴扎"横亘在阿图什市最重要的东西向路段——吾斯唐路，而吾斯唐路自东向西分别被文化路、光明路、松他克路、幸福路、阿孜汗路纵向分割为四大段。形式上讲，"香港巴扎"也前后分为四段。"香港巴扎"最早形成的两段是光明路—松他克路段和松他克路—幸福路段，以布料和服装等纺织品经营为主。1984 年，在既有巴扎的基础上，由政府整顿并筹资主建了工贸市场，此两段是"香港巴扎"的核心区域。1986 年，随着商业销售网点的增多，商人的活动空间受限，个别资金雄厚的商人又在吾斯唐路以东拓展了新的区域，即光明路—文化路段，打造了以铁皮房子为主，专营日用化工商品的巴扎，这是第三段。20 世纪 90 年代初，"香港巴扎"最早的两段发生火灾。为了让遭受火灾的商户能尽快有新的营业区域，由政府组织，商户出资，在吾斯唐路以西方

① 被访谈人：W，男，55 岁，阿图什幸福街道人；访谈时间：2016 年 5 月 9 日；访谈地点：克孜勒苏柯尔克孜自治州工商局。

向，即幸福路—阿孜汗路段，兴建了新的纺织品巴扎，这是第四段。过火的原纺织品巴扎被政府打造成商业步行街。

无论何种说法，它们都基于这样一个基本事实，即"香港巴扎"之出现，是"对外开放，对内搞活"政策的产物，是党的改革开放和兴边富民政策的缩影，是以经济建设为中心的政策实施之结果。关于"香港巴扎"产生的背景，无论是当初参与建设和管理的干部，还是资深的老商人，大家都认为是改革开放以后，政策活了，阿图什人才有机会出去闯荡，所以，最大的背景应该是改革开放的大环境。正如阿图什市某领导 A 所言：

> 在改革开放之前，尤其是国家计划经济时代，阿图什人就已经把当地的水果、干果秘密地包装起来，以非常隐秘的方式带到内地去，跟那边的布料国营商店交换，这属于以物易物的经济形式。拿到布料后再以更加隐蔽的方式将其带回新疆，在"地下巴扎"上卖掉。好多阿图什的商人做生意就是通过这种方式来积累资本的。由于在特殊年代，阿图什的这些农民经商行为是不被允许的，因此很多阿图什人在广州、温州、浙江等地被当地政府处理过。改革开放初期，阿图什人利用有利的政策环境，及时走出去做买卖，尤其是80、90年代，掀起了一波波"经商潮"。也就是在那个时候，阿图什的"香港巴扎"形成并发展，成为南疆最大的轻纺品批发市场，就连乌鲁木齐的商人都来阿图什批发布匹。为什么阿图什会形成这样一个大巴扎呢，主要是因为当时信息很闭塞，没有现在这么快捷便利的通信网络，阿图什人凭自身的胆量，率先去内地，将自认为能够在新疆销售的纺织品进回来，慢慢地，阿图什人就基本上垄断了新疆尤其是南疆的布匹市场，最终才形成了名噪一时的"香港巴扎"。因此，在改革开放大背景下，当时的商人，经营理念比较单一，完全就是凭胆气和运气。①

---

① 被访谈人：阿图什市领导 A；访谈时间：2016 年 3 月 8 日下午；访谈地点：阿图什市广场。

作者走访了很多曾在阿图什"香港巴扎"做过买卖的老商人，他们与 A 的解释大同小异。共同的说法之一是，部分敢打敢闯的阿图什农民沐浴了改革开放的春风，不仅自己赚取了人生的第一桶金，而且还带动了整个阿图什商人群体的发展。通过调查得知，"香港巴扎"经历了自行发展、规划有序发展、市场化发展三个主要阶段。

（1）第一阶段：自发形成之雏形阶段（1979—1982）

1978 年底，十一届三中全会召开。国家在农村推行联产承包责任制的同时，鼓励和扶持个体商业发展，允许城镇非农业人口、持有城镇户口的待业人员申请从事个体经营，促进各种小型工业、零售业、餐饮业、服务业、运输业等个体商业的发展。

阿图什人多地少，且耕地贫瘠，生存条件恶劣。该市人均耕地不足 1 亩，且很大一部分耕地碱化严重，气候环境恶劣，降雨量极少，这些不利因素制约了农业的发展。先天性硬伤使得当地人为了生存必须寻找其他生计方式。改革开放后，个体经济发展迎来了新的春天。精明的阿图什维吾尔族人抓住了有利时机，率先离开故土，将东南沿海城市的工业品输入阿图什，在阿图什城区中心区域摆摊设点，销售商品。原克州工商局一位斯姓退休干部介绍道：20 世纪 70 年代末，个别近邻城区的农民在一句汉语都不懂的情况下，依然背着馕去闯上海，他们通过手势比画等身体语言硬是将上海的时尚商品源源不断地带到阿图什，在街心花园（今市人民广场）和大清真寺周围摆摊，售卖货物。从最初的 30 多人，发展到后来的几百人。阿图什市工商局退休干部 Hem·U 回忆：20 世纪 80 年代初，一些零散商户去上海把最时尚的头巾和布料用大型包裹邮寄至阿图什，在今天山路的新华书店周围批发和零售。在相互影响下，商贩们越聚越多。每到周六①，广场和吾斯唐路上充斥着商人、顾客等各色人等，既杂乱无章，又热闹非凡。零散和无序是 1983 年之前的"香港巴扎"呈现出的最大特点。总之，这时期的巴扎是当

---

① 据作者调查，最初，每周六是"香港巴扎"的开市时间，自工贸市场建立后，该巴扎每日运营。

地农民和城市待业人员自发的商业行为。

据作者调查，到 1983 年初，阿图什城镇商业贸易销售点由最初的 20 多个扩大到 310 处，其中个体商业摊点 101 处。① 在吾斯唐路经营地毯生意的 62 岁布料商人 Tur·S，30 年前在市大清真寺旁卖瓜子和汽水，后来经营鞋袜，再后来成为当地很有影响力的布料商人。吐尔逊回忆道：当时阿图什县城主要街道旁到处可见个体户的小摊点，商品种类繁多，物美价廉，吸引了当地和周边各族群众的目光。尤其是喀什、伽师、疏附、麦盖提、巴楚、岳普胡甚至伊犁等地的小商贩也慕名来此批购货物。然而，农民四处摆摊铺点，市场自行无序发展，这种状态影响了市容整洁和交通秩序，增加了政府的管理成本，也影响了巴扎的进一步发展。

（2）第二阶段：规范有序之发展阶段（1983—1990）

此阶段又可分为两个时期，即统一管理时期和工贸市场时期。

实行统一管理。1982 年，为进一步规范"香港巴扎"市场秩序，方便个体工商户经营和各族群众出行购货，促进市场繁荣，阿图什县工商局向县人民政府递交了建立工贸市场的请求报告，该报告获得批准。在兴建正规市场之前，县政府批准县工商局工商所为该市场的主要管理部门，并责令后者对巴扎加强实际管理。随后，县工商局为个体商户划定摆摊地段，严禁乱摆摊、乱设点，对个体户进行集中管理，发放营业执照。同年年底，"香港巴扎"共有个体商户 230 户，从业人员 425 人，注册资本 18.4 万元，全年营业额 161 万元。②

兴建工贸市场。1983—1985 年，通过县人民政府拨款、工商部门及个人集资等方式筹集资金 100 多万元，在市区吾斯唐路修建了长 1.5 公里、宽 26 米，占地 39000 平方米的工业品批发市场，并命名为"阿图什市工贸市场"。工贸市场包括 119 间砖房、740 间木制售货房、178 间铁皮售货房以及沿巴扎中间的水渠搭建的 2 个玻璃钢瓦大棚，共设固定摊点 1000 多个。经

---

① 数据来源：克孜勒苏柯尔克孜自治州工商局提供。

② 数据来源：阿图什市工商局提供。

过几年的发展，商户越来越多，市场摊位规模越来越大，商品种类日益繁多，有呢绒绸缎、化纤棉布、服装鞋帽、钟表首饰、日用百货、烟酒糖果、家用电器等，也有当地的土特产品地毯、小花帽、柯尔克孜毡帽、挂毯以及干果。1987年，政府在原有的大棚旁又搭建了一个新的玻璃钢瓦大棚，并加盖了多间铺面房。至此，全市场共有3个玻璃钢瓦大棚、171间砖混结构平房、1388间活动木房和铁皮房。市场两侧的小二层铺面房与中间的3个大棚，形成了"三街六面"的空间结构体系。1987年底，工贸市场共有1562个固定摊位，个体工商户共1476户，从业人员1200多人，市场营业额达4000万元以上，超过了阿图什城镇国营商业的同期营业额。①

（3）第三阶段：市场化发展之成熟阶段（1991—1995）

进入20世纪90年代，阿图什工贸市场发展成为南疆最大的个体批发市场，是新疆有名的商品集散地。尤其是"香港巴扎"的百货、纺织品、服装等批发和零售市场在南疆独占鳌头。阿图什市工商局的档案所示，截至1990年，工贸市场内的个体工商户达2200余户，从业人员3000多人，年交易额近5000万元。此时，阿图什市"香港巴扎"的名字逐步被"帕米尔高原上的商品集散地"所代替。它是阿图什民间贸易事业的一大飞跃，其商贸活动已由零售店铺、小平房、小木屋为主的散户，逐步向批发市场过度，其商品不仅批销到伊犁、阿克苏、喀什、和田等全疆各地，亦有大批吉尔吉斯斯坦、巴基斯坦等中亚商人来到阿图什购买来自京、津、沪及香港等地区的商品，也有内地的商人来阿图什批购中亚等国外的商品。这种迅猛发展的势头一直持续到1990年的"3.12"大火发生之前。

阿图什"香港巴扎"的经营主体是离城区较近的乡镇之维吾尔族农民，主要经营布匹、服装以及生活用品，其中有40%的店面或摊位经营布料。整个市场里，汉族人开设的商铺不足10家，柯尔克孜人商铺有6家，前者主要经营小电器等日用品，后者则经营本民族的刺绣、毡等工艺品。

通过对原有"香港巴扎"商户、巴扎管理部门的干部以及当地老市民

---

① 数据来源：阿图什市工商局提供。

的走访调查，大家有一个共同的看法："香港巴扎"真正辉煌了 8 年左右的时间，即 1983 年至 1990 年；断断续续存在了 20 多年，即 1979 年至 1999 年。

进入 20 世纪 90 年代，随着国家经济体制改革的推进，市场经济的理念和实践在天山南北进一步传播和发展。另外，随着苏联的解体和中亚各国的独立，距离阿图什市较近的伊尔克什坦和吐尔尕特两个口岸也重新开放，这些内外部因素的变迁给阿图什商人提供了向外发展的机遇和条件。个别眼光超前的"香港巴扎"商户们开始走出国门。据阿图什市工商局的档案显示：20 世纪 90 年代初，"香港巴扎"有 50 多名商户去吉尔吉斯斯坦比什凯克、塔吉克斯坦杜尚别经商。1990 年 3 月 12 日，"香港巴扎"最初的两段商贸网点发生大火后，政府在老巴扎不远处修建了一个新巴扎，部分商户不愿意搬至新建的巴扎，他们选择出国或者去乌鲁木齐等大城市去做生意。克州工商局办公室 W 姓主任表示，从 1990 年到 1999 年，由于各种原因，有近三分之二的"香港巴扎"商户离开阿图什。到 1999 年年底，剩余商户全部搬入私人巴扎，以吾斯唐路为中心的"香港巴扎"彻底衰亡。

"香港巴扎"搬迁后，其所在地吾斯唐路被打造成商业步行街。据作者实地查证，原有的木制房子和铁皮房子都已不见，吾斯塘街道两侧 30 多年前修建的门面房也于 20 世纪 90 年代末被拆除。街道两侧现有的门面房于 2002 年修建，共有 900 间，有 540 家商户入驻，经营着日用百货、布料、服饰、餐饮、建材、广告装潢、五金、电器维修等不同种类的业务。2016 年作者实地调查时，步行街的人气很低迷，而且店面分布比较杂乱。2019 年再次前往该地调查时，情况同三年前相比并没有好转。据多名布料经销商反映，自老巴扎搬迁后，吾斯唐路商业街的生意一直冷清，人气不高。商业街管理部门工作人员麦某介绍，自"香港巴扎"消亡后，吾斯唐路的商业街年平均营业额从来没有超过 1000 万。①

搬迁后的巴扎虽然也有人称为"香港巴扎"，但此"香港巴扎"非彼"香港巴扎"，搬迁后的巴扎无论在人气还是在效益上都不能与老巴扎相比，

---

① 数据来源：阿图什市工商局提供。

影响力方面差距也很大。1999 年年底，吾斯唐路的最后几户搬迁至西域商贸城（又称"赛买提巴扎"），标志着"香港巴扎"最终被转移完毕。据最晚搬入西域商贸城的鞋商 Usm·K 介绍，自搬到商贸城以来，生意一直不好，勉强能够度日，同吾斯唐路时期无法相比。Usm·K 进一步表示，如果还有人认为"赛买提巴扎"是"香港巴扎"之继续的话，除了"赛买提巴扎"老板外，肯定没有一个人会有如此看法。作者曾亲自采访西域商贸城老板，其本人直言不讳地表示，当前的经营越来越不好，关键是没有顾客，年营业额最高时也就 1000 万左右，无法跟吾斯唐路时期的"香港巴扎"相比。进入 21 世纪的第二个 10 年后，尽管西域商贸城的建设不断完善，商品种类也较之以前更为丰富，力图打造一个新型的综合性工贸巴扎，但依然吸引不了本地人的兴趣，人们更愿意去喀什采购所需。

对"香港巴扎"的记忆只停留在部分特殊人群。"如果说对吾斯唐路的'香港巴扎'还存有一定记忆的话，这些人定然非老巴扎时期的商户莫属。"在"香港巴扎"做了多年理发生意的吐某如是说。作者曾在吾斯唐路商业街和西域商贸城两个点随机采访 50 个不同年龄段的生意人，结果显示：50 岁以上的人对"香港巴扎"印象很深刻；40—50 岁的人对该巴扎有印象，但不够深；30—40 岁的人有细微的印象，30 岁以下的人印象模糊。印象最深的莫过于那些在"香港巴扎"打拼多年的老生意人，他们普遍表示对"香港巴扎"的记忆将永远不会抹掉。

经作者走访调查，"香港巴扎"衰落的原因主要有以下几方面：

一是搬迁原因。20 世纪 90 年代初，发生在"香港巴扎"的大火，使得市场管理部门不得不将遭受火灾的商户搬迁至新建的巴扎。20 世纪 90 年代中期，国家开始实行经济体制改革，实行政企分开，对市场实施"管办分离"政策，政府不再直接办理巴扎。另外，吾斯唐路地处城区核心区域，路下有一条常年流动水渠，为整治市容市貌，将原巴扎打造成一条步行街，政府管理部门动员商户搬迁到"西域商贸城"（私人巴扎）。一些受访的市民及当年的商户反映：1996 年西域商贸城开工建设，1999 年下半年建成。政府要求商贩全部搬入新巴扎，1999 年底，阿图什市政府对吾斯唐路集中整治，将不愿意去"西域商贸城"的商户搬到原铁皮房子市场（今阿图什市幸福路劳动力市场），一年后再次督促商户搬迁至西域商贸城。至此，阿图什工贸市场，即"香港巴扎"退出历史舞台。

二是国际环境变化给阿图什本地商人带来了出国经商的机遇。20世纪90年代初，苏联解体，中国和中亚国家建立了友好关系，双方口岸也随之开放。加之刚获独立的中亚国家经济萧条，商品短缺，给善于买进卖出的阿图什商人提供了机会。他们逐渐将本地的生意扩展到国外。一般以家族为单位，一人去内地将货物发往吉尔吉斯斯坦、塔吉克斯坦等国，另外一人则在这些国家的巴扎上开摊设点，将货物出售。久而久之，形成了数量庞大的阿图什维吾尔族跨国经商群体。① 这一群体的发展壮大使得阿图什本地的"香港巴扎"元气大伤。对这个观点，克州工商局退休干部 Tas·S 也表示赞同："20世纪90年代初，苏联解体，吉尔吉斯斯坦等中亚国家相继同中国开放了口岸，两国人民可以利用旅游的机会到对方国家去进行货物买卖，这种旅游贸易的发展触发了一部分阿图什人想把生意做到对方国家去的冲动。事实上，后来的发展也是朝着这个方向进行的，有一部分眼光独特的商人直接在中亚国家设点建铺，成为跨国商人。这里面，三个肖鲁克② 的人最积极。"

三是南疆交通运输业的发展，动摇了阿图什"香港巴扎"的"南疆工业品集散基地"的地位。南疆交通设施的改善，尤其是南疆铁路的全线开通运营，使阿图什周边的喀什、阿克苏、库尔勒、和田等地的本土巴扎也获得了长足发展，这些外地客户不再跋山涉水来阿图什进货，他们在当地选择所需。南疆铁路的开通，给喀什等阿图什周边地区带来了商机，原本垂青于阿图什香港巴扎的人慢慢将目光转向喀什。喀什大巴扎的迅猛发展使得疏附、疏勒、岳普湖等临近喀什市的县域之群众选择了更加便利的喀什大巴扎，阿

---

① 据作者2016年6月在克州外办的调查，阿图什维吾尔族跨国商人数量应该在5000人以上，主要分布在中亚、西亚和俄罗斯等地区和国家。2019年作者再次前往阿图什实地调查，这一群体的数量有所下降，但依然保持在5000人左右。另外，因为这一群体的动态性，无法确定具体的数据，对相关数据的调查以概数来计。

② 此处的三个肖鲁克，就是指大肖鲁克，即肖鲁克、亚克巴格、温吐萨克三个村。

图什市的"香港巴扎"人气逐渐衰落。

四是对现实问题的考量。随着时代的变迁，已经完成了资本积累的部分阿图什商人出于子女上学和就业等现实问题的考虑，选择到乌鲁木齐、喀什等大城市经商和定居。2019年，作者前往喀什"东巴扎"调查发现，该巴扎有很多原阿图什市"香港巴扎"的商户。据曾经从事布料生意的"米拉吉"餐饮公司老板克某介绍，乌鲁木齐的国际大巴扎和喀什"东巴扎"的布料商人中，有一半曾经在阿图什"香港巴扎"做过布料生意。

在克州工商局干部W看来，在"香港巴扎"建成之前，阿图什的商户们在现天山路周围摆摊设点，比较混乱。1999年2月1日，"香港巴扎"余户彻底搬到西域商贸城。"香港巴扎"自1990年就已经开始衰落。它的衰落是综合因素的结果。这里面同阿图什人的思想观念也不无关系。当时，在国家经济体制从计划经济向市场经济转型的过渡期，农民商人对许多政策变化不是很明了，商人基本上处于观望态度，没有把握住市场经济发展的大趋势，致使"香港巴扎"的发展出现了瓶颈。所以，W认为，阿图什"香港巴扎"的衰落是必然趋势。W认为，即便没有当时的各种灾祸，"香港巴扎"也只是多存续几年而已。

阿图什市"香港巴扎"兴起于20世纪70年代末，消亡于20世纪90年代末。在20年之存续时间里，该巴扎对阿图什商人影响甚大，对铸就阿图什"商贸之都"的美誉功不可没。"香港巴扎"是大肖鲁克村跨国布料商人初次进入商海和原始资本积累的主要场所，也是他们后来出国贸易的货物中转站，对大肖鲁克村甚至整个阿图什市的商人来说，该巴扎的地位和作用独一无二，无可替代。

2. "玛蒂娜巴扎"

最早知晓"玛蒂娜巴扎"，来源于大肖鲁克村跨国布料商人的口述。商人们都叫它"Medine baziri"，是阿图什市跨国布料商人销货最集中的地方。2016年8月，作者到吉尔吉斯斯坦比什凯克，对"玛蒂娜巴扎"进行了实地调研。此次调研获得克州外办驻吉尔吉斯斯坦某机构干部Y的大力协助和支持。

（1）"玛蒂娜巴扎"的历史

"玛蒂娜巴扎"位于吉尔吉斯斯坦首都比什凯克市阿拉美丁区秋衣大街第 8 区第 4 号。初次看到"玛蒂娜巴扎"，首先映入作者脑海的是该巴扎通体的蓝色，而且与新疆巴扎不同的是，该巴扎上空被蓝色油漆而成的钢皮所覆盖。巴扎位于比什凯克城区的一条主干道。"Мадина базары"这个标识在正门口的上方赫然醒目。Y 向作者引荐了巴扎的"二把手"Turs·J，他经历了"玛蒂娜巴扎"的发展历程。

Turs·J，男，上伊什塔其① 人，62 岁，在比什凯克经商 24 年，"玛蒂娜巴扎"的执行经理。作者与 Turs·J 的见面选在了 2016 年 8 月某日的上午，在其办公室进行。他向作者介绍了"玛蒂娜巴扎"的建立过程。

据 Turs·J② 介绍，"玛蒂娜巴扎"入驻率最高的时候是 2009 年上半年，达到了 94%。从 2010 年开始，尤其是在 2012 年，很多商户关门回国。2016 年 8 月的入住率不到 70%。在 Turs·J 看来，建立"玛蒂娜巴扎"也是吉尔吉斯斯坦发展服装业的需要，因为在 20 世纪 90 年代末，吉尔吉斯斯坦就把服装业定位为其国内的几个优先发展的支柱产业。要生产加工服饰，当地的原材料不足，肯定要进口布料。而中国的布料价格便宜，符合吉尔吉斯斯坦的消费水准，他们需要中国人把布料进到比什凯克来销售。在这一背景下，"玛蒂娜巴扎"建立并发展成为中国阿图什维吾尔族商人售卖布料的最大平台。

（2）"玛蒂娜巴扎"的空间结构

"玛蒂娜巴扎"总占地 8 万平方米，主要分为铺面区、仓储区、生活区。每个区域都划分明确，商人们既有自己的铺面，也有专用的仓库，餐饮和宗教场所也很齐备。

铺面区是由众多集装箱组成，平均每个铺面大概在 24 平方米左右，分上下两层，下层是接待客人洽谈生意的主门面，上层是临时储存货物的仓

---

① 　上伊西塔其村是阿图什市阿扎克乡的一个行政村。
② 　被方谈人：Turs·J，男，62 岁，阿图什市阿扎克乡上伊什塔其村人；访谈时间：2016 年 8 月 12 日上午；访谈地点：比什凯克市"玛蒂娜巴扎"。

库。整个铺面区主要有东西向的 A、B、C1、C2，E、H 三条街和六个面，这三街六面构成了布料商人的主体经营空间。每面有 100 个铺面。AB 两面和 C1、C2 两面是大肖鲁克村商人最为集中的地方，有 324 家。即 A、B 和 C1、C2 所在的店面，80% 以上是阿图什人。A、B 街面 90% 是大肖鲁克人，C1、C2 街面 70% 是大肖鲁克人。A、B 和 C1、C2 两个街面其他的客户则是买谢提人和松他克人。在 E、H 街面，50% 是阿扎克乡上、下伊什塔其人，其余则是和田皮山县和喀什疏附人。每个街面有 200 个店铺，A、B 街面中，A 面从 A—1 至 A—100，B 面从 B—1 至 B—100；C1、C2 街面，C1 面从 C1—1 至 C1—100，C2 面从 C2—1 至 C2—100；E、H 街面，E 面从 E—1 至 E—100，H 面从 H—1 至 H—100。因为排序数字小的店面位于东端，也就是靠近巴扎大门的地方，所以，该段商铺的生意最好。在三街六面的布局中，中间有一个南北向的垂直通道，正好在铺面号 60 的位置把东西向的店面截断。在作者的观察和走访中，"60"以前的店面生意比"60"以后的店面生意好。

仓储区共由一个超大库房和众多集装箱组成。超大库房是商人们卸货的地方，占地 7000 平方米。由于商户的货物都是由巴扎管理方所开办的托运部来托运，故货到以后，先存储在大仓库中，等货主将托运费缴纳齐备以后，再将货物还给货主。集装箱仓储区是商户们个人的货物储存地，从大仓库将货物取出来以后，商人们要将货物归进自己的小仓库。全巴扎上有 750 个集装箱仓库。

生活区是供商人和各种游逛巴扎的人员吃饭、礼拜的区域。紧邻铺面区的右方，有 5 家新疆特色饭店，老板皆是阿图什人，其中 3 人是大肖鲁克人，1 人是托库里① 人，1 人是布亚买特② 人。餐饮区不仅是商人们最主要的就餐地，因为独特的新疆特色，这里还成为比什凯克市有巨大影响的美食城，每天吸引不少当地人和外地游客前来体验。

---

① 阿图什市松他克乡一个行政村。
② 阿图什市阿扎克乡一个行政村。

（3）"玛蒂娜巴扎"的运营时间

与传统的农民大巴扎不同，"玛蒂娜巴扎"属于典型的城市巴扎，而且是专业性巴扎。除了肉孜节和古尔邦节之外，"玛蒂娜巴扎"每天都运行，每天从当地时间早上6点（北京时间早上8点）到晚上6点（北京时间晚上8点），共运营12小时。也就是说，大肖鲁克村的布料商人们一天至少有12个小时在"玛蒂娜巴扎"度过。

（4）"玛蒂娜巴扎"的效益

据Tur·J介绍，2015年，"玛蒂娜巴扎"每月的入库货物100辆，每辆车载25吨，平均每吨货物2万元，每月进库货物5000万人民币。巴扎每天的交易额在25万美元以上，每年的交易额在1亿美元左右。在生意最红火的时候，巴扎每年的交易额在3亿美元以上。自2008年以来，尤其是2012年之后，巴扎的效益每况愈下，不到最好时期的三分之一。Tur·J认为，虽然效益很不好，但该巴扎是所有阿图什跨国布料商人的福地。没有"玛蒂娜巴扎"，就没有当下的阿图什跨国布料商贸群体。作者2019年8月前往阿图什调查时，回国商人表示，"玛蒂娜巴扎"的商人情况同2016年比不仅没有改善，反而还在衰落。据商人们反馈，在新冠疫情严重的特殊时期，"玛蒂娜巴扎"也曾累计关闭了16个月之久。

"玛蒂娜巴扎"是一个传统的交易中心。"传统的交换中心是一个将参与者视觉、听觉、嗅觉各感官调动起来的多姿多彩的场所。"[①] 同新疆的地方性集市相同，人们都在这里进行着真实的商品交换，商人、顾客、游客、各种服务保障人员尽在其中。与后工业化国家中市场交易的非实体化不同，实体化交易在还未实现工业化目标的国家中是非常普遍的交易方式。受吉尔吉斯斯坦经济和技术发展的影响，"玛蒂娜巴扎"并未采用人货分离或商客远程交流的现代化交易模式，无论交易量是大是小，交易双方都在这里讨价还价进行着。这种交易方式也是该巴扎热闹喧嚣的主要原因。

---

① ［美］威廉·A.哈维兰：《文化人类学》，陈相超、冯然译，机械工业出版社2014年版，第192页。

3. 柯桥"中国轻纺城"

中国的丝绸和纺织业是中国某些地区人群的传统生计类型，如赣、苏、浙等地区。这些地方出产的纺织品不仅养活了很多当地人口，供应了全国乃至部分世界布匹市场，中国内地的纺织品市场还是阿图什市布料商人发家致富的主要载体。大肖鲁克村的跨国布料商也毫无例外地在这些纺织品基地进货，他们在此选料进料。在买进卖出的商业游戏中赚取了差价的同时，还成为这些纺织作坊和企业重要的"衣食父母"。在众多轻纺市场中，隶属于浙江绍兴柯桥的"中国轻纺城"最受阿图什跨国布料商人青睐。

"中国轻纺城"坐落于浙江省绍兴市柯桥区，始建于 20 世纪 80 年代，是全国首家冠名"中国"的纺织品专业市场。柯桥"中国轻纺城"已成为目前亚洲最大的轻纺市场，是全国规模最大、设施最齐备、经营种类最多的纺织品集散基地。轻纺产品总销售额占全国的三分之一，名列全国十大专业批发市场第一位。全球每年有四分之一的面料在此成交，与全国近一半的纺织企业建立了产销关系。①

表 1–2　"中国轻纺城"的发展历程

时间	重大事件
1986 年	建成占地 3500 平方米的棚屋式柯桥轻纺市场，场内设门市部 77 个，摊位 89 个。
1988 年 10 月	绍兴轻纺市场建成开业，建筑面积 23000 多平方米，营业用房 600 间。
1991 年	轻纺市场一期扩建 33500 平方米，成为国内规模最大的现代化轻纺产品专业批发市场，市场经营户 1548 户。
1992 年 1 月 8 日	扩建的东交易区开业，交易门市部 1020 个。同年 3 月，建筑面积 13.98 万平方米的北交易区开工建设。同年 6 月，正式更名为"中国轻纺城"，成为全国首家被冠名"中国"的专业市场。
1993 年 5 月	全国第一家以大型市场为依托的股份制企业——中国轻纺城发展股份有限公司宣告成立，同年中、北两大交易区落成，至此，中国轻纺城建筑面积达到 22 万平方米，拥有营业房 6000 多间。

① 柯桥区人民政府网站：《市场总简介》，2018 年 10 月 30 日，见 http://www.kq.gov.cn/art/2018/10/30/art_1562161_22685108.html。

时间	重大事件
1994 年	被国务院列入全国百家现代企业制度试点单位，成为全国专业市场中唯一一家列入试点的企业。
1998 年	建设中国轻纺城会展中心，同时在广西东兴市建立分市场。
2000 年 6 月	对东、中、西、北四大主体市场实施改造。
2001 年	启动 1200 亩土地的轻纺城经营者创业园区建设，北六区、北七区市场成立。
2002 年	绍兴县政府确定总面积 8 万平方米的公司式交易区。
2003 年	中国轻纺城纺织品出口到 157 个国家和地区，外贸交易额达 60.6 亿元，外销比重达到 35% 以上。投资 2.5 亿余元，面积达 20 余万平方米的国际物流中心建成。同年 12 月，轻纺城市场改造升级工作开始实施。
2004 年	中国轻纺城国际贸易区一期和联合市场开工建设。
2006 年 2 月	中国轻纺城国际贸易区一期和联合市场开业。
2006 年 4 月	绍兴县委、县政府正式下发《关于进一步做大做强中国轻纺城的若干意见》，确立"国际纺织之都、现代商贸之城"目标，成立中国轻纺城建设管理领导小组和中国轻纺城建设管理委员会。
2006 年 9 月	《中国轻纺城市场管理办法（试行）》和《绍兴县人民政府关于加强中国轻纺城招商隆市的若干政策意见》【2006〔41 号〕】出台。
2007 年 10 月	在第八届中国（绍兴）国际纺织品博览会上发布了我国首个纺织品指数"中国·柯桥纺织指数"，指导纺织品市场和纺织产业健康发展。
2007 年 12 月	绍兴县"611"重点工程项目——钱清永通国贸广场一期盛大开盘。与此同时，大钱门国贸东区以及西区地块的设计方案分别进入论证阶段。
2008 年 2 月	轻纺城建管委和绍兴县工商局联合发起"中国轻纺城 2007 最具价值品牌"评选活动。历时 2 个月，最终评出 10 个"中国轻纺城最具价值品牌"和 10 个"中国轻纺城最具影响力品牌"。
2008 年 8 月	中共绍兴县委十二届五次全体扩大会议召开。会议提出，要大力实施纺织集群升级工程，着力打造国际性纺织制造中心、国际性纺织贸易中心、国际性纺织创意中心。
2008 年 10 月	经国务院批准，商务部下发"同意举办中国柯桥国际纺织品博览会的复函"，这标志着已历经八届的纺博会正式升格为国家级展会。
2008 年 11 月	绍兴县委、县政府正式收购浙江中国轻纺城集团股份有限公司，取得"轻纺城"控股权。

续表

时间	重大事件
2010 年 6 月	上海 2010 全球中小企业合作大会上，中国轻纺城被评为"全球最佳专业市场"，并授牌为"全球纺织品贸易基地"。
2011 年 3 月	"绍兴县巨资打造'网上轻纺城'新闻发布会"在北京人民大会堂举行，网上轻纺城项目正式启动。
2011 年 4 月	中国轻纺城被国家工商行政管理总局授予我国专业市场的最高荣誉——首批全国诚信市场。
2012 年 5 月	国家版权局授予中国轻纺城全国版权示范基地称号。
2013 年 4 月	《关于加强中国轻纺城市场营业房使用权流转管理的几点意见（试行）》出台。
2013 年 11 月	中国·柯桥纺织指数被授予浙江省首批中小企业公共服务示范平台。
2014 年 1 月	中国轻纺城西市场升级改造工程正式启动。

资料来源：绍兴市柯桥区中国轻纺城建设管理委员会官网市场简介。

与"玛蒂娜巴扎"不同，柯桥"中国轻纺城"的运营已经实现了远程化和电子化。虽然在实体市场或交易点依然有大量的客商或驻足或流动，但据市场负责人介绍，有很大一部分交易都是通过远程方式来实现。这个超大纺织品市场，设有专门的电子商务区，为交易双方提供了更多的策略选择。

柯桥"中国轻纺城"位于浙江省绍兴市柯桥区万商路 98 号，是绍兴市柯桥区的龙头企业。"中国轻纺城"占地面积 77 万平方米以上，16000 家商行，全市场有 19000 间商铺，容纳营业人员达 50000 余人，经营的产品种类达 30000 多种，每日的客流量达 100000 人次，日成交金额在 1.8 亿元左右。该轻纺城有东、西、南、北、中四大片区，每一片区都有集中的商品种类。[①]

东区市场主要是物流区，主要包括两块：国际物流中心和柯东配套仓储区。东区市场建筑面积 38.35 万平方米，主要承担轻纺城货物的仓储、包装、

---

① 数据来源：绍兴市柯桥区中国轻纺城建设管理委员会官方网站。柯桥区人民政府网站：《市场总简介》，2018 年 10 月 30 日，见 http://www.kq.gov.cn/art/2018/10/30/art_1562161_22685108.html。

运输、第三方物流、国际货物运输代理等职能，是目前华东地区规模、实力、线路、功能等方面都比较强大的的纺织品物流平台。

西区市场主要是轻纺原料交易市场，该市场成立于1993年，已经发展成为亚洲最大的轻纺原料集散地，属于生产资料市场。大肖鲁克村的布商中，有个别商人确定了布种之后，同生产厂家一道亲自去原料市场选择购买材料，然后把选好的原料委托给厂家为自己生产所需要的布种。届时，商人们只需给厂家支付一定的生产加工费用便可。目前，从原料厂直接选料的商人，在"玛蒂娜巴扎"上有5家，他们都是实力雄厚、经验丰富、市场眼光独特的资深商人。因为他们的进货数量较多，具有合作关系的生产厂家也乐意为他们生产货品。通过这一途径，一方面，商人们可以自由选择布种，避免在商品市场上被动选择的局面；另一方面，他们去厂家将新近生产出来的产品直接发回比什凯克，省去了产品经过交易市场这一中间环节，降低了商人们的商品成本。

南区市场主要是轻纺城传统的交易区，总建筑面积102万平方米，主要有北联市场、老市场、东升路市场、联合市场、东市场、天汇市场、北市场和南市场。北联市场主要经营窗帘、窗纱、布艺等纺织品；东升路市场主要经营毛纺、牛仔、精品女装的商品；老市场主要经营高档西服面料、格子布、家纺面料以及床上用品；联合市场主要经营窗帘、窗饰及其配件、时装面料等；天汇市场主要经营窗帘、窗饰、花布面料等；东市场经营女装、磨纱、离子布、针织面料等；北市场经营窗帘、窗饰及其配件、时装面料等；西市场经营各类服装面料及零售布料；南市场经营各种面料。

北区市场属于整个"中国轻纺城"的创新区，主要包括围巾市场和坯布市场。围巾市场处于传统交易区与国际交易区之间，整个市场的规划分为两期，一期工程于2011年5月建成开业，主要经营真丝、仿真丝、棉、亚麻、羊绒等多种质地的围巾、头巾和披肩等。坯布市场建筑面积18万平方米，营业店面2400间。

中区市场是轻纺城的国际贸易区。国际贸易区一期工程建筑面积60万平方米，二期建筑面积35万平方米。中区市场的设立主要是为纺织品的全球交易服务，对改变以前以物易物、现金交易和结算的传统交易方式等发挥重大作用。国贸区为市场各方主体提供涉外法律服务，为国际贸易结算提供电子服务。

大肖鲁克村布料商人的活动主要集中在作为传统交易区的南区市场，根据商人们经营种类的不同，他们的活动半径在北联市场、老市场、东市场等区域。

从时间跨度而言，大肖鲁克村跨国布料商人发货经历了两个阶段。

第一阶段，20世纪80年代末90年代初，跨国贸易刚开始时，商人们把布匹全部发到阿图什，储存在"香港巴扎"中各自的店面内，然后根据比什凯克布料市场的需求，再把布匹通过吐尔尕特口岸发往"吐尔巴扎"①。这个流程曾经是很多阿图什商人做跨国生意的基本程序。

第二阶段，"香港巴扎"消亡后，随着远程通信和物流业的发展，商人们直接通过远程通信就直接把布匹从柯桥等布料货源地发往比什凯克"玛蒂娜巴扎"，使得商人们省去了中转环节。从某种程度上说，也导致了阿图什市"香港巴扎"的衰落。

三、具体田野经历

本书的田野调查历经四个调查点，从大肖鲁克村到阿图什市"香港巴扎"，再到浙江柯桥布料市场，最后到吉尔吉斯斯坦比什凯克"玛蒂娜巴扎"，跟踪调查大肖鲁克村跨国布料商人"进货——发货——销货——回归"四个不同阶段，旨在了解这一跨国流动群体的生计历程。

在调查跨国布料商的生计过程的几个场所的同时，作者还对该群体货物运输程序做了调查，尤其是对货物主要通关口岸——土尔尕特口岸做了调研。

---

① 当时比什凯克最大的布料巴扎是"吐尔巴扎"，2000年5月该巴扎发生火灾而关闭。2001年，在原"吐尔巴扎"以西5000米处兴建了"玛蒂娜巴扎"。

（一）普查数据

1. 大肖鲁克村的商业情况

2016 年，作者对大肖鲁克村的基本情况和商业情况作了普查，得到的数据有：大肖鲁克村包含有三个行政村、24 个小队（组）、2001 户 11656 人。作者 2019 年的调查数据显示，截至 2019 年底上述数据的变化不是太大（见表 1-1）。2019 年，大肖鲁克村做生意的家庭有 1175 户，经商家庭占整个大肖鲁克村所有家户的 58.40.17%，经商人员近 4821 人，约占全村人口的41.15%。大肖鲁克村全村家庭年均纯收入 4.9 万元。全村经商家庭的平均年收入在 9.5 万元左右，全年纯收入在 10 万元及以上的家庭户占全村总户数的 45%。

大肖鲁克三个村的村民从事的商业领域主要有布料、服装、牛羊皮毛、建材、餐饮、水果、干果等。其中以布料和服装为主的纺织品以及动物皮毛的经营处于主要地位，占比达 80% 以上。此两类生意对大肖鲁克人来说具有相对稳定性和正规等特点，深受当地人的推崇。

截至 2019 年底，在经商家庭中，大肖鲁克村从事布料生意的家庭有671 户，占经商家庭总数的 57.11%，涉及布料经营的人员 1700 多人，占全村总商人的 35.26% 以上。在经营布料的家庭中，在国外做布料生意（跨国布料生意）的家庭有 369 户，在国内卖布的家庭 280 户，国内外皆有布料生意的家庭则有 15 户。在所有 369 户跨国布料生意家户中，涉及从业人员1008 人。

2. 大肖鲁克村跨国布料商户的相关指标统计

作者就 381 户跨国布料商户的性别、年龄、家庭人口规模、商户在各小队的分布、国外经商年限、生意规模、货源地（进货地点）、销货地等信息做了普查和分析。普查显示：

就性别而言，大肖鲁克村的 369 户跨国布料商户中，只有一位已经出嫁至外地的女性在比什凯克经营围巾和面料，其余全是男性。在大肖鲁克村的传统文化中，女性一般不外出工作，经商就更不被允许。商户的性别比例见表 1-3。

表 1–3　性别

		频率	百分比	有效百分比	累积百分比
有效	男	368	99.7	99.7	99.7
	女	1	.3	.3	100.0
	合计	369	100.0	100.0	

就年龄而言，369 户商户老板中，年龄最大的 81 岁，最小的 18 岁。20岁及以下的有 14 人，21—30 岁之间的有 103 人，31—40 岁的有 102 人，41—50 岁的有 83 人，51—60 岁的有 54 人，61 岁以上者则有 13 人。商户老板的年龄分布情况见表 1–4。

表 1–4　年龄（岁）

		频率	百分比	有效百分比	累积百分比
有效	20 以下	14	3.8	3.8	3.8
	21—30	103	28.0	28.0	31.8
	31—40	102	27.6	27.6	59.4
	41—50	83	22.5	22.5	81.9
	51—60	54	14.6	14.6	96.5
	61 以上	13	3.5	3.5	100.0
合计		369	100.0		

就家庭人口规模来说，由于跨国生意的特殊性，大多数商人的生意属于两个或两个以上家庭成员参与的家族生意。因此，跨国布料商人的家庭以扩大家庭居多。家庭人口规模在 5 人以下的商户有 54 个，6—10 人的商户有 139 个，11—15 人的商户有 79 个，16—20 的商户有 20 个，21 人以上的商户有 77 个，家庭人口最小的商户家庭人口 4 人，最大的商户家庭人口41 人。商户的家庭人口规模分布情况见表 1–5。

表 1–5　家庭人口规模（人）

		频率	百分比	有效百分比	累积百分比
有效	5 人及以下	54	14.6	14.6	14.6
	6—10	139	37.7	37.7	52.3
	11—15	79	21.4	21.4	73.7
	16—20	20	5.4	5.4	79.1
	21 以上	77	20.9	20.9	100.0
	合计	369	100.0	100.0	

就国外经商年限而言，369 户商户中，在国外做布料生意时间最长的商户达到 25 年，最短 1 年（为了方便统计，作者将国外经商年限不足 1 年的按照 1 年处理）。国外经商年限 5 年以下的商户有 123 人，6—10 年的商户 81 人，11—15 年的商户有 67 家，16—20 年的商户 47 家，21 年以上的商户 51 家。整体上看，10 年以上的商户占多数。商户国外经商年限的分布情况见表 1–6。

表 1–6　国外经商年限（年）

		频率	百分比	有效百分比	累积百分比
有效	5 年以下	123	33.3	33.3	33.3
	6—10	81	22.0	22.0	55.3
	11—15	67	18.2	18.2	73.5
	16—20	47	12.7	12.7	86.2
	21 以上	51	13.8	13.8	100.0
	合计	369	100.0	100.0	

就生意规模看，在 369 户商户中，2019 年生意规模最大的家户 1000 万，最小的则仅有 5 万。10 万以下的商户 61 家，11 万—100 万以下的商户 102 家，101 万—300 万的商户 80 家，301 万—500 万的商户 53 家，501 万以上的商户 73 家。100 万—500 万者居多。商户生意规模分布情况见表 1–7。

表 1-7　生意规模（万元）

		频率	百分比	有效百分比	累积百分比
有效	10 以下	61	16.5	16.5	16.5
	11—100	102	27.6	27.6	44.1
	101—300	80	21.7	21.7	65.8
	301—500	53	14.4	14.4	80.2
	501 以上	73	19.8	19.8	100.0
	合计	369	100.0	100.0	

就货源地而言，浙江绍兴的柯桥轻纺城是商人们最重要的进货地，80%以上的货物来自柯桥的"中国轻纺城"，其次是广州、常州、上海等地。商户货源地见表 1-8。

表 1-8　进货地

		频率	百分比	有效百分比	累积百分比
有效	多尔多伊巴扎	1	0.3	0.3	0.3
	广州	1	0.3	0.3	0.6
	广州、柯桥	55	14.9	14.9	15.5
	广州、上海、柯桥	3	0.8	0.8	16.3
	柯桥	288	78.0	78.0	94.3
	柯桥、常州	13	3.5	3.5	97.8
	柯桥、杭州	1	0.3	0.3	98.1
	上海、柯桥	2	0.5	0.5	98.6
	上海、柯桥、广州	5	1.4	1.4	100.0
	合计	369	100.0	100.0	

在 369 户跨国布料商人中，家族性生意家户占据主要地位。这一情况见表 1-9。

表1–9　是否是家族生意

		频率	百分比	有效百分比	累积百分比
有效	否	120	32.5	32.5	32.5
	是	249	67.5	67.5	100.0
	合计	369	100.0	100.0	

就销货地而言，最重要也是最大的销货地是吉尔吉斯斯坦首都比什凯克的"玛蒂娜巴扎"，在此巴扎经营过和正在经营的商户达334户，占总商户的90.51%。其次是比什凯克市原"吐尔巴扎"、吉尔吉斯斯坦南部城市奥什的卡拉苏巴扎、比什凯克市郊区的国际巴扎"多尔多伊巴扎"等。在三个及以上巴扎经营过的商户有7户，在两个不同的巴扎经营过的商人有109户。商人销货地分布情况见表1–10。

表1–10　销货地

		频率	百分比	有效百分比	累积百分比
有效	阿拉米丁巴扎、吐尔巴扎、阿图什巴扎、玛蒂娜巴扎	3	0.8	0.8	0.8
	阿拉米丁巴扎、吐尔巴扎、玛蒂娜巴扎	3	0.8	0.8	1.6
	阿图什巴扎、玛蒂娜巴扎	6	1.6	1.6	3.2
	巴拉克赫力卡巴扎	3	0.8	0.8	4.0
	巴拉克赫力卡巴扎、玛蒂娜巴扎	5	1.4	1.4	5.4
	巴拉克赫力卡巴扎、吐尔巴扎、玛蒂娜巴扎	1	0.3	0.3	5.7
	多尔多伊巴扎	6	1.6	1.6	7.3
	多尔多伊巴扎、吐尔巴扎	1	0.3	0.3	7.6
	卡拉苏巴扎	14	3.8	3.8	11.4
	卡拉苏巴扎、玛蒂娜巴扎	3	0.8	0.8	12.2
	阔尔翁巴扎	6	1.6	1.6	13.8
	阔尔翁巴扎、玛蒂娜巴扎	1	0.3	0.3	14.1

	频率	百分比	有效百分比	累积百分比
玛蒂娜巴扎	230	62.3	62.3	76.4
切尔佐夫斯基巴扎、柳布林诺巴扎	4	1.1	1.1	77.5
吐尔巴扎	1	0.3	0.3	77.8
吐尔巴扎、玛蒂娜巴扎	82	22.2	22.2	100.0
合计	369	100.0	100.0	

大肖鲁克村跨国布料商人在三个村里都有分布，其中温吐萨克村 100户，肖鲁克村 130 户，亚喀巴格村 139 户。大肖鲁克村跨国布料商人在三个村的分布情况，见表 1–11。

表 1–11　家庭地址

		频率	百分比	有效百分比	累积百分比
有效	温吐萨克村	100	27.1	27.1	27.1
	肖鲁克村	130	35.2	35.2	62.3
	亚喀巴格村	139	37.7	37.3	100.0
	合计	369	100.0	100.0	

在亚喀巴格村的 7 个小队中，5 小队属于该村人口最多的小队，从事跨国商贸的家庭户 45 户，2 小队 27 户，3 小队 16 户，4 小队 17 户，1 小队12 户，6 小队 11 户，7 小队 11 户。商业氛围比其他小队浓厚，而且被大肖鲁克人津津乐道的新疆维吾尔族"琼巴依"[①] 就在亚喀巴格村。

在肖鲁克村 10 个小队中，3 小队是商人云集之地，达到了 45 户，几乎每家都有大小不同的生意。

在温吐萨克村 7 个小队中，3 小队跨国商贸家庭是最多的，达到了 40户。其次是 2 小队，也达到了 28 户之多。据温吐萨克村一个村民介绍，历

---

① 　即大老板，首富。

史上，温吐萨克村的人最早是从外地搬迁至此，所以，温吐萨克村的人包容性比较强。而且各个小队之间的关系也比较好，没有明显的封闭性。由于临近火车站，近几年，温吐萨克村的商业发展比较迅速。

就商人们的主营布种而言，棉布、麻布、混纺是商人们经营最多的布料，其次是呢绒、丝绸、化纤和皮革。

（二）商人样本

如何在研究对象中选择样本以供分析研究，是本学科研究的重要问题。民族学和人类学对样本选择的基本要求是样本必须具有典型性。为此，作者根据普查数据，综合考虑了商人年龄分组、生意规模、国外经商时间等指标因素，按照相应比例选择了 100 名商户（跨国布料商贸家庭）作为本书的主要研究对象。作者对此 100 位商户进行编号和相关数据的编辑，得到商人样本数据表（见附录Ⅱ）。

根据作者对在比什凯克的"玛蒂娜巴扎"选择的 100 个大肖鲁克村籍商户的调查数据显示：村民之所以选择出国做布料生意，主要原因是生计所迫；其次是移民、寻求跨国婚姻和其他。51 岁以上的商人，大都自 20 世纪80 年代始就在"香港巴扎"经营多年。后来，随着内外部环境的变化，他们到中亚国家经商，大多数人曾在阿拉木图、杜尚别、塔什干、奥什、比什凯克等中亚主要城市经商谋生过。关于为什么选择布料作为商品，商人们认为，布料不像电器等技术含量高的产品，做布料买卖相对简单，该行业的准入门槛较低。商人们表示自身文化水平有限，尤其是语言能力不足，难以驾驭高端商品的经营。21—30 岁的年轻一代商人，大都初中毕业，具有一定的汉语水平，部分人正在考虑转行做其他生意。

大肖鲁克村跨国布料生意一般是由两个或两个以上家庭成员共同参与的家族生意。其中一人在柯桥负责发货，一人在阿图什负责接货和报关等事宜，一人在国外巴扎销货。就性别而言，大肖鲁克村的 369 户跨国布料商户中，几乎是清一色的男性，只有一位已经外嫁的女性在"玛蒂娜巴扎"经营围巾和面料。在大肖鲁克村从事跨国布料商贸的 1008 人中，就年龄而言，20 岁及以下有 83 人，占总商人数的 8.23%；21—30 岁之间的有 250 人，占 24.80%；31—40 岁的人有 282 人，占 27.98%；41—50 岁的人有 270 人，占 26.78%；51—60 岁的人有 104 人，占 10.32%；61 岁以上者则有 19 人，占 1.88%。就国外经商年限而言：30 岁及以下的商人，国外经商年限在 10 年以下，31—50 岁的人经商年限大致在 10—15 年，51 岁以上者国外经商时间大致在 15 年以上。这些商人的受教育程度也因年龄不同而不同。40 岁以下的 80% 拥有初中及以上学历，其中中专、高中、大学学历者有 6 人。41 岁以上的商人大都拥有小学文化程度。生意规模较大的商户，年龄在 40 岁以上，学历在初中以上。一般情况下，商人们在国外经商时间相对比较集中，平时回国的次数较少，只有在肉孜节和古尔邦节时回国同家人团聚，也有个别商人在"诺鲁孜"节时回国。

第二章　阿图什市跨国商贸历史与现状

党的十一届三中全会以后，中央出台"对外开放，对内搞活"的改革开放政策，阿图什人的经商优势得到充分发挥，他们奔走于上海、江苏、浙江等沿海城市，把内地的丝绸、布匹等纺织工业品贩运到阿图什，形成了名噪一时的农工贸大市场，"香港巴扎"应运而生。阿图什的工贸市场成为南疆诸多县市集体组织和个体户采购的主要来源地，在这种情况下当地的住宿、餐饮等服务类行业也迅速发展起来。后来，在党和政府的鼓励和支持下，阿图什人经营的商品种类和数量不断增加，离城镇较近的村民利用地缘优势，一边种田，一边做生意，农村的富余劳动力就近得到转移，促进了城市的发展和经济的繁荣，更重要的是，阿图什的经商传统因此得以很好地承继。随着中国与中亚各国之间友好关系的建立，阿图什市维吾尔族跨国商人将更多的足迹留在了比什凯克、阿拉木图、杜尚别等中亚国家的主要城市，跨国商人群体也进一步发展壮大。

第一节　阿图什市跨国布料商贸历史

20 世纪 90 年代开始，随着吉尔吉斯斯坦等中亚国家的独立和中国开放程度的加大，阿图什商人纷纷走出国门，催生了阿图什商人海外商贸经营的辉煌时代。就大肖鲁克村的跨国布料商贸活动而言，主要始于中华人民共和国成立后，尤其是改革开放以后，有 40 多年的历史。要梳理阿图什市大肖鲁克村的跨国商贸历史，不得不论及大肖鲁克村人身份的变迁：在街心花园卖瓜子和汽水的人——火柴盒里装丝巾者——比什凯克的布料商。

"文化大革命"结束后，阿图什市经济逐渐活跃，娱乐活动也逐渐多了起来，大肖鲁克人率先在市民聚集的市区街心花园① 卖瓜子和汽水，为各族群众提供服务的同时，逐渐将生意从地下做到了地上，从隐蔽经营到公开经营。每年的足球运动会是大肖鲁克人最期待的事情，因为阿图什是新疆维吾尔族足球运动的起源地，所有公社（乡镇）都会聚集在阿图什城区来参加和观看比赛。这时，大肖鲁克人就充分利用其近城优势，将瓜子和汽水等小吃源源不断地卖给观众。

改革开放后，大肖鲁克人带头走出阿图什，将东南沿海的商品贩运到阿图什来销售。作为改革开放后最早经营纺织品的人，为了减少不必要的麻烦，4 号商人（本书重点调查的 100 位样本商户之一，具体信息见附录Ⅱ）最初把内地的丝巾装入火柴盒带到阿图什来贩卖，开创了 20 世纪 70 年代末以来阿图什商人涉猎布料生意的先河。

一、阿图什市维吾尔族跨国商贸史

阿图什市维吾尔族人何时出国经商谋生，想要获得这一问题的准确说法貌似不太容易。从历史记载和后人传说来看，阿图什人早在西汉时期便行迹于中亚、西亚等地，那时的跨境做生意属于零星的散户行为。随着社会的发展和历史的演进，跨国经商者从最初的寥寥无几到后来的成群结队，其发展壮大之过程有目共睹。现代意义上的跨国经商，是指跨出明确的主权国家界限，到另外一个或多个主权国家进行商业买卖活动。从这个意义上说，现代意义上的跨国商贸就是指世界范围内的民族主权国家体系形成以后，主权国家之间的商贸人员往来实践，属于全球化的表现之一。人群或族群的跨国流动始于现代国际关系体系的形成和建立以后。阿图什维吾尔族的跨国商贸活动也不例外。

无论是古代，还是近现代，零散经营是阿图什维吾尔族跨国商贸活动

---

① 今阿图什市人民广场。

的特色之一，而且这些从事跨国商贸的家庭一般都是累世为商或者具有悠久的经商传统。真正让普通大众都能在国内外经商谋生始于中华人民共和国成立以后，中国共产党领导人民在全国革命的胜利让所有的普通大众成为国家的主人，都能自主选择和经营自己想要的生活。中华人民共和国成立后，阿图什的维吾尔族普通群众也有了自主谋生的选择权利。因此，新疆的解放和中华人民共和国的成立为阿图什维吾尔族民众从事跨国商贸提供了最基本的条件。随着"文化大革命"的结束和改革开放政策的实施，阿图什维吾尔族人迎来了商业往来的春天。

阿图什维吾尔族人大规模出国经商始于改革开放后，主要经历了四个阶段：

第一阶段——萌芽期（20 世纪 80—90 年代）。1978 年底，十一届三中全会在北京胜利召开，党的工作中心从以阶级斗争为纲转移到以经济建设为中心上来。中央提出了"对外开放，对内搞活"的决策，全国的经济建设散发出了新活力。改革的春风吹到远在边疆的阿图什，唤醒并刺激了该地维吾尔族人被束缚已久的商业活力，尤以松他克乡和阿扎克乡的农民为甚。

早在改革开放前，阿图什人就一直从事小规模的经营，这在当时被称为"投机倒把"，属于资本主义尾巴必须割掉。在当时的大环境下，阿图什人依然到周边甚至内地，悄悄地把各地的商品通过各种方式带回阿图什，在当地各个角落里出售。改革开放后，阿图什人经商的热情进一步高涨，催生了一批批商人家庭和群体。更重要的是，阿图什人形成了自己的工业品商贸大巴扎——工贸市场（又称"香港巴扎"）。因商促市，由市带商。这一时期，已经有一部分人尝试着去国外做生意。他们通过各种渠道，把内地的商品通过"香港巴扎"中转，最终带到中亚国家销售，开启了阿图什维吾尔族人跨国商贸的新纪元。虽然此时跨国商贸的人数并不是很多，但在国家政策的允许下，商人们对阿图什维吾尔族经商的模式做了一次有意义的探索。

第二阶段——发展期（20 世纪 90 年代）。20 世纪 90 年代以后，阿图什人的跨国经商活动发展迅速。1991 年，中亚各国正式成为独立主权国家。

中国同吉尔吉斯斯坦、哈萨克斯坦、塔吉克斯坦等中亚国家之间的关系进入了一个新阶段。双方之间在政治、经济、安全等方面建立了合作与共赢的友好关系。作为双边商贸往来的大通道，口岸也随着新型关系的建立而得以迅速发展，口岸的发展反过来又促进了双边经贸关系的发展。

吐尔尕特口岸和伊尔克什坦口岸是位于新疆克孜勒苏柯尔克孜自治州境内的两大国家级一类口岸，是南疆地区最重要的对外开放与交流的通道，它们对联结中亚、西亚和南亚等地区有着不可替代的作用。这两个口岸还是阿图什维吾尔族人从事跨国商贸生意最重要的通货和通人之要道。

除了口岸建设的发展和完善外，地方政府对跨国商贸事业的支持也是这一时期阿图什维吾尔族商人走出国门寻找生计的重要推力之一。1992年10月，克孜勒苏柯尔克孜自治州党委和政府向新疆维吾尔自治区党委和政府提出阿图什市维吾尔族跨国商贸活动的情况说明，并请求上级政府对这一批跨国商人在出入境方面给予政策方面的支持。在调查了解阿图什市跨国商贸事业的发展情况后，为了进一步促进跨国商贸事业的发展，自治区政府向克州人民政府下达了批复，同意克州政府给阿图什市跨商贸群体办理因公护照的请求。由于在出国出境方面的便捷，在整个20世纪90年代，以农民为主体的阿图什市维吾尔族商人的出国经商获得了长足的发展。

第三阶段——辉煌期（1999—2010）。21世纪的第一个10年是阿图什维吾尔族人跨国商贸的热潮期。1999年10月，阿图什原"香港巴扎"的最后一批商户进入私人巴扎——"赛买提巴扎"①。进入新千年后，"赛买提巴扎"的部分商户们陆续将生意转移到国外。

20世纪90年代，正好是最早走出国门做生意商人的第一个10年，在这10年里，大多数人赚取了可观的收入，这无形中给了那些在国内打拼或者持观望态度的人以刺激和榜样。因此，在之后的10年里，出现了出国做生意的热潮。

第四阶段——萎缩期（2010年至今）。从2010年开始到2019年底，阿

---

① 赛买提巴扎，又称"西域商贸城"（gherbi diyar soda sheherchisi）。

图什维吾尔族人的跨国商贸事业处于衰落和回流期。2009 年以后，出于安全与稳定方面的考虑，新疆维吾尔自治区各级政府逐渐收紧了境内民众出国出境方面的政策。另外，2009 年开始持续多年的国际金融危机也使得跨国商贸群体在国外的经营举步维艰，部分商人因此而结束布料生意回国。2015年 1 月，"欧亚经济联盟"正式成立运行，吉尔吉斯斯坦、哈萨克斯坦等中亚国家都是该组织的重要成员。自加入"欧亚经济联盟"后，吉尔吉斯斯坦对中国的进口关税提高，使得阿图什维吾尔族商人的货物销售成本提高，在同俄罗斯、土耳其、哈萨克斯坦等国家的商品竞争方面越来越处于劣势。这也是比什凯克最大的维吾尔族商人聚集地——"玛蒂娜巴扎"布料商人自2014 年以来生意不景气的重要原因之一。总之，自 2010 年以来，以大肖鲁克村跨国布料商人群体为代表的阿图什维吾尔族跨国商贸群体在国外的经营状况持续下滑。

二、大肖鲁克村跨国布料商贸史

大肖鲁克村商人大规模的跨国布料商贸同样始于 20 世纪 80 年代。据亚喀巴格村的支书阿某介绍，在大肖鲁克的三个村，亚喀巴格人是改革开放后最早到国外做生意的人，此人依然健在。在其影响下，整个家族都在从事跨国商贸，此人也带动了很多大肖鲁克人从事跨国商贸。作者到另外两个辖区温吐萨克和肖鲁克了解到的情况也显示，亚喀巴格村的 Tur·H 是改革开放后最早到国外做生意的大肖鲁克村人。在 2016 年 5 月的一个下午，经过阿支书的多次协调，Tur·H 老人最终答应和作者谈谈。

（一）大肖鲁克村跨国布料生意的"活化石"

Tur·H 老人的家位于亚喀巴格村人，支书阿某用电动车载着作者花了5 分钟便到了老人家门口。Tur·H 家同阿书记的家隔三户人家。这是一个典型的维吾尔族庭院，大门很气派，用维吾尔族人喜欢的绿色漆过，门扇的右上方挂有两个牌子，一个上面写着"平安家庭"，另外一个写着"民族团结家庭"。敲门并得到里面人的回应后，一个十几岁的男孩开门，并招呼作者一行进去。院中的房子既新又亮，院落收拾得井井有条。院落左侧的屋檐下坐着一位白胡子老者，阿书记向作者说，老人便是 Tur·H。同老人握手并寒暄后，老人邀请作者进屋，并吩咐先前那个男孩为作者一行泡茶。在宾主盘腿坐定之后，作者仔细打量了一下老人，心中不免暗吃一惊：Tur·H老人花白的胡子格外惹人注意，身体也很壮实，虽然因年老而有些驼背，但双目炯炯有神。Tur·H老人喝了一口茶之后，将自己的过往向作者娓娓道来。

4 号商人，Tur·H，男，85 岁，亚喀巴格村人，小学毕业。全家有 45 口人。Tur·H 的老伴努尔比亚阿吉亚 75 岁，小学毕业。

　　我的祖上都经过商，至少我知道的祖父、父亲这两代都做过各类生意。我出生在 20 世纪 30 年代，兄弟姐妹 5 人，两个哥哥两个妹妹，在那个年代，我们兄弟姐妹算是少的。从我记事起，爷爷就是一个受人尊重的阿吉，他经常在外面闯荡，后来慢慢懂事之后才知道他是一个生意人，父亲也经常被爷爷带着去做生意。因为在爷爷所有的子女中，只有父亲上过学。所以，他是兄弟姐妹当中脑袋瓜最聪明的人，深得爷爷的器重。后来，好像是在 20 世纪 30 年代末，祖父曾带着父亲去了一趟塔什干。听父亲后来说，当时出国管得比较松，到边境上给当官的一些钱，就可以出去。父亲在喀什读书时的几个同学就是这样出去的。这是父亲第一次也是唯一一次出国。爷爷和父亲先是去伊犁进了一批羊皮，然后到奥什"卡拉苏巴扎"① 待了一个礼拜后，又辗转去了比什凯克，把剩下的羊皮卖给了那边的俄罗斯族商人。后来，新疆解放和中华人民共和国成立后，由于政策原因，我们家被划分为地主，受整受批，家里的生活基本上靠父亲和两个哥哥种地来维持。当时，父亲也偶尔去喀什倒腾一些小生意来贴补家用，如甜瓜、石榴等瓜果，但都是偷偷摸摸地去。因为我们家是重点的"黑五户"……因此

---

① 卡拉苏巴扎位于吉尔吉斯斯坦奥什州，地处吉尔吉斯斯坦和乌兹别克斯坦的交界处，不仅有奥什人，乌兹别克斯坦人也活跃于该巴扎。

也难以做什么大生意。后来，20世纪70年代，政策有点宽松，有些人晚上在城里的一个地方摆摊，我也曾在那个地方卖过瓜子。晚上8点以后出摊，12点收摊，白天没人敢做。到70年代末，政策变得更加宽松，逐渐在那个集中摆摊的地方形成了一个巴扎，这个巴扎后来我们叫"香港巴扎"或者"拉帕斯巴扎"。所以，准确地说，我是在20世纪70年代初期开始做生意的。

我是家里几个兄弟中的老小，根据我们维吾尔族人的传统，父母和我一起过。在第一次做生意之前，父亲就一直教导我说，要想把日子过好，以后一定要多跑跑，要在全国各地跑，只有这样，以后才能养活全家人。可能当时因为自己年纪小，加上又在上学，对父亲的这些话不是很理解。直到30多岁时，也有了自己的好几个孩子之后，我才真正体会到养家糊口的不易。用汉族人的一句话说就是，不当家不知道柴米贵。1972年的时候，父亲离开了我。两年之后母亲也去世了。那个时候，我已经是5个孩子的父亲。1978年的时候，我老婆因病去世，留下了3个儿子和2个女儿。三年后，我经人介绍，又与本村的一个死去丈夫且带着1个儿子的女人结婚，这个女人就是我现在的老伴，她后来又给我生了2个儿子1个女儿。最终，我有了9个孩子，即6个儿子和3个女儿。6个儿子中，没有一个是吃公家饭的，他们都在做生意。其中3个儿子在国外做生意，即次子、三子在吉尔吉斯斯坦比什凯克的布料巴扎卖布，五子在哈萨克斯坦城市阿拉木图一家布料市场做生意。2011年，大儿子与人合作，在阿图什市成立了一家房地产公司，三年后因病先我而去。老四在喀什的莎车县贩卖巴达木，他经常往返于莎车与内地。最小的儿子则在"赛买提巴扎"卖布。4个女儿都嫁到本地，女婿们也都做着大小不同的生意。

我第一次去内地是在1979冬天，当时我和村里另外一个人去了浙江和上海，主要是因为听说内地南方有丝巾什么的，我想那边的丝巾肯定有我们女性所需要和喜欢的种类，是不是可以把它们带回阿图什卖，可能还能赚点小钱。我把这个想法告诉了我那个朋友，这个阿达西①也很同意我的想法。我们俩向大队书记说要去内地转转，当时人家不愿意给我们开介绍信，经过死缠烂磨之后，大队才给我们开了介绍信。在那个年代，从阿图什到乌鲁木齐还没有通火车，公路运输条件也很糟糕，开往乌鲁木齐的班车也很少，我们坐了好几天的汽车才到乌鲁木齐，再转乘火车到杭州。到杭州后，我们用汉语只会说"你好""谢谢"等简单的打招呼用语，连问路都不会。但是那个时候的人都很热情，一听我们是新疆来的，都不厌其烦地给我们用手势比划，有的人还亲自带我们去目的地。当时杭州地面上已经有人在卖一些小东西，包括我们需要的丝巾等丝绸产品，但也是很隐蔽地存在。我和我那个朋友两个人凑了20块钱，买了些丝巾。丝巾带回阿图什后，一下子吸引了我们当地的妇女。其实，妇女们戴头巾是我们维吾尔族女性的着装传统。因为受各种条件的制约，她们所戴的头巾大都种类、颜色、款式比较单一，这次我们从内地带回来的新丝巾虽然数量不多，但种类不少，年轻的女性很是喜爱，尤其是那些未婚的姑娘们特别喜欢。不到几天的工夫，我们的丝巾全部卖完。当然这些活动依然是在晚上进行，就是天刚刚黑起来的时候，那个时候因为大街上没有路灯，大家打着手电筒，所以逛"黑巴扎"的人还是依然能挑出自己喜欢的东西。有了第一回，就有第二、三回……我也记不清自己去了多少回内地了。在卖第三批丝巾的时候，我被公家（公社）抓住，还被关了两天。当时大队书记和大队长严厉地教训了我。我当时在大队作为投机倒把的典型被示众，村里村外的人像看戏一样对我指指点点，因为在那个时代，被公家处理是非常丢人的事情。而大家对做生意这件事本身来说都很支持。你也知道，我们阿图什人有经商传统（向作者强调）。后来，公社一位汉族领导在审我的时候，私下说我太心急了，国家的政策肯定要变，应该再等一等。他还让我不要有什么压力。我到现在还记得他给我说的话，他的话给我以宽慰和鼓励。果不然，到了

---

① 即维吾尔语中的"adash"，朋友的意思。

20世纪80年代，形势真的变了。整个20世纪80年代，我都是往来于上海、杭州、苏州等内地城市与阿图什之间，只不过，经营的对象从当初的丝巾发展到布料和其他丝绸制品以及服装等。

1984年的时候，我们这些在街心花园①摆摊的生意人，全部集中到政府主导修建的工贸市场上，我也申请了一个商铺。政府为了支持我们的买卖，收取的租金很低，而且几乎没有什么管理费。从那个时候起，我算是有了自己固定的"商业基地"了。我这间商铺主要经营的是布料。那时候的生意简直太好了，不能仅用红火来形容，应该是疯狂性的，买东西和卖东西的人都疯狂了。因为当时被称为"香港巴扎"的工贸市场每天都在营业，从早上9点到下午8点，市场上的人没有一个不在"歇斯底里"。那个时候附近没有几家银行，大家还是觉得钱自己带上踏实，所以，很多人都将销货款放在自己家里。当时我也是这么做的，晚上睡觉特别担心有"坏蛋"光顾，就把钱款抱在怀里睡觉。

1985年的春节刚过，我父亲在喀什上学时的同学之子来到阿图什，说他父亲和我父亲有一个共同的同学在比什凯克，他儿子过几天要来阿图什来，主要到"香港巴扎"参观并采购一些货物，让我来接待一下。当时既没有手机，也没有电话什么的，我也不知道父亲老同学的儿子长的什么样，只知道他与吉尔吉斯斯坦到访克州的一个贸易代表团一起来，名字叫艾山巴耶夫。后来，我亲自举着写有"艾山巴耶夫"的牌子到克州州政府的招待所门口去接。虽然对方经常用的吉尔吉斯语（斯拉夫化的柯尔克孜语）和俄语，但毕竟是维吾尔族人，我们很容易就见面认识。这个年龄比我小好几岁的人，已经是比什凯克政府某部门的官员。我陪他逛了"香港巴扎"之后，他向我提出了一个我从没有想过的建议：把布料生意做到吉尔吉斯斯坦去。艾山巴耶夫说比什凯克对布料需求非常大，说那边的吉尔吉斯人都很传统，买东西都不太讲价，提早过去可以赚大钱，他还说可以帮我在当地找一个店面。

---

① 即今阿图什市人民广场。

通过和艾山巴耶夫的接触，我被他说动了，萌生了出国做生意的念头。那个时候出国并不是件容易的事，虽然克州和比什凯克、奥什等柯尔克孜人聚居地的关系都不错，但对于我们这些普通老百姓来说出国还是挺难的。后来，还是我让艾山巴耶夫在比什凯克那边发了一个类似邀请函的东西，以探亲的名义去比什凯克。这个方法很奏效，办好护照和签证后，1986 年初，我如愿来到了比什凯克。在比什凯克市以西5000 米处，有一个集中性的布料巴扎，这个巴扎的名字好像叫"阿拉米丁"，我考察了一下这个巴扎，当时好像有一些苏联人和土耳其人在卖布，规模很小，只有几十个店面，但买布的人却很多。最有意思的是，很多当地人真的不怎么讨价还价，他们甚至带着一些羊皮子或者毛毡等自己生产的东西在"阿拉米丁巴扎"来换布。我被亲眼所看到的景象所震撼，当时就下决心一定要到比什凯克来卖布。当年年底，我又用同样的方式到了比什凯克，不过第二次去的时候还带了一批丝巾和棉布，在"阿拉米丁巴扎"开摊设点，卖了一个月的布，赚了 300 美元的利润，我粗略地算了一下，利润回报率达到 300%。因为持的是探亲护照，当时好像只有 1 个月的滞留时间。回来后立马去内地进货，两个月后我又以同样的方式去比什凯克卖货，后来的几年时间里一直都是如此，直到 20 世纪 90 年代初苏联解体。在我奔波于比什凯克的时候，"香港巴扎"的铺面则完全交由长子来经营。就这样，我开始了自己在国外的布料买卖，在 1989 年年底，我就成为人们羡慕的"十万元户"。毫不夸张地说，我是新中国成立后三个肖鲁克村（指大肖鲁克村）最早出国做生意的人，在我的影响和带引下，我的次子和几个侄子都相继出国经商，大肖鲁克村的其他商人也逐渐走出国门去卖布了。1990年，"阿拉米丁巴扎"发生了一场大火，我的店面也被烧毁，损失惨重，当时估算了一下可能要损失 10 万美元。在巨大的打击下，我当时得了一场大病而回国休养，至此，我再也没有去比什凯克。次子在第二年新建立的"吐尔巴扎"重新开店卖布。虽然从那以后，不再管理家里的生意，但在事关重要的选择时，我还是要出面给孩子们做主。所以，在重大事情方面，我还是家里下最后决心的人。直到现在，孩子们在遇到难以决断的事情时，都愿意听听我的意见。虽然我曾告诫他们，要自己去抉择，不要什么事都问一个80多岁的老头子，但子女们依然视我为主心骨。

说实话，我真正做生意是在改革开放之后做的。之前的生意都是小本买卖，在乌什和喀什等地将袜子进到阿图什来，刚开始时摆地摊，后来在城郊的一个巴扎上卖袜子。直到有了"香港巴扎"，我才搬到了比较固定的地方搞经营。除了袜子，我还卖过甜瓜，将伽师县的甜瓜用人力车拉到阿图什来卖，那个时候就我和两个成年的儿子在做，其他的子女都小，他们也帮不上什么忙。为了能养活所有的孩子，我在外面没日没夜地找生意做。期间经历了很多事，吃了很多苦。有时候在外面，一个馕都舍不得吃，心里想着孩子们还饿肚子，就强忍着，并因此落下了胃痛的病根。

20世纪70年代末80年代初，我们开始做布匹生意，先是我自己去内地进货，后来大儿子和二儿子也去内地进货，我们去的最多的还是浙江柯桥和上海、江苏等地，尤其是柯桥，那个地方有很多我们阿图什人，整个批发市场很多商户都在做阿图什人的生意。大概在1995年的时候，三儿子高中毕业后，也开始做生意，他开始时跟着老大做，后来有了经验，就去了吉尔吉斯斯坦的奥什州做布料生意。到现在，老三已经在吉尔吉斯斯坦20年了。二儿子还在浙江经营，他主要是在那边发货。做生意这条路既有机遇，也有挑战，有时候还得看人的运气。我当初选择经商，主要原因还是为了养家糊口。9个孩子要吃饭，光凭家里的5亩地，无论如何都无法养活全家人。所以出去赚钱是迫不得已的事情。现在的年轻人做生意比我们那个年代时的条件好多了，交通便利，通信也方便，只要走正道，勤俭努力，最后都能挣到钱。自20世纪90年代末，我们家的情况得到了很大改善，当时就花了10多万元修建房子。房间很多，我们一大家子人都住在一起，谁也没有提出过要分家。我是一个平白起家的人，当时做第一笔生意时，兜里只有200块钱，后来逐渐积累，才有了现在的光景。我是一个靠党的好政策富起来的人，所以我也对其他的贫困人群给予各种帮扶。每年给那些孤寡老人送煤、油、米、面等生活物资，而且给学校修建操场，绿化校园环境，村里有100户贫困户，我每年都会让儿子去给他们送些生活用品。这些无偿捐赠和帮助每年达到20万元。我虽然年纪大了，但耳不聋眼不花，因为辛辛苦苦养活了那么多子女，所以子女们都对我非常尊敬和孝顺，儿子们一般遇到大事小情都会征求我的意见。据在奥什的儿子反映，这两年生意不是很景气，当地做生意的人越来越多了，他们也学会了到中国来进货，而柯桥那边对来自外国客人的布匹价格比给我们的低，真不知道是怎么回事。我这个人做生意可能还同别人不同，我一般不会跟他人竞争，我只会搞我的经营，别人怎么做，我不会太关注，可能是我太有主见的缘故吧。现在，家里人的吃穿不用愁，最大的问题是孩子们的教育，有那么多孙子孙女，最大的孙子都已经参加工作了，最小的才10岁左右，他们能够健康成长成才，这是我最大的希望。我始终认为，天上不会掉馅饼，不管干什么，人只要努力，别去想那些不切实际的东西，最终肯定都会成功的。我经常教育孩子们，一定要把人做好，要讲诚信，因为生意人最注重的是诚信，只有把做人放在第一位，人家才会和你合作，才会给你机会。我小时候虽然上过几天学，但没学到多少知识，脾气太直，做生意时经常碰壁，后来才慢慢地变得谦逊，才有了许多生意上的伙伴和朋友。我这个家庭在松他克乡都算是大家庭了，经济条件在全村处于上游，不是最好的，因为大肖鲁克村比我有钱的人多的是。但我的家庭结构却是全村唯一的。这几年，村里有什么大事我都会参与，自己辛苦了一辈子，现在在家里子女们孝顺我，在村里，乡亲们也很尊重我。40年前，我从来没有想过村里有人这么看我，说我是善人。虽然我也帮助了一些人，但总觉得还不够，这个称呼我觉得自己受不起。维吾尔族人一般不会主动和别人说自己的那些善行，他们认为这都是理所当然的，没有必要让更多的人知晓。我经常告诫我的子女，多做善事，少宣传自己。不过，有时候树欲静而风不止。村委会干部经常带人来采访我，了解我做的那些善事。所以我现在也想开了，既然大家这么感兴趣，我也就适当地给他们说说，把我的那些故事讲给别人听听，这样也可能会给一些年轻人以教育。我在家里有绝对的权威，一般情况下，孩子们做什么生意，都会征求我的意见。老伴说我现在是超级顾问，我真想什么事都不管了，和老伴过过清闲的日子，但是孩子们好像还不愿意让我"退休"，无论大事小事都会给我说。他们经常说我的经验他们一辈子都学不完。其实也没什么经验，就是做事能分清是非，什么能做，而什么不能做，我这一点上没怎么糊涂过。①

Tur·H作为大肖鲁克村自中华人民共和国成立后最早出国做生意的人，他的家族做了几十年的跨国生意。跨国经商在改善其家庭生活的同时，更重要的是探索出了一条重要的生计路径，这条路径成为许多大肖鲁克村人正在实施的生计模式。Tur·H由于在大肖鲁克村的引领人作用，大家都称他为"带头人"。

（二）改革开放后的大肖鲁克村跨国布料商贸

在整个20世纪80年代，大肖鲁克村的三个行政村共有100多人出国经商，他们中的很大一部分成为大肖鲁克村最早的万元户和10万元户，甚至有人还成为百万元户。这一时期的跨国经商依然属于小规模的探索阶段，大多是一些眼界开阔的且敢冒风险的人，因为在20世纪80年代，国家对跨国个体商贸业的政策还不是很明朗，一些政策措施还不够完善，尤其是在人员的出国出境方面，国家的政策改革还未显现，这些大环境依然是制约大肖鲁克村人跨国商贸事业发展的主要因素。

进入20世纪90年代以来，国内外政治经济形势发生了深刻的变革，尤以苏联解体为典型的国际形势变迁影响了国际政治经济格局。中亚国家作为

---

① 被访谈人：Tur·H，男，85岁，亚喀巴格村人；访谈时间：2016年5月4日上午；访谈地点：访谈人家里。

苏联的加盟共和国获得了主权独立。独立后的中亚五国，在政治、经济、安全等方面都面临着前所未有的挑战，尤其是经济发展濒临崩溃的边缘，生产和生活资料的匮乏使得这几个国家把解决国民基本生活需要放在了重要的位置。经过十多年的改革，中国经济快速发展，工业生产能力大幅度提升，某些工业品自给能力提高，更有一定的出口能力。在这一背景下，中国同中亚国家的经济往来同政治、军事等传统领域的交往一样，也开始快速发展。换言之，中国同中亚的全方位交往始于苏联解体以后。

吉尔吉斯斯坦是中亚地区具有重要战略地位的国家，也是中国商品向西出口的主要集散地，自古以来形成的伊尔克什坦口岸和吐尔尕特口岸就成为中国商品和公民向西出行的主要通道。口岸在通关货物和人员日益增多的情况下得以完善，吐尔尕特口岸最终于 1995 年从吐尔尕特山口下迁至巴音库鲁提乡的托帕村。在过去 20 多年的时间里，大肖鲁克村的商人和他们的货物皆从这两个口岸通关，正是因为有了便捷的口岸通道，他们才把内地的布料源源不断地运至中亚各国销售，商人们才在异国他乡赚取了一桶又一桶金，改善了家庭生活，实现了一个个跨国商贸的梦想。

从 20 世纪 90 年代初到新世纪第一个 10 年结束，大肖鲁克村的跨国布料商群体进一步扩大，很多在阿图什市"香港巴扎"卖布的人在守住国内生意的同时，还派出自家兄弟到中亚做买卖。就连那些从未做过生意的家庭，也有人做生意，而且一开始就选择了做跨国生意。自 2012 年以来，大肖鲁克村的跨国布料商贸群体在人数规模和收入规模上都呈逐年递减态势。这一群体的生意不但没有较大的发展，相反有很大一部分跨国布料商人的生意难以为继，甚至关门歇业而回国。

第二节　阿图什市跨国布料商贸现状

如前文所述，阿图什市跨国商贸群体基本上集中在松他克乡的几个村，特别是以肖鲁克、亚喀巴格、温吐萨克三个村组成的大肖鲁克村。要了解整个阿图什市的跨国商贸现状，大肖鲁克村的跨国商贸现状基本上能够代表整个阿图什市的情况。

一、数量及分布

调查显示，2016 年，大肖鲁克村经商家庭有 1240 户，从事布料生意的家庭有 684 户，占全村经商家庭总数的 55.16%；其中在国外做布料生意的家庭有 381 户，在国内卖布的家庭 303 户，在国内外都做布料生意的则有 20 户。在所有 381 户跨国布料生意家户中，涉及从业人员 1059 人，占所有跨国商贸人员 1550 人中的 68%。时隔三年之后，大肖鲁克村的跨国商人情况发生了一定变化。截至 2019 年底，在经商家庭中，大肖鲁克村从事布料生意的家庭有 671 户，占经商家庭总数的 57.11%，涉及布料经营的人员 1700 多人，占全村总商人的 35.26% 以上。在经营布料的家庭中，在国外做布料生意（跨国布料生意）的家庭有 369 户，在国内卖布的家庭有 280 户，国内外皆有布料生意家庭的则有 15 户。在所有 369 户跨国布料生意家户中，涉及从业人员 1008 人。

目前，大肖鲁克村做布料生意的人主要分布在吉尔吉斯斯坦比什凯克、奥什，塔吉克斯坦杜尚别、乌兹别克斯坦塔什干以及哈萨克斯坦阿拉木图。其中吉尔吉斯斯坦首都比什凯克最为集中，该市的"玛蒂娜巴扎"有近 325 个铺面属于大肖鲁克村人所有，从业人数近 900 人。比什凯克市郊的"多尔多伊巴扎"的布料区亦有 10 家大肖鲁克村人经营的商铺。

以下是大肖鲁克三个村跨国布料商户在各小队的整体分布情况以及比什凯克市"玛蒂娜巴扎"布料商户在大肖鲁克村各小队的分布情况。

表 2-1　大肖鲁克村跨国布料商人群体数量在各小队分布表

	肖鲁克村										
小队	1	2	3	4	5	6	7	8	9	10	合计
跨国布料商户总数量	3	7	45	21	10	17	2	17	5	9	100
"玛蒂娜巴扎"店面经营商户数量	2	5	40	14	7	10	2	10	3	5	98

续表

亚喀巴格村							
小队	1	2	3	4	5	6	7	合计
跨国布料商户总数量	12	27	16	17	45	11	11	139
"玛蒂娜巴扎"店面经营商户数量	9	24	14	15	42	8	9	121
温吐萨克村							
小队	1	2	3	4	5	6	7	合计
跨国布料商户总数量	15	28	40	18	8	9	12	130
"玛蒂娜巴扎"店面经营商户数量	13	26	38	15	6	8	9	115

数据来源：作者对大肖鲁克三个村的实地调查。

从上表可以看出，在大肖鲁克村 369 家跨国布料商户中，吉尔吉斯斯坦比什凯克市"玛蒂娜巴扎"经营布料的大肖鲁克商户共 334 家，占总体数量的 90% 以上。其中肖鲁克村 98 家，亚喀巴格村 121 家，温吐萨克村 115 家。

二、现状

自 21 世纪的第二个 10 年开始，大肖鲁克村的跨国布料商人的商贸事业经历了发展和辉煌期后，逐渐走向了衰落。引起这一变迁的因素较多，既有国际金融环境、地区经济状况、产业发展瓶颈等客观因素，也有个人水平等主观因素的影响。作者选择了这一群体中的 100 位商户，通过对他们的困境和期望做了调查，得出了以下结果（样本商人信息表见附录Ⅱ）。

大肖鲁克村跨国布料生意规模随年龄不同而不同。51 岁以上的商人生意规模较大；20 岁以下的人最小；在 31—50 岁的商户中，大多数商户的规模在 50 万—300 万元之间，占 80%，属于中间水平。不过，100 位受访商户中，生意规模最大的是一位 43 岁的拥有中专学历的中年人。但整体上看，在境外 15 年以上的商人生意规模普遍偏大。2016 年，全村生意规模最大的家户 900 万元，最小的则在 10 万元以下。100 万—400 万元者居多。2019 年，生意规模最大的商户身价 1100 万，其他的数据的变化不大。

在生意效益方面，几乎所有的调查对象都表示近几年的生意效益一直在下滑，主要表现在市场疲软、经营成本升高、利润空间缩小、流动资金不足、外账严重、货源不稳等方面。总之，跨国布料生意整体陷入困境当中。关于如何应对困境，60% 的商人表示会选择坚守；有 30% 的受访者打算将外账收回后回国发展；10% 的人想转行做其他生意，如服装、食品、餐饮等行业。近五年大肖鲁克村跨国布料商人数量和收入情况见表 2-2。

表 2-2   2012—2016 年大肖鲁克村跨国布料商户数量及收入总表

年份	2012	2013	2014	2015	2016
总商户（户）	560	520	483	425	381
总收入（万元）	16800	13000	10626	9350	7620

数据来源：大肖鲁克的三个行政村村委会提供。

大肖鲁克村的跨国布料商户的数量，自 2012 年起，呈现出递减态势。从 2012 年的 560 户，减少到 2016 年的 381 户，减少了 32%。2019 年末，该指标又下降到 369 户。

大肖鲁克村的跨国布料商的总收入，自 2012 年起，也呈现出递减态势。从 2012 年的全年总收入 16800 万元，减少到 2016 年的 7620 万元，减少了近 55%。2019 年末，该指标减少至 7120 万元。

第三章　阿图什市跨国商人常年穿梭的两大口岸

在1000多公里的中国—吉尔吉斯斯坦边境线上①，分布着两个国家级一类陆路口岸：吐尔尕特口岸和伊尔克什坦口岸。两个口岸皆位于新疆克州乌恰县境内，且常年对外开通运行。长期以来，吐尔尕特口岸和伊尔克什坦口岸是南疆地区过货量最大的两个口岸。

中吉陆路边境口岸通商历史均已过百年，历经岁月之洗礼和环境之变迁，它们仍然是南疆地区最重要的对外开放与交流的通道。宏观上说，作为南疆两个常年通关的陆路口岸，它们对连接中亚、西亚和南亚等地区发挥着不可替代的作用，也在推动所在地区融入"一带一路"建设中发挥着重要作用。微观上说，克州的这两大口岸正是阿图什市跨国商人赖以为生的通道，也是商人们魂牵梦绕的名字。可以说，阿图什市跨国商人能够出国经商，除了同当地浓厚的商业文化有关外，还同阿图什市邻近克州两大陆路口岸不无关联。阿图什市的跨国商人群体的发展壮大得益于克州两大口岸的开通和开放，商人们正是常年穿梭于这两大口岸，才成就了其传奇人生。

---

① 中吉边境线长 1096 公里，在这一漫长的边境线上，分布着中国新疆的 6 个县（市），分别是温宿县、乌什县、阿合奇县、阿图什市、乌恰县和阿克陶县。

第一节 吐尔尕特口岸

吐尔尕特口岸是南疆地区具有重大影响的陆路口岸。吐尔尕特口岸的发展可以分为两个时期，即下迁前和下迁后。下迁前的吐尔尕特口岸位于新疆克州乌恰县托云乡，处于该乡的一个通外山口——吐尔尕特山口。由于这一地区的自然条件比较恶劣，当时的通关条件已不能够满足口岸发展需要。1995 年，经新疆维吾尔自治区批准，吐尔尕特口岸从托云乡下迁至地理条件更为优良的乌恰县巴音库鲁提乡。自 1984 年重新开放以来，吐尔尕特口岸在推进口岸所在地及其周边地区的开放发展中发挥了重大而独特的作用。吐尔尕特口岸是阿图什市跨国商人穿梭最多的口岸，也是该群体开展跨国商贸最重要的口岸。

一、历史沿革

吐尔尕特，柯尔克孜语为"Turghat"，意思是"枣红色的达坂""枣红色的骏马"[1] 等。汉译为"吐尔尕特""图噜嘎尔特""吐尔戈特"等。由于下迁前的老口岸位于乌恰县托云乡，故又被称"托云口岸"。吐尔尕特口岸最早位于托云乡[2] 北部 44 公里处的吐尔尕特山口，地理位置东经 75°23¢，北纬 40°30¢，海拔 3795 米，通过此山口，可以到达吉尔吉斯斯坦纳伦州。同其他陆路边境口岸一样，吐尔尕特口岸也有一个对应口岸，即吉尔吉斯斯坦纳伦州所辖的吐噜噶尔特口岸。中吉这两个双边口岸相距 14 公里。下迁前的吐尔尕特口岸距离乌恰县城 140 公里，距离阿图什市 179 公里。1995 年，吐尔尕特口岸从托云乡下迁至 100 多公里开外的巴音库鲁提乡[3]，由于下迁后的口岸位于该乡的托帕村，故下迁后的新口岸又被称为"托帕口岸"。新口岸所在区域地势宽阔平坦，海拔较低，满足不断发展壮大的吐尔尕特口岸

---

① 贺继宏、张光汉：《中国柯尔克孜族百科全书》，新疆人民出版社 1998 年版，第 400 页。

② 位于新疆克孜勒苏柯尔克孜自治州乌恰县东北部。

③ 位于新疆克孜勒苏柯尔克孜自治州乌恰县东部。

发展需求。

吐尔尕特口岸在西北诸口岸中属于历史比较悠久的口岸，该口岸最早可以追溯到古丝绸之路南线的重要驿站。作为我国古丝绸之路的重要驿站之一，吐尔尕特口岸通商于 1887 年。1906 年，新疆当局从华俄道胜银行① 贷款 2 亿卢布，用来修筑吐尔尕特山口至喀什噶尔的公路。1931 年，按照《新疆临时通商协定》的有关规定，作为通外山口的吐尔尕特被正式认定为中苏贸易口岸。1945 年，由于受战乱的影响，吐尔尕特口岸的对外贸易中断。中华人民共和国成立后的 1951 年，中、苏两国将吐尔尕特口岸正式定为通商贸易口岸，两国间的通邮正式开始。1953 年，在中国人民解放军的帮助下，吐尔尕特山口至喀什噶尔的公路修通，结束了以前靠畜力运输的历史。20 世纪 50—60 年代，中国从吐尔尕特进口苏联的石油和西欧等国的化肥等货物，出口的大多是畜牧产品以及纺织品等。吐尔尕特口岸通商历史悠久，20 世纪 50 年代曾是"中苏之间过货量最大的口岸"②。1969 年中苏"珍宝岛事件"发生后，吐尔尕特口岸再次关闭，各种贸易往来中止。1983 年，中苏关系逐渐缓和之后，吐尔尕特口岸重新开放，中苏两国的贸易再次恢复。1984 年，新疆维吾尔自治区决定成立吐尔尕特口岸管理委员会，管委会归属克孜勒苏柯尔克孜自治州管辖。自此，管委会和边防检查站、海关、会谈会晤站、外运分公司以及动植物检验检疫局等部门构成一个口岸运营体系，而管委会则充当一个重要的综合协调部门。随着口岸恢复通商，中国和中亚地区的经济往来更加密切，货物进出口量连年增加，整个 20 世纪 80 年代，吐尔尕特口岸的年均货物进出口量达到 7 万吨，自恢复通商至 1991 年，共出口货物 55 万吨。进入 90 年代后，中国的对外贸易又迎来了春天，过境吐尔尕特口岸的货物也成倍增长。

20 世纪 90 年代以后，随着中国同中亚五国尤其是同吉尔吉斯斯坦商贸往来的迅速发展，吐尔尕特口岸的通关服务设施越来越难以满足货物通关需

---

① 　晚晴至民国的一家跨国金融机构，是以沙俄为主的列强对中国进行殖民侵略的金融机构。

② 　文云朝：《新疆边境口岸特征及其发展决策研究》，《经济地理》1996 年第 1 期。

求。另外，吐尔尕特所在地海拔高、自然环境恶劣，这都限制了口岸的进一步发展。因此，口岸下迁势在必行。

在新疆维吾尔自治区的主导下，将口岸下迁地选在了地理条件相对优越的巴音库鲁提乡东部的托帕村，这里地势开阔，交通便利，人气也旺。1993 年 7 月新口岸开始动工，1995 年 10 月 1 日，新口岸正式投入运营。

托帕口岸是吐尔尕特口岸发展的新阶段。新口岸投资多达 2 亿元，占地 5 平方公里，有四大功能区：行政管理区、货物托管区、普通办公区以及生活设施区。托帕口岸正好处于乌恰县城和阿图什市的中部，距乌恰县城 38 公里，距阿图什市 62 公里，距喀什市 57 公里，距中吉边境 109 公里，距离吉尔吉斯斯坦的纳伦口岸 115 公里，距比什凯克 640 公里。吐尔尕特口岸是国家一类口岸，同时向第三国开放。

二、自然气候

如前所述，吐尔尕特口岸地区海拔较高，特别是在下迁前时期的口岸气候恶劣，海拔较高。吐尔尕特口岸处于高原峡谷地带，该地全年的沙尘天气指数较高，交通要道时常因恶劣天气而屡遭关闭。吐尔尕特口岸的所在地乌恰县南北地形差异性很大，可分为高山半湿润寒温带、低山丘陵干旱中温带两大气候区和南北中山半干旱气候区。县境地域辽阔，地形复杂，地势高差悬殊，气候差异性大，气候变化体现了大陆性山地气候的特征，气候垂直分布明显。气候特点是气温随海拔高度的上升而递减，降水随海拔高度的升高而增加，干燥度随海拔高度的上升而减小。四季气候特点：春季天气多变，浮尘、大风多；夏季凉爽，降水集中，是低云雷暴、冰雹集中出现期；秋季云淡气爽，降温迅速，降水稀少；冬季晴朗严寒，风小雪少。干旱、雪灾、暴雪、大风、沙尘、寒潮、霜冻、低温冷害、雷电等是乌恰县主要气象灾害。气象衍生类灾害有暴雨型洪水、融雪型洪水、泥石流、山体滑坡等。总之，尽管吐尔尕特口岸从海拔托运时期的 3795 米降低到托帕的 2010 米，但大风、沙尘等自然气候并没有因为口岸的下迁而有所减少。

三、商贸通关

商贸通关是口岸的最基本职能。该口岸也曾经是新疆南疆过货量最大的口岸。吐尔尕特口岸因为下迁时间较早，因此，它也是南疆四大陆路口岸中通关设施最早得以完善的口岸。在南疆的四个陆路口岸中，吐尔尕特口岸是率先使用 H986 的口岸。H986 是海关非侵入式大型集装箱检查设备的简称。H986 的核心技术为 X 射线辐射成像，通过分析系统机检图像，可以初步识别疑似危险货物，再有针对性地进行开箱查验，是"海事—海关"联合查验的重要"利器"。"H"指代的是海关，即海关拼音中的首字母，"986"指的是时间，即这个研发项目的立项时间是 1998 年 6 月。同其他检查系统不同的是，H986 的检查不需要将集装箱开箱，它就像一个 X 光机，只要对集中箱进行照射，生成图像，通过图像可以清晰看出集装箱内部的实况。所以，H986 已经成为当前海关检查中最常用的系统设备。吐尔尕特口岸是南疆口岸中率先使用 H986 的口岸。口岸管委会的李姓干部曾经向作者说，"这个系统刚引进来的时候，大家都不太熟悉，等通过技术人员的示范后，我们海关自己的人也学会了，的确是方便了很多。有了 H986 机检系统，海关人员再也不用动不动开箱查验。"

2014 年 9 月，吐尔尕特口岸开始从吉国进口饲料，截至 2016 年底，进口饲草 66 车 617.60 吨。2014 年，口岸过货量 32 万吨，货值 18.20 亿元，进出口车辆 23502 辆次，出入境人员 30214 人次。2015 年，口岸过货量 31.5 万吨，出入境人员 33652 人次。[①] 2015 年 5 月，国家质检总局与吉尔吉斯斯坦相关部门签署了进口马属动物、鲜食樱桃的协议。2015 年 12 月，吐尔尕特口岸开通了中吉两国农产品快速通关"绿色通道"。吐尔尕特口岸出口货物主要为百货、机械设备、轮胎、布匹、服装、肉类、建材、果蔬等；进口货物为毛皮、蚕茧、甘草等。因为中国与中亚人口最多的国家乌兹别克斯坦没有直接的陆路通道，吐尔尕特口岸成为中乌国际公路包裹进出口

---

① 数据来源：吐尔尕特口岸管委会提供。

的重要选择之一。

2016 年，吐尔尕特口岸全年进出口货运量 34.7 万吨，同比减少 0.1%。其中，进口货运量 2.8 万吨，同比减少 13%；出口货运量 31.9 万吨，同比增长 1.3%。吐尔尕特口岸全年进出口贸易额 22.90 亿美元，同比增长 7.8%。其中，进口贸易额 0.3 亿美元，同比减少 6.4%；出口贸易额 22.9 亿美元，同比增长 7.8%。吐尔尕特口岸全年出入境人员 45696 人次。其中，出入境旅客 10640 人次，出入境员工 34645 人次。出入境交通工具 35607 辆次。①

2019 年，吐尔尕特口岸全年进出口货运量 46.22 万吨，同比增长 40.49%；其中，进口货运量 1.92 万吨，出口货运量 44.3 万吨。吐尔尕特口岸全年进出口贸易额 312.19 亿元，同比增长 64.22%；其中，进口贸易额 1.33 亿元，出口贸易额 310.86 亿元。吐尔尕特口岸全年出入境人员 43723 人次，同比减少 4.76%；其中入境 21842 人次，出境 21881 人次；其中，出入境旅客 3798 人次，出入境员工 39925 人次。出入境交通工具 40190 辆次，同比减少 6.72%。②

四、主要职业群体

吐尔尕特口岸地区的民族构成比较单一，该口岸所在地区民众基本上都是柯尔克孜族。不过，在众多获益于口岸发展的群体当中，阿图什市的跨国商人绝对是重要的组成部分。

吐尔尕特口岸距离城区较远是该口岸不同于伊尔克什坦口岸的地方之一。从地理位置上看，吐尔尕特口岸处于乌恰县和阿图什市的中间，从这两个县（市）的城区到吐尔尕特口岸大致都在 60 公里左右。因此，吐尔尕特口岸上的职业群体相对来说比较单一，在吐尔尕特口岸常年经商的人员较少。虽然常驻吐尔尕特口岸的生意人较少，但常年穿梭于该口岸的一个特殊群体却是克州乃至整个新疆都有巨大影响的跨国商人群体数量确实非常大，

---

① 中国口岸协会：《中国口岸年鉴（2016）》，中国海关出版社 2017 年版，第 685 页。
② 中国口岸协会：《中国口岸年鉴（2019）》，中国海关出版社 2020 年版，第 669 页。

对这一口岸的影响也很大，这些跨国商人几乎全部来自阿图什市。吐尔尕特口岸是阿图什市跨国商人们和其货物通关的必经之道。为了等待通关的货物在口岸能够安全仓储，部分商人选择长期租用吐尔尕特口岸的仓库，口岸管委会、海关等口岸执法管理人员对阿图什市的跨国商人都非常熟悉，彼此也建立了稳定的合作关系。阿图什市跨国商人的货物经口岸检查检疫之后，就会通过国际运输车辆运送到比什凯克。与此同时，想要去也会选择乘坐从吐尔尕特口岸发往比什凯克的长途大巴，10 个小时的旅途之后，商人到达他们集中经营的场地——"玛蒂娜巴扎"。有 30 多年跨国布料经营的 Ehm·T 向作者谈到自己的经商史时，自豪之情溢于言表。他说："改革开放真是好啊，没有改革开放我们这些人还在家里种地呢。我算得上是改革开放后的受益者。国家的好政策成就了我们这些被人成为'跨国商人'的农民。为什么说是农民呢，因为我们基本上都是农民出身，第一身份就是农民。所以，我要感谢党做出的这个英明决策。口岸重新开放了，商人们才有出国做生意的可能啊。"Ehm·T 认为，改革开放就是一股春风，吹到边疆阿图什，商人们的激情和潜力也被激发出来。在商人们看来，正是因为对外开放的好政策，吐尔尕特口岸的国门才能重新打开，"蠢蠢欲动"的阿图什人才有了出国经商的机会。所以，商人对口岸有很深的感情。踌躇满志的阿图什维吾尔族商人正是通过这条通道，走向了自己人生的重要时期。

第二节　伊尔克什坦口岸

同吐尔尕特口岸一样，伊尔克什坦口岸同样历史悠久，影响巨大。伊尔克什坦口岸同样也经历了下迁。2012 年 12 月，伊尔克什坦口岸从最初的乌恰县吉根乡斯姆哈纳村下迁到该县黑孜苇乡和县城的中间地带，距离县城 3 公里。下迁后的口岸空间得到了极大拓展，口岸也因此进入了快速发展的新时期。阿图什市跨国商人中的一小部分正是通过伊尔克什坦口岸进入到吉尔吉斯斯坦南部城市奥什经营布料生意。

一、历史沿革

伊尔克什坦，柯尔克孜语为"Erkeshtam"，是我国最西端的口岸。伊尔克什坦口岸旧址位于乌恰县吉根乡斯姆哈纳村，故又称被"斯姆哈纳口岸"。伊尔克什坦口岸距离吉尔吉斯斯坦南部地州奥什州最近。该口岸所在地有"西部第一关""西部第一村""西部第一哨""中国最晚日落之地"等美誉。斯姆哈纳口岸地理位置在东经 73°58¢，北纬 39°42¢，海拔 2854 米。口岸距离阿图什市 250 公里，距离喀什 240 公里，距离乌恰县 150 公里，距离吉尔吉斯斯坦奥什州奥什市 210 公里。它是西通中亚、西亚、土耳其的便捷路径，是中国通往吉尔吉斯斯坦南部重镇奥什州的唯一陆上通道。伊尔克什坦口岸对应的是吉方奥什州的伊尔克什坦姆口岸。2011 年 12 月，口岸下迁至乌恰县城西北部 3 公里处的黑孜苇乡。下迁口岸距离阿图什 100 公里左右，距离喀什 110 公里，距离吉尔吉斯斯坦奥什市 365 公里。

伊尔克什坦口岸自古以来就是我国古丝绸之路上的一个重要通道，它最早是我国最西端的通外山口，作为一个对外贸易口岸或正式通道，则是 19 世纪 80 年代形成的，即 1884 年《中俄续勘喀什噶尔界约》签订之后才形成。伊尔克什坦是帕米尔高原的一部分，早在西汉时就属于我国的领土。直到清朝，这个通道一直就是我国通往中亚的最重要孔道之一。19 世纪末，整个伊尔克什坦地区有很大一部分被沙俄强占，中俄两国的边界线也向中方内缩甚多。因此，从某种意义上说，伊尔克什坦口岸也是列强侵略中国的见证。19 世纪 70 年代初，俄国就在我国喀什设置邮政部门，开辟喀什市至伊尔克什坦的道路，确保公司邮件的收寄。后来，俄国又在喀什设置电报局，铺设喀什到伊尔克什坦口岸的电报线路。1917 年，我国政府自行投资疏附（喀什）至伊尔克什坦电报线路。同年 10 月，我国在伊尔克什坦设立电报局，收发官商电报。1927 年，我国在伊尔克什坦设三等邮政局，收寄官商邮件，由于清政府的腐败无能，伊尔克什坦口岸虽然被中俄两国辟定，但并没有发挥应有的功能。直至 1952 年 2 月以前，伊尔克什坦依然是中苏双方通邮换件之地。伊尔克什坦口岸建设的另一件重要工程是国际邮路的建设和国际电讯的开通。20 世纪初至中华人民共和国成立前，伊尔克什坦口岸才陆续地发挥了一定的货物通关作用。20 世纪 50 年代初，中苏两国在伊尔克什坦口岸通邮换件，它是通往中亚、西亚以及欧洲的重要通道。1963年，国家再次拨巨资重修通往伊尔克什坦边境道路的乌鲁克恰提至斯姆哈纳段。1992 年下半年，克孜勒苏柯尔克孜自治州提出建设斯姆哈纳口岸的报告，当年年底自治区人民政府同意开放和建设，并报中央审批。在报批自治区的同时，其他建设工程建设也于年底展开。1994 年已修通康苏经乌恰乡至斯姆哈纳口岸的公路。1996 年，时任国家主席的江泽民访问吉尔吉斯斯坦时，与吉尔吉斯斯坦总统签署了开放口岸之协定。1997 年 7 月 21 日，斯姆哈纳口岸临时开放。1998 年 1 月 26 日，国务院以国函〔1998〕9 号文件正式同意开放该口岸。1998 年底动工建设口岸设施（投资 1887 万元完成了联检大厅、道路、供排水、供暖等基础设施），2001 年 7 月 1 日通过了国家验收。2002 年 5 月 20 日，伊尔克什坦口岸正式对外开放。

斯姆哈纳口岸占地面积只有 0.4 平方公里，地域狭窄，海拔高，风沙大，通关条件差，生存环境恶劣，发展空间受限，年通货量最高时近 60 万吨。2005 年 5 月 22 日，自治区人民政府新政函〔2006〕78 号批复同意斯姆哈纳口岸下迁建设。同年 6 月委托新疆城乡规划设计研究院对下迁区域进行规划设计。2009 年 5 月 18 日举行了口岸下迁奠基仪式，口岸新址设计年过货量 200 万吨，年客流量为 50 万人次。2011 年 12 月，口岸下迁至乌恰县城西北方向 5 公里处，由于新口岸距离县城很近，极大地促进了当地经济文化发展。截至 2015 年，最高日过货量 6000 余吨。

二、自然气候

伊尔克什坦口岸在斯木哈纳时期，口岸海拔 3100 米以上，地形南低北高，重峦叠嶂。该地气候条件复杂，年平均气温不到 10 度，且昼夜温差极大，每年大风天气多达 200 多天。下迁后口岸的海拔比下迁前下降了 1000多米。整体上看，伊尔克什坦口岸所在地乌恰县地势东南低，西北、西南高，群山环绕，属典型山地地形，海拔高度 1760—6146 米，平面呈马蹄形。北接南天山山脉西端，南靠帕米尔高原、昆仑山北麓，位于喀什三角洲以西地段的楔形地带，为中、新生界褶皱山地。地貌以侵蚀断块山地出现。山地、戈壁、荒滩占总面积的98%，荒漠性草场近1600万亩。2021年，乌恰县年平均气温7.9℃，比历年偏高0.1℃；年最高气温31.6℃，出现在7月26日；年最低气温−21.0℃，出现在1月9日。全年县城总降水量144.4毫米，比历年偏少79.7毫米，偏少35.6%，降水主要集中在4—8月。县城月最大降水37.3毫米，出现在7月。县城一日最大降水量19.5毫米，出现在5月15日。全年县城日照时数2702.0小时，较历年偏少148.3小时。全年县城大风日数22天，年平均风速2.3米/小时，年极大风速24.9米/小时，出现在1月13日。[1]

三、商贸通关

伊尔克什坦口岸的贸易通关虽没有吐尔尕特口岸大，但影响不亚于后者。伊尔克什坦口岸是一个贸易顺差口岸，出口占比达90%以上，出口货物主要为五金、日用百货、陶瓷制品、服装布匹、水泥、建材、机电产品（电视机、冰柜等）、车辆、大型机械设备等；进口货物主要为干果、煤炭、矿产品、废旧金属等。

2012年，口岸过货量60万吨，同比增长10%，货值23亿美元（其中，进口货物3.5万吨，同比增长3.5%，贸易额7600万美元；出口货物53.4万吨，贸易额22.23亿美元）。2014年，口岸过货量28.23万吨，货值16.68亿元，进出口车辆21305辆次，出入境人员28580人次。2015年，口岸过货量31万吨，出入境人员31421人次。[2]

2016年，伊尔克什坦口岸全年进出口货运量30.2万吨，同比减少17.1%。其中，进口货物9.3万吨，同比增长275.1%，出口货物20.9万吨，同比减少38.4%。进出口贸易额16.1亿美元，同比减少25.7%。其中，进

---

[1] 乌恰县人民政府：《乌恰县气候概况》，2022年5月10日，见http://www.xjwqx.gov.cn/xjwqx/c102698/202110/aa5645c3d2e948e2a99103dd9f65cb92.shtml。

[2] 数据来源：伊尔克什坦口岸管委会提供。

口贸易额 0.4 亿美元，同比增长 46.7%，出口贸易额 15.7 亿美元，同比减少 26.6%。出入境人员 40045 人次。其中出入境旅客 14621 人次，出入境员工 25424 人次。出入境交通工具 25608 辆次。[①]

2019 年，伊尔克什坦口岸全年进出口货运量 54. 万吨，同比增长 79.01%；其中进口 20.27 万吨，出口 34.15 万吨。进出口贸易额 251.88 亿元，同比增长 215.8%；其中进口 3 亿元，出口 248.88 亿元。出入境人员 37626 人次，同比增长 28.13%，其中，入境 18652 人次，出境 18974 人次。其中，出入境旅客 5152 人次，出入境员工 32474 人次；出入境交通工具 32543 辆次，同比增长 28.45%。[②]

伊尔克什坦口岸不同于其他新疆边境口岸之处在于，该口岸有隶属于喀什经济开发区 10 平方公里的口岸园区。2013 年 5 月，国家发展和改革委员会印发《喀什经济开发区总体发展规划》（发改地区〔2013〕914 号），批准喀什特殊经济开发区规划面积 50 平方公里，其中伊尔克什坦口岸园区 10 平方公里。伊尔克什坦口岸享受喀什经济开发区的特殊政策，使得该口岸的发展空间得到了巨大提升。

四、主要职业群体

伊尔克什坦口岸除了日常的口岸管理和工作人员外，还有数量不多的装卸工人，但这些工人都属于流动性较强的群体。事实上，乌恰县利用邻近伊尔克什坦口岸的优势，在本地打造了一条名为"中国—中亚文化商业街"，以此推动中亚国家同乌恰县的跨境文化交流，从而吸引了吉尔吉斯斯坦奥什州、贾拉拉巴德州的商人以及当地的柯尔克孜民众在此开铺营商。商业街的柯尔克孜商户主要来自乌恰县黑孜苇乡、膘尔托阔依乡、吾合沙鲁乡等乡镇。"中国—中亚文化商业街"位于乌恰县县城西南部 3 公里处，占地 1 万平方米，2014 年 11 月建成并投入运营。目前，该文化商业街共设有 136 个

---

① 中国口岸协会：《中国口岸年鉴》，中国海关出版社 2017 年版，第 685 页

② 中国口岸协会：《中国口岸年鉴》，中国海关出版社 2020 年版，第 670 页。

铺位，被定位为"民族特色展销平台"，其中吉尔吉斯斯坦客商经营 32 个商铺，中国柯尔克孜族经营 104 个店面。"中亚文化商业街"的中方客商（柯尔克孜族）主要经营的大多是柯尔克孜族手工刺绣、民族服饰、工艺品等；吉方客商则主要经营食品，如蜂蜜、蜂胶、红米、巧克力、奶制品等。此步行街除了国内的边境游旅客前来光顾外，由于它距离伊尔克什坦口岸不足 5 公里，从事跨国运输的中外司机和商人也时常来参观并选择所需。在文化商业街上，不同民族的成员相互交流，相互了解，成为名副其实的中国—中亚商业文化交流的平台。正是因为有了伊尔克什坦口岸的开放，再加上独特的跨国族缘优势，才使得吉国的吉尔吉斯人到中国来寻求机会，才有了更多的机会同包括柯尔克孜族在内的中国各民族的交往交流。吉国商人的绿色食品逐渐吸引了乌恰、阿图什、喀什等周边地区人们的青睐，以至于当地不少群众的日常生活中，吉国食品为必不可少。对方的绿色食品文化的熏陶是当地群众生活发生此类变化的主因之一。

第三节　阿图什市跨国商人心中的"福气口岸"

阿图什市跨国商人之所以能在当地及其周边产生重大影响，位于克州乌恰县的两大口岸功不可没。正是因为两大口岸的建设与发展，阿图什市的维吾尔族商人才有了跨出国门打拼事业的条件和机遇。吐尔尕特口岸和伊尔克什坦口岸绝对算得上是跨国商人心中的"福气口岸"。

一、一个承载希望与梦想的通道

吐尔尕特口岸是作者最早接触的两个口岸之一。自 2012 年以来，作者几乎每年都去乌恰县。事实上，作者也记不清去过该口岸的具体次数了。唯一确定的是，四季中每个季节作者都去过吐尔尕特口岸。

吐尔尕特口岸地处克州首府阿图什市和乌恰县之间，从阿图什市出发前往吐尔尕特口岸和从乌恰县前往吐尔尕特口岸所用的时间基本相同。唯一不同的是，从乌恰县城到吐尔尕特口岸除了自驾外，还可以选用小型公共汽车，票价每人 20 块钱。乘坐不到一个小时的汽车后便可到达口岸所在地巴音库鲁提乡托帕镇。从阿图什市到吐尔尕特口岸没有公交车可用，一般只能自驾或租车前往。吐尔尕特口岸因为地处天山南簏，塔里木盆地西北缘，口岸周边地属于典型的南疆地理地貌，沙尘肆虐是常见的气候。作者每次去吐尔尕特口岸都是从乌恰县城出发，从乌恰县汽车客运站乘乌（乌恰县）—托（托帕）班线，大致 40 分钟便到托帕镇，步行 10 分钟便可到达口岸国门处。

吐尔尕特口岸是南疆地区最早运行的国家级口岸之一，也是阿图什市、乌恰县、喀什等周边地区各族群众开展跨国商贸的重要通道。阿图什市有一个特殊的群体，他们大都是阿图什市松他克乡的农民，因为吐尔尕特口岸的开通，他们将国内的布料等纺织品发到吉尔吉斯斯坦比什凯克等地做批发和零售，这一群体每年来回奔波于阿图什市和比什凯克，从而形成了跨居中吉两国的特殊群体。吐尔尕特口岸有几个监管仓库是专门为阿图什市跨国布料商人修建的，因为布料同其他商品不一样，储存的要求比较高，这类物品不能受潮也不能见火。据了解，修建布料专库时，因为口岸自身财力有限，难以承担仓库的修建费用。因此，跨国布料商人们自发捐款，最终修了专门仓库。很多人通过自己的勤奋，在吉尔吉斯斯坦站稳了脚跟，甚至有个别跨国商人在吉尔吉斯斯坦获得了永久居留权而移居他乡。更多人通过跨国商贸，寻觅到了一条较为稳定的生计方式，不仅改善了家庭生活，使家庭富裕起来，而且还使自我得到了发展，增长了见识。阿图什市松他克乡是典型人多地少的乡镇，人均耕地面积不足 1.3 亩，且不少土地属于盐碱地，适合耕种的土地就更少。阿图什市商人的跨国商贸是典型的跨国主义实践。跨国商人的跨国活动，不仅促进两国民间商贸的发展，而且促进两国民间文化的交流。本质上而言，这种跨国商贸活动是中国对全球化和全球主义的拥抱和全面实践。

对于阿图什维吾尔族跨国商人来说，吐尔尕特口岸是一个能够给他们带来福气的口岸。托帕口岸距离原口岸向南 120 公里，正好处于乌恰县城和阿图什市的中部。由于阿图什市和喀什市至吐尔尕特口岸的距离相差无几，大致都在 60 公里左右，这也是阿图什市跨国商人能够及时将货物运往口岸并及时通关的原因。

在比什凯克经商近 30 年的松他克乡温吐萨克村的 Sik·A 对作者感慨地说："20 世纪 90 年代末，我们国内的生意利润空间越来越小了，特别是当时名噪一时的大市场衰落得很厉害，我们在阿图什干不下去了，最后背井离乡到吉尔吉斯斯坦找机会。幸亏有吐尔尕特口岸，否则我们根本没有机会将生意做到比什凯克。我也不知道往来于比什凯克和阿图什市多少次了，但每次坐在跨国长途大巴上经过口岸国门时我都心情难以平静，出去的时候看见国门离我们越来越远，心里想又离开家了，必须好好干，否则对不起家人和父老乡亲。回来时看到愈来愈近的国门，心里想又平安地回家了，心中对国家和家乡的感激，对自己的感动油然而生。"正是因为有这个口岸的开通和运行，他们才勇敢地跨出国门，将中国的商品源源不断地外销他国；也正是因为有这个口岸的长期建设，这些少地农民才艰难地开辟了一个改变自己和家庭命运的生计方式；更是因为这个口岸的高质量发展，阿图什市松他克乡成为南疆地区有名的侨乡。可以说，吐尔尕特口岸造福了一群人，催生了一个特殊的群体。

二、一个魂牵梦绕的名字

伊尔克什坦口岸是作者最早接触的两个口岸之一。这个口岸是离乌恰县县城最近的口岸，两者相距不足 3 公里。如果想较为容易地了解南疆口岸，伊尔克什坦口岸应当是首选。不过，在 2012 年之前，伊尔克什坦口岸在乌恰县城以西 150 公里之外的吉根乡斯姆哈纳村。因此，这个口岸在此之前又被称为斯姆哈纳口岸。由于口岸地处伊尔克什坦地区，这块区域风大、海拔高、空间也狭小，像吐尔尕特口岸一样，最终被下迁至更为平坦且离乌恰县县城极近的黑孜苇乡。

从新口岸到老口岸国门大致有 140 多公里的路程，绝大多数路段的路况良好，当然往来于吉根乡和乌恰县城的车辆很少，一天只有两趟公共班车。故作者每次前往国门处，都是租车自驾。因为吉根乡海拔高，感觉行驶中的汽车一直在攀爬。一路上各种美景尽收眼底，最令作者惊奇的是天山与昆仑山的交汇处，让人折服于大自然的鬼斧神工。两个小时后便来到吉根乡政府所在地萨孜村，继续向西行驶，20 分钟后便到斯姆哈纳村。口岸的主体设施下迁了，但老口岸的部分原有设施依然在发挥着应有的作用。站在国门前方的界碑前，可以很自然地向下远望到吉尔吉斯斯坦的伊尔克什坦口岸。有一条河流从中吉双方的口岸之间流过，这也是此处中吉两国的界河。相比中国的伊尔克什坦口岸，对方口岸的通关设施还是比较简陋。站在界碑旁，环顾四周令人不胜感慨，近代以来中国在伊尔克什坦地区的地理边界不断内缩，最终，伊尔克什坦地区的绝大部分区域永远地失去。虽然这些历史上失去且已经成为对方国家领土的区域看上去显得更为平坦，但己方的区域建设得更加美好。看到由边防官兵和牧民护边员在口岸边检处一侧的山丘上所共同绘制的标有"祖国在我心中"的中华人民共和国地图后，不由地让人对这些新时代最可爱的人心生崇敬之情。

对于通过伊尔克什坦口岸通关前往吉尔吉斯斯坦奥什的阿图什市跨国商人来说，这个口岸是一个魂牵梦绕的名字。同吐尔尕特口岸相比，选择在伊尔克什坦口岸通关的商人并不是很多，这是因为前往吉尔吉斯斯坦奥什的商人数量相对较少的缘故。尽管如此，但这并不影响商人们对这个中国最西端口岸的情感。谈及伊尔克什坦口岸在商人心目中的地位，曾在奥什市经商 17 年的老商人 Yal·W 满怀深情地对作者说，伊尔克什坦是他心目中魂牵梦绕的名字，一辈子都感谢这个口岸。他向作者讲述了自己在奥什的过往：

在我们亚喀巴格村没有几个人一直在奥什经商，我是为数不多的一直在奥什坚持卖布的亚喀巴格人。2002 年 5 月口岸正式开放后，我就在当年 10 月份办理了出国手续前往奥什。从阿图什到奥什大概有 450 公里，虽然距离不是很长，但当时的通车条件非常糟糕，路况非常不好。特别是出了斯木哈纳口岸之后，整个路段全是沙子路，而且路基极度不平。出关以后，我们颠颠簸簸地花费一整天才能到达奥什。2012 年的时候，口岸从斯木哈纳搬下来了，我们激动了好一阵子。虽然口岸搬迁了，从新口岸联检大厅到国门的路也修了，但出了国门到奥什的路段一直没有变化，路况的不同也显示出中国和吉尔吉斯斯坦的实力差距。这种情况一直持续到2018年，一条跨越中国新疆和吉尔吉斯斯坦奥什的公路修通了，从伊尔克什坦口岸到奥什市的路况一下子变好了，彻底告别了以前坑坑洼洼的沙子路，我们往来于阿图什与奥什的时间也缩短了。听说国际公路的修建是我们伊尔克什坦口岸争取的结果。2010年6月初，奥什市发生了不法分子打杂抢烧的骚乱事件，我所在的巴扎距离骚乱地点不远，我的店铺不可避免地被波及到了。我当时挺害怕，不知道怎么办。好在我们中国在吉国的使馆工作人员在第一时间帮助我们，给我们安排了车辆让我们安全撤离。等我们乘坐的汽车到达中吉边境时，尤其是看到我们口岸的五星红旗的时候，我知道我们彻底安全了。那种说不出的激动和感激让我心里久久不能平静。我们入境之后，口岸的工作人员立即给我们送来了热腾腾的饭和水。在那一刹那，我深深地感受到作为一个中国人的骄傲与自豪。伊尔克什坦口岸将我们安全地送出去，又把我们安全地接回来，我们这些常年穿越于口岸的"浪子"在祖国的帮助下一次次逢凶化吉。所以，自从那次事件之后，加深了我对口岸的感情。有时候在奥什一想起我们的口岸和国门，我心里就顿起波澜，伊尔克什坦这个再熟悉不过的名字一直萦绕在我的心里。①

老伊尔克什坦口岸地区是克州爱国戍边教育的实践基地。在老口岸所在地的吉根乡，有一位可敬可爱的"人民楷模"，她叫布茹玛汗·毛勒朵②。正是在布茹玛汗大娘的带领下，托云乡乃至整个乌恰县形成了一个个护边员群体，常年戍守在国家的边境线上，被当地亲切地称为"流动的哨所"。对

---

① 被访谈人：Yal·W，男，63岁，亚喀巴格村人；访谈时间：2019年8月29日；访谈地点：被访谈人的家里。
② 布茹玛汗·毛勒朵，女，柯尔克孜族，新疆乌恰县吉根乡人，吉根乡护边员。因为几十年如一日戍守边境的伟大而感人的事迹，2019年9月17日，习近平主席签署主席令，授予布茹玛汗·毛勒朵"人民楷模"的国家荣誉称号。

于这些优秀群体的典型事迹，常年穿梭于伊尔克什坦口岸的阿图什市跨国商人也看在眼里，记在心里，并以护边员群体为榜样，积极发挥自己的能量，促进中吉两国的友好往来。正如在奥什经商不到 3 年的 Muz·N 所说，乌恰人是在戍边，商人们是在通边，通过我们商人的努力，促进中吉两国民间交往，对于边境的安定也有裨益。事实上，商人们诚信经商，促进中吉双边的经贸交流和民间交往，他们所做的事对边境安全与发展皆有重要的意义。

如前文所述，吐尔尕特口岸和伊尔克什坦口岸都是阿图什市跨国商人开展跨国商贸的重要通道和主要载体。吐尔尕特口岸就是商人们和布料跨国流通的主要关口。吉国奥什州的卡拉苏也有一个大约 1000 多阿图什和喀什商人经营布匹的市场，这批商人的货物则主要通过伊尔克什坦口岸通关。正是有了方便、快捷的口岸设施，克州和喀什两地的商人才有机会和条件出国谋生，两地的边贸生意才能持续并发展。两个口岸对这一跨国经商群体的作用和影响是至关重要的，以前口岸没有开通时，商人们只能在本土搞经营。口岸一开放，这一群体利用口岸得天独厚的地缘优势将中国的繁荣和物博嫁接到国外，利己利他。商人们通过在国外的打拼，将所赚收益带回家，改善家庭生活，投资房地产、建材、物流等行业，反哺了本土，创造了众多就业机会，促进了本地经济的发展。总之，没有口岸的开通运营和高质量建设，就没有阿图什市跨国商人的今天。从某种意义上来说，正是因为两大口岸的开放成就了阿图什市跨国商人群体的发展壮大。

第四章　阿图什市跨国商人群体形成的原因

　　生态学认为，资源是在特定的环境中可以得到稳定的一套生态系统，它们有着生成对人们有价值的东西的相互关联的速率和使不同生态系统得到维持的相关成本。① 这一概念引入到人类学中，便首先生成的是人与自然的关系。传统经济学认为，人的生存活动受到自然条件的制约。但在人类学家看来，人与自然的关系并非单纯的制约关系，人类与大自然的互动受到文化、宗教、习俗等精神情感的影响。"生态分析开启了以生产活动或以自然和人类生活两方面的规律性为起点，来描述共同体总体生活的一种可能途径。"②

　　阿图什市大肖鲁克村的跨国布料商人之所以走出国门做生意，原因较多，但最主要集中在三个方面：自然环境因素、社会环境因素和其他因素。首先，阿图什的自然环境恶劣，尤其是土壤、气候等硬性环境制约着农业的发展，农民的农业纯收入低于全国水平。人均耕地的偏少和贫瘠使得当地村民难以光靠种地来维持生计。主劳力离开土地进城、离开家乡到外乡，离开母国到他国，成为当地人摸索并实践成功的替代性生计模式。其次，社会环境的变迁激发了有走出当地改善生活条件的人群的信心和决心。20 世纪 80年代开始，在"对外开放，对内搞活"的战略思想指引下，人口在全国范围

---

① ［美］亚瑟·L.斯廷施凯姆：《比较经济社会学》，杨小东译，浙江人民出版社 1987 年版，第 32 页。

② 陈庆德：《经济人类学》，人民出版社 2001 年版，第 221 页。

的自由流动越来越频繁，越来越多的阿图什人到北疆、闽内地，增长了见识，开阔了眼界，发现了商机。与此同时，中国打开国门，口岸得以复通和建设，为发展外贸经济奠定了物质基础。第三，在当代社会下，除寻求基本生计之外，对个人目标的追求，也是部分大肖鲁克年轻人从事跨国布料生意的原因之一。总之，根据人口迁移学的"推拉理论"[①]（Pull-push theory），当地自然环境条件和中国改革开放大环境以及商人之其他原因，是大肖鲁克布料商人出国经商的主要"推力"，中亚国家发展对外贸易的巨大需求以及相对有利的商贸环境是大肖鲁克村商人走出国门经营布料生意的最大"拉力"。

第一节 生态环境

阿图什市比较恶劣的自然生态环境是商人们走出国门寻觅生计的客观原因。人多地少、气候干燥、土地盐碱性大、农业用水不足等等，使得当地难以继续维持传统的经济活动。对于阿图什市的大肖鲁克村人来说，只有走出去，才能闯出一条生存与发展的大道。

一、阿图什市自然生态环境现况

（一）地形地貌

阿图什市地处西南天山与塔里木盆地交界处，东经 75°30¢—78°28¢、北纬 39°34¢—40°45¢，东西宽，南北狭窄，境内高山连绵，地势北高南低，

[①] 推拉理论是研究人口流动和迁移的著名理论，该理论最早可追溯到英国学者 E.G.Ravenstein 于 19 世纪 80 年代提出的"人口迁移规则"。第一次正式提出并解释推拉理论的则是美国学者 D.J.Bogue，他认为，改善生活条件是人口流动的主要目的，在移入地，那些能改善移民生活的条件就是拉力；在移出地，那些不利于移民生活的条件就是推力，人口的流动就是两大作用力相互作用的结果。20 世纪 60 年代初，美国学者 E.S.Lee 进一步完善了 D.J.Bogue 的理论，并补充提出除推拉两个作用力之外的第三个因素，即中间障碍性因素。推拉理论核心观点是，人口迁移的影响因素主要有积极因素和消极因素两类，并将前者归为"拉力"，后者为"推力"。"推力"是促使群体离开原住地（迁出地）的各种因素，"拉力"是吸引族群流动到迁入地改善生活的因素。

最高海拔4562.3米，最低海拔1206.1米。北部为山区，玛依丹山与喀拉铁热克山相连，呈东北西南走向，海拔2500—4262米，最高点为塔什阔坦能贝希峰，海拔4562.3米。中部为吐古买提、哈拉峻盆地，海拔1500—2000米，西高东低，地势较为平坦宽阔。南部为平原和谷底，博孜塔格山、喀拉塔格山以南为平原，海拔1200—1500米，西高东低，恰克马克河流域的上阿图什和博古孜河流域的阿湖为两河谷地。从地理位置上来说，阿图什市位于塔里木盆地西北缘和天山的西南坡，地势由南向北逐渐升高。区内可分为三个台阶：由塔里木盆地西北缘，卡拉别克切尔塔格洪积扇组成的第一级台阶，海拔在1200—1300米左右，市城区就属于这一台阶内。卡拉别克切尔塔格、奥兹格尔塔格、柯坪塔格、依木岗塔乌及哈拉峻山间盆地构成第二个台阶，海拔在1700—2500米左右，为中低山地形。北部的玛依丹山、喀拉铁热克山构成第三个台阶，海拔在3000—4000米左右，最高达4562.3米，构成高山地形。区内的三个地形台阶和区内的山脉、山间盆地的走向基本一致，呈东北——西南走向。山脉在形态上为北缓南陡的不对称地形。

阿图什境内高山连绵，峻岭高耸，峡谷遍地，大小山峦134座，其中4000米以上者达22座，最高山峰为塔什阔坦能贝希峰，海拔4562.3米。全境山脉属天山南脉支系。境内的山脉主要有库玛勒塔格山、博孜塔格山、阿克塔什套山、托盖塔格山、塔什别勒斯山、托克散阿特山、克孜勒翁库尔套山、喀拉库别勒峰、玉奇莫日万塔格山和土休克塔格峰。全市有两个大谷地，一是上阿图什宽谷，位于今上阿图什境内，恰克马克河的中下游，由西北向东南呈狭长缓降，东西17.5公里，南北5公里，宽谷面积87.5平方公里，海拔1350—1738米，是阿图什市农业种植的主要基地之一。二是阿湖宽谷，地处阿湖乡和博古孜河中游，是夹在喀拉塔格山与博孜塔格山之间的一块断线槽地，东北走向，是上尖下宽、北高南低的三角形宽谷，海拔1400—1500米，谷地面积52平方公里。全市有两大平原区。一是洪积扇平原，位于市境西南部，在博孜塔格山南坡山麓一带，西起阿扎克乡，东至格达良乡，构成长达50公里的洪积扇地形，面积约100平方公里，海拔在1250—1350米，由西向东缓降，特点是坡度大，土层厚，坡度在20%以上。该平原是阿图什市最大的农业基地。二是洪积、冲积平原，该平原区位于阿图什市中南部，分布在恰克马克河与博古孜河交汇之处以东，洪积扇南至喀什地区的克孜勒达里亚河北岸，面积约 1100 平方公里，海拔 1200—1250 米，此块平原属喀什三洲古平原的三角地带，地势自西向东微斜，比降为 1%—3%，是全市最低的地方。

（二）气候环境

阿图什市境地处中纬度欧亚大陆桥腹地，远离海洋，属暖温带大陆性气候，其主要气候特征是：四季分明，日照充足，干旱少雨，无霜期长，气温日振幅度大。春季升温快，天气多变，多浮尘；夏季炎热，蒸发强盛；秋季秋高气爽，降温迅速；冬季寒冷多晴日，风微雪少。具体情况是，平原区热量丰富，降水稀少，蒸发强，春旱严重，夏季高温炎热；哈拉峻盆地热量略少，冬季寒冷，夏季凉爽，降水较多；河谷地带是平原向盆地过渡地带，气候温和，既没有平原炎热，也没有盆地寒冷，热量介于平原和盆地之间，风大且多。

阿图什市日照时间长。年日照总时数约为 2500—3000 小时，多年平均日照时数为 2745.2 小时，作物生长旺季（6—8 月）日照时数 894 小时，占年总日照时数的 34%。每天日照时数可达 12—15 小时，最高值在 7 月份，年最低值在 2 月份，哈拉峻盆地年最低值在 1 月份。平原日照百分率平均为 61.7%，4 月份为 51%，系全年最少；10 月份高达 71%，为全年最高。

阿图什市由于面积大，地形复杂，气温的分布差值较大，年平均气温由南向北，从平原向河谷、盆地和山区逐渐降低。平原的年平均气温 12.9℃，哈拉峻盆地年平均气温 8.7℃，海拔 3000 米以上的山区 0℃以下。在最高气温方面，平原高，山区低。城市区域 7 月份平均最高气温 33.6℃，极端高温达 41.2℃，35℃以上的酷热天数为 21.6 天。哈拉峻盆地因为地形的缘故，白天受热面积较大，且不易扩散，夏天的气温也很高，7 月份平均最高 31.2℃，极端高温 39.0℃。海拔 2000 米以上的区域没有酷热天气。在最低气温方面，总的特点是：3000 米以上的高山区和盆地气温低，平原和中山区高。1 月份是阿图什市最冷月份，平原平均最低气温 −6.3℃，极端低温-24.4℃。盆地冷空气易堆积，气温低，1月份平均最低气温-18.7℃，极端低温-32.4℃。在平原、盆地、山区的气温变化方面，各地年平均气温的变化值在2℃以上，平原最高年平均气温13.8℃，最低11.6℃，相差2.2℃。哈拉峻盆地最高年平均气温与最低年平均气温相差2.4℃，全市月平均气温最高的是7月份，最低的是1月份。阿图什市春季升温快，秋季降温快，春温高于秋温，是典型的大陆性气候。

阿图什市的降水总体上偏少。在多年的平均降水量方面，平原为78毫米，哈拉峻盆地为118毫米，海拔2000—3500米的中高山区为250毫米。降水总的特点是：量少、分布不均，年际变化大，高度和季节变化显著。降水总的分布特征是，北部山区最多，两河谷和盆地次之，平原最小。海拔3500米以下，年降水量随高度增加而增加，但增率不同。境内季节降水分配不均，各地降水以春、夏两季最多，秋季次之，冬季最少。平原最高年降水量为150毫米，最低年降水量为20毫米，相差7.5倍，年降水平均变率38%。盆地年最高降水量为230毫米，最低年降水量为50毫米，相差4.6倍，年降水平均变率41%。平原秋季自然降水相对变率大，为102%，冬季为85%，夏季为47%，春季为57%。阿图什市平原年降雪量为17.0毫米，占年降水量的22%，最早出现降雪现象在11月初，年平均降雪日数8.3天。盆地年降雪量18.8毫米，占年降水量的16%，年平均降雪日数11.8天。

阿图什市自然蒸发量大，蒸发量随着海拔的升高而有所减少。平原年平均蒸发量为3218.2毫米，约为降水量的40倍。盆地年蒸发量为2637.6毫米，约为降水量的27倍。由于气温炎热，该市的无霜期较长，平原为243天，盆地为171天。

（三）土壤、水、植被、矿产等资源

全市的土壤类型较为复杂，有9个土类、18个亚类、18个土属、29个土种，灌淤土、棕色荒漠土、盐土和潮土等四类土壤现已经或者即将开垦利用。灌淤土是长期灌淤泥沙经耕耘熟化的农业土壤，面积21.19万亩，是全市的主要耕地，主要分布在上阿图什镇、阿湖乡、阿扎克乡、松他克乡（大肖鲁克村属于灌淤土类的重烟花白土）和幸福街道办事处塔格提云村。潮土面积为 66905 亩，养分含量低于灌淤土，大部分已经盐化。棕色荒漠土面积 85780 亩，也是全市主要耕作的土壤，以灌淤棕漠土为主。盐土面积多达 34.6 万亩，主要分布在洪积冲积平原区，即今格达良乡和阿扎克乡，盐土地势大多低平，土层较厚，肥力较低，不利排水。阿图什市的土质多为沙质土和黏土。博古孜河和恰克马克河冲积扇下游土壤较为肥沃，是全市种植业的集中地带。

博古孜河和恰克马克河是全市最大的两条河流。恰克马克河发源于乌恰县境内阿克陶山苏约克河，转东南而下，在中段与图尤噶尔特河汇合，即为恰克马克河。该河全长 166 公里，东南流向，流经阿图什市有 77.5 公里。恰克马克河出乌恰县进入阿图什后，首先流经上阿图什镇卡伊拉克村，分为南北两条支流。南支流主河穿过喀什噶尔倒转山体流入疏附县境内，北支流转头向东，流经阿图什山体的南谷以下间歇而消失。下游干涸的老河床把阿扎克分成两地，其老河床原与博古孜河汇合于阿扎克乡翁爱日克村。恰克马克河集水面积 3800 平方公里。此河的特征是，洪汛峰头大，历时短，一般在半天左右，最短可在半小时内急涨急退。恰克马克河现为乌恰县、阿图什市河疏附县三地公用，其中阿图什市用量最多，占三分之二。在上阿图什镇兰干村东部建有一座拦河分水闸，将河水分为三段，分别流向上阿图什镇、阿扎克乡和疏附县。

博古孜河发源于天山南脉的吐古买提乡玛依丹山，由西北山区玛依丹、库鲁木都克等河汇合而成。全河分为上游、中游、下游三级，上游流向南，中游流向西南，下游与恰克马克河汇合后转向东流。博古孜河全长 100 余公里，集水面积 3912 平方公里。博古孜河源头的主峰高 3954—4095 米，无冰川雪山，全靠降水形成径流，地表水径流量年平均 2.748 亿立方米。上中游径流量主要靠地下水补给，下游基本上没有可供补给的水流。博古孜河流域地下水资源为 0.776 亿立方米，是阿图什灌区的主要水源。

阿图什市境内植被稀少，海拔 3500 米以上高山很少有植物生长；海拔 2000—3000 米中山区沙土斜坡地带禾本科牧草生长较好，草高 10—15 厘米，覆盖率 30% 左右；浅山和哈拉峻盆地多长有芦苇、红柳、骆驼刺，还有野生灌木丛等，植被覆盖率 10%—30%；南部平原植被相对较多，有杨、柳、槐、榆、沙枣及各类果树和农作物。

总体来说，阿图什市的自然地理和气候环境比较恶劣，资源种类和蕴藏量不足，这些硬性条件对当地的农业发展形成了诸多限制。

二、自然生态环境与传统生计类型

大肖鲁克村属于上文提到的阿图什市洪积平原区，虽然有数量不多的用于农业种植的灌淤土，但盐化较重，适合栽种的作物较少。目前，大肖鲁克村的农业主要是以葡萄栽培为主，小麦种植为辅。近几年来，阿图什市的自然生态环境有持续恶化的趋势，尤其是降水严重不足，沙尘天气逐年增加，给传统的农业生产带来了诸多影响。

首先，气候的变化使得大肖鲁克村的葡萄种植遇到了挑战。据阿图什市气象部门的数据显示，2011 年以来，阿图什市城区及其邻近周边的年降水量持续走低，2011 年年降水仅为 65 毫米，2012 年 62 毫米，2013 年为 56 毫米，2014 年为 60 毫米，2015 年为 57 毫米，2016 年上半年为 29 毫米。[①]由于大肖鲁克村距离城区不足 3 公里，年降水量的减少影响了葡萄的生长，进而影响了农民的收入。另外，阿图什的平原区，每年 9 月份是降水相对频繁的时期，而这一时期正是葡萄的成熟期，时不时的降水影响了葡萄的最后成果和采摘，使得很多本来因干旱而长势不佳的葡萄又最终成为烂果，果农们只有低价贱卖。总之，大肖鲁克村同松他克乡其他村一样，以葡萄种植为主的庭院经济只能达到自给自足。

其次，耕地的盐碱化扩展进一步削弱了农业种植的基础。阿图什的耕地盐碱化率非常高，大面积的耕地肥力因此降低，甚至无法耕种而闲置。大肖鲁克村的 7000 多亩耕地盐碱化达到近千亩，而且目前这一恶化趋势还没有停止或者减弱的迹象。以前，大肖鲁克村的小麦、玉米的种植面积占全部耕地的近一半，当前农作物的耕种在大肖鲁克村的农业经济结构中只占很小

---

① 数据来源：阿图什市气象局提供。

一部分，不足三分之一。

著名文化人类学家威廉 A. 哈维兰认为，生物体为了延续其生命必须满足某种基本需求。人类社会作为生物体之一，为了维系存在，也必须要满足基本的生存需求。在这方面，人类同其他生物体不同之处在于人类有文化，能够如何去调整自身以应对日常生活的压力和机遇，即人类具有调适能力。而调适过程确立了人群需求与环境潜能之间的动态平衡。① 每一个种群要维系其生存，就需要具备一种满足其生命延续的生计模式。而当既有的生计模式不能或难以完全满足群体基本的生存需求时，就需要根据其所处的环境进行调适，挖掘和选择另外一种替代性或者更能满足其存续需求的生计方式。

目前，大肖鲁克村曾经赖以生存的博古孜河业已干涸，农业灌溉受到很大影响，农业发展受到制约，光靠种地难以维系人们的日常生活。严峻的自然气候环境及其恶化制约着农耕经济的发展，难以满足当下人们日常的生存与发展。因此，只有开发和选择替代性的生计策略，突破人对土地的绝对依赖和土地对人之生存的限制，方能实现生存与发展的持续。

第二节　社会环境

改革开放的春风让阿图什人第一时间醒悟，在经济体制变迁的大环境下，阿图什市跨国商人具备了超前的市场经济意识。另外，阿图什人骨子里的善闯爱拼使得他们比同时期的其他人增长了更多见识。两个口岸的开放，彻底释放了阿图什市跨国商人外出打拼的心气和能量。

一、市场经济

农业经济赖以存在的基础正逐渐在削弱，自给自足的经济模式难以维持，如何生存，怎么样发展，这是摆在失地农民或者少地农民面前的一个重

---

① ［美］威廉·A. 哈维兰：《文化人类学》，陈超、冯然译，机械工业出版社 2014 年版，第153 页。

要难题。市场经济同计划经济一样，是一种资源配置的方式。只不过这种靠"看不见的手"来配置社会资源的方式带给人们更大的震撼不仅仅在制度方面，更重要的在思想意识领域。

以自给自足为主的自然经济和以商品流通为主的商品经济是两种不同的经济运行方式。由自然经济过渡到商品经济是人类社会发展进步的模式。两千多年以来，中国社会以自给自足的农业生产为主，是典型的自然经济。进入近现代以来，这一社会经济体制在外力的作用下被打破，大机器生产代替了手工劳作，商品生产与流通成为社会运转的动力。在此背景下，不论是地处开放前沿的东南沿海，还是在较为封闭的内陆边疆，人们的思想观念正在受到商品经济的冲击。

阿图什市是西北的边境城镇，在历史上，当地居民就对市场不陌生，而且很多人还热衷于搞商业经营。进入近代以后，阿图什市就有人不仅在当地做各种买卖，而且把生意做到中亚、欧洲等地。

在计划经济年代，大肖鲁克村人依然没有"中规中矩"，有些人"冒险"成为各种"投机倒把分子"，他们是大肖鲁克村人经商的先行者。在以"对外开放，对内搞活"的政策实施以后，市场经济意识进一步深入到人们的头脑。大肖鲁克村人也不例外，他们的经商能力被激发，做生意的细胞被激活。20世纪90年代初，在沿海地区开放获得巨大成功之后，国家又加快了其他地区的开放步伐。1992年，中国同刚获独立不久的中亚国家建立了外交关系，随之就同这些国家开展了以边境贸易为主的经济贸易往来。在这一大背景下，大肖鲁克村人将脚步迈出国门，在境外打拼谋生。市场经济是成批人群离开本土外出闯荡的社会环境和思想意识，促使人们的传统生计模式向非传统生计模式转变。总之，20世纪80年代初以来，以"对外开放，对内搞活"为主要特征的经济体制改革，是大肖鲁克跨国布料商人的商贸事业发展的推力。

二、现代化

(一) 域外见闻

历史上，阿图什人就具有外向型视野，较早接触一些域外文化，从而影响了阿图什人看待事物的态度和眼光。随着工业文明的发展，现代工业信息和理念也慢慢浸入到阿图什，早期到国外经商的阿图什人，他们用自己的眼睛和内心，深刻地感受到了现代文化的魅力，阿图什商人才最终下定决心，将这些新鲜事物嫁接回自己的家乡。可以这样说，阿图什人的海外经商不仅给当地人带来了实实在在的益处，而且还给整个新疆维吾尔族教育、商业等方面的发展起了引领作用。起初，人们做生意主要是养家糊口填饱肚子，后来到内地、中亚、欧洲乃至全世界感受到了一些先进的文化或者文明，将它们带回了阿图什，接着又影响了一批又一批的阿图什人，不断走出家乡。许多维吾尔族文化的集大成著作，都提到阿图什这个地方，正是因为阿图什人很早就经常外出，吸收到了不同的文化因子，而这些东西又影响到阿图什文化的多个方面。阿图什人在国外见得多，体验得多，他们把好的做法和理念带回家乡。所以，经商不仅仅是为自己赚钱，最重要的是通过对当地文化的了解和理解，将外面优质的东西带回来，博取众家之长，发展自身。

阿图什人在新疆以善商出名，但善商要以敢闯为基本条件之一。清末民初，有些阿图什人就闯内地，走国外，如穆萨巴依家族和松他克乡瓦克瓦克村的赛福鼎家族就是外出闯荡的案例。中华人民共和国成立后，在计划经济年代，他们依然通过各种途径到内地去寻找生意。改革开放之初，来往于内地的阿图什人更多。大肖鲁克人作为阿图什商人最为集中的，也是历史较长的外出跑生意的人群，他们在国家改革开放政策的驱使下，一批接一批地到内地东南沿海感受当地的发展和繁荣，一次次在内地的经历逐渐改变了他们当时传统的经济意识，这种思想领域的变化又一代一代地相传，以至于大肖鲁克村人是阿图什最早、也是最多坐火车的人。在内地早先开放而发展起来的地区之所见所闻，不仅成为大肖鲁克人的持久记忆，更成为他们与内地互动的经验和财富。对于那些 20 世纪 80 年代初在内地打拼过的大肖鲁克人来说，当年的上海、杭州最让他们神往和不能忘怀，以至于即便到如今，他们给子女们讲起当时的闯内地的故事时依然历历在目。在 20 世纪 80、90 年代在内地的经历，对大肖鲁克村人的经商生计类型的确立起到了至关重要的作用。

（二）口岸的复通与建设

口岸是国家对外开放与交流的重要门户，它"担负着同外部世界交往、维护国家主权和经济利益的双重重任"[1] 的同时，还同一国边疆的安全与稳定、发展与繁荣息息相关。沿边口岸的开通、开放和发展，是边疆地区安全与稳定、发展与繁荣的重要推力，它关系到沿边地区各族群众的民生福祉和国家大战略的实施。以口岸为楔子的边境地区之发展，对于整个边疆地区的发展与繁荣来说，无疑发挥着四两拨千斤之效。一言以蔽之，口岸通，则边疆通；边疆通，则国家兴。

一百多年前，马克思、恩格斯就曾指出："商品交换过程最初不是在原始公社内部出现的，而是在它的尽头，在它的边界上，在他和其他公社接触的少数地方出现的。"[2] 这说明贸易最早就是在两个共同体的边界上出现的现象，作为政治共同体的国家，边境贸易是国际贸易的重要组成部分，是全球化的重要体现，而口岸在边境贸易的实践中扮演着极其重要的角色。位于"一带一路"倡议沿线新疆段内南疆支线上的吐尔尕特[3] 口岸和伊尔克什坦[4]

---

[1]　郭来喜：《中国对外开放口岸布局研究》，《地理学报》1994 年第 5 期。

[2]　《马克思恩格斯全集》第 13 卷，人民出版社 2008 年版，第 39 页。

[3]　吐尔尕特，又可汉译为"吐尔尕特""图噜嘎尔特""吐尔戈特"等。我国柯尔克孜文化研究专家、克孜勒苏柯尔克孜自治州史志办原主任贺继宏先生认为，吐尔尕特的意思为"枣红色的骏马"，因为此处的山体呈红色，形如骏马，故此得名。参见贺继宏、张光汉《中国柯尔克孜族百科全书》，新疆人民出版社 1998 年版，第 400 页。

[4]　伊尔克什坦，又可汉译为"伊尔克斯塘""伊尔克斯塘""匿尔克斯塘""伊尔克斯坦"等，是地名。关于"伊尔克什坦"的意思，据作者于 2015 年 8 月对乌恰县当地部分柯尔克孜族群众的调查所知，该词由两部分组成，前部分为"erkech"，指公羊的油脂或脂肪；后部分为"tam"，指墙。柯尔克孜人在砌墙的时候，会把公羊被屠宰后的一些油脂和在泥土里，这样砌成的墙格外牢固。故该词在柯尔克孜语中有"用夹杂着公羊脂肪的材料砌成的墙"之意思，这种解释只是当地人从构词法所做的一种分析，尚未得到公认和考证。

口岸，是南疆地区四大公路口岸①中最早常年通关的两个陆路边境口岸。它们是中国连接吉尔吉斯斯坦、乌兹别克斯坦等中亚以及西亚地区的最重要通道，是中国商品、服务和中华文化通过南疆线路向西集散和交流的最重要通道。两个口岸"不仅直接对活跃南疆与吉尔吉斯斯坦之间的经贸交流，而且对这种交流间接扩大到塔吉克斯坦和乌兹别克斯坦，并对后者取道中巴国际公路在印度洋寻求最佳的出海口都具有重要作用。"②这两个口岸对于本书中的跨国布料商人来说，也至关重要，它们是大肖鲁克人跨国布料生意最重要的人货通关要道。

口岸的开放与发展让"中国造"走向世界，对边疆地区群众生计方式的改善作用明显。"沿边开放和边贸的发展使各民族的开放意识、商品意识、价值观念日渐提高和转变。"③口岸承载着很多阿图什市跨国商人的梦想。两个口岸的开放催生了一群远赴他国寻觅生计的跨国商人，他们中有从事矿产开发的企业老板，也有做小额贸易的个体商户。自1992年中国与吉尔吉斯斯坦等中亚国家建交后，吐尔尕特口岸的开放程度进一步加大，出入境货物和人数也逐年攀升，商旅不绝。自20世纪90年代初沿边开放政策实施以来，阿图什市跨国商人常年在比什凯克、奥什、塔什干、杜尚别、阿拉木图等中亚城市经商，在整个中亚地区和中东都产生了重大影响。几十年来，在吉尔吉斯斯坦比什凯克"玛蒂娜巴扎"上做布料生意的阿图什市跨国商人，他们的货物主要通过吐尔尕特口岸出境。据作者调查，在全球经济不景气的今天，每年依然有几十万吨的布料通关。阿图什布料商群体在比什凯克带动了当地数以万计的人就业，"玛蒂娜巴扎"也成为中亚地区最大的纺织品集散地。试想如果没有口岸这一便利条件，这批商人的成本势必增加，对其和吉

---

① 南疆地区目前有四大公路口岸，它们是红其拉甫口岸（塔喀什地区什库尔干塔吉克族自治县西南）、卡拉苏口岸（喀什地区塔什库尔干塔吉克族自治县西北部）、伊尔克什坦口岸（克孜勒苏柯尔克孜自治州乌恰县西部）、吐尔尕特口岸（克孜勒苏柯尔克孜自治州乌恰县东北部）。

② 文云朝：《新疆边境口岸特征及其发展决策研究》，《经济地理》1996年第1期。

③ 杜发春：《边境贸易与边疆民族地区的经济发展》，《民族研究》2000年第1期。

尔吉斯斯坦人民两利的边贸生意也难以持续。在吉尔吉斯斯坦奥什的"卡拉苏巴扎"上也有上千名阿图什市的维吾尔族布料商人，他们则主要是通过伊尔克什坦口岸运输货物。正是有了方便、快捷的口岸设施，克州和喀什两地的商人才有机会和条件出国谋生，两地的边贸生意才能持续并发展。两个口岸对这一跨国经商群体的作用和影响是至关重要的，以前口岸没有开通时，商人们只能在本土搞经营。口岸一开放，这一群体利用口岸得天独厚的地缘优势将中国的繁荣和物博嫁接到国外，利己利他。总之，有了口岸的复通和建设，商人们才通过在国外的打拼，将所赚利润带回家，改善家庭生活，投资房地产、建材、物流等行业，反哺了本土，创造了众多就业机会，促进了本地经济的发展。

三、其他素因

对于年轻的阿图什维吾尔族商人来说，到国外去经商还有其他的目的，比如要成为"巴依"（有钱人），增长自身的见识，寻觅跨国婚姻以及移民他国等。这些目标在年轻商人看来都是自我价值的实现。另外，亲戚朋友的影响也是年轻的商人跨过国门，勇闯他国的原因之一。

（一）个人价值的追求

经商是阿图什人的传统。在丝绸之路的要道上，在东西方文明相接的十字路口，阿图什人学会了利用特有的地缘优势开拓一种非农化的生计方式。阿图什上千年积淀的商业文化一直没有断裂，即便在清朝后期闭关锁国的环境下，依然有不少的阿图什人利用各种机会同外界接触，尤其是去中亚等国开展贸易往来。阿图什人的经商夹杂着很多的感情因素，传统、无奈、创业，还是其他？因为个人的背景不同，这些因素在阿图什人选择经商作为其生计这件事情上体现得不尽一致，但有一点是统一的，那就是阿图什人骨血里溶进了商业的文化因子，他们也被别人贴上了统一的标签：最会做生意的维吾尔族人。

大肖鲁克村的商人作为阿图什经商群体的典型，他们之所以抛家舍业到国外闯荡，除了要维持生计这一最基本的目的之外，还有他们对自身个人价值的追求，譬如要做个巴依、去国外增长见识、寻求跨国婚姻等。

作者对大肖鲁克的 100 位跨国商人做了问卷调查，结果显示，在经商动机中，寻觅生计占 50%，一心要做有钱人占 20%，增长见识占 10%，寻求跨国姻缘占 10%，移民占 10%。

1. 要作"巴依"

阿图什人认为，"巴依"（富人）一词的内涵，不仅指有钱的人，它更是一种身份的象征。维吾尔族传统文化中，对金钱的赞美并不像汉文化里那么委婉，尤其是对男人而言，无钱男儿味如蒿。一个男人要多赚钱，才能自立起来。大肖鲁克村的年轻商人把成为有钱人作为奋斗目标。除了要获得金钱财富外，更重要的是要获得一个"富人"的身份。

2016 年斋月前的第三天，作者在亚喀巴格村联系到了正在回家探亲的 Mem·A，一个已是 4 个孩子的父亲。Mem·A 家的庭院比较普通，房子看上去已有 10 年，但收拾得比较温馨。Mem·A 告诉作者，他们是一个大家庭，他在家里排行老三，上有两个兄长，下有一个目前在新疆某重点高校读国际贸易专业的妹妹。按照维吾尔族的传统习俗，他同父母一起生活。两个兄长虽然也已各立门户，但因为家族的布料生意缘故，大家经常一起合作。Mem·A 的父亲是一个老生意人，年过七旬，Mem·A 的母亲三年前去世。Mem·A 属于子承父业。

28 号商人：Mem·A，男，29 岁，亚喀巴格村人，在"玛蒂娜巴扎"卖布 8 年。

我们阿图什人走到哪里都能赚到钱，我个人觉得除了能吃苦耐劳以外，最重要的还是我们很多人都想成为巴依。我们去中亚混的人都是男人，而且现在以年轻人居多。我们的上一辈同我们这一代人在对金钱的态度上不尽相同，尽管大家都觉得一个男人如果没有钱，就如同苦涩难咽的艾蒿一般，无人问津。要想活得有滋有味，就要赚钱，而且得赚很多钱。一个男人要是没钱，连自己的女人都看不起。我 2005 年结婚的时候，因为家里兄弟比较多，当时老大和老二也刚结婚不久，基本上用完了父亲做皮毛生意所攒的积蓄。为了能顺利办理婚事，我向一个在比什凯克做布料生意的表哥借了2万块钱才勉强结了婚。本来我想在市里跑出租车，一个好哥们的爸爸在市交通局工作，已经求他快办好了审批事宜，但曾经给我借过钱的表哥回国时听了我的打算后，他不赞成我的计划。表哥认为开出租车挣不了多少钱，还不如跟他一样，去国外做生意。事后，我把这件事告诉了父亲，征求他的意见。父亲也同意表哥的看法，他觉得我上过高中，汉语也学得不错，虽然高中没毕业，但也能明辨是非，应该到那边去看看，如果好的话，可能一年就把欠债还完。在经过一段时间的思想斗争后，我终于决定要去吉尔吉斯斯坦，表哥也答应我先帮他照看店面，其实就是当学徒。2006年的时候，办理护照也比较容易，而且当时办的是因公普通护照，签证也很容易就下来了。2006年刚过完古尔邦节，我就风尘仆仆地坐上了国际长途班车。我记得当时从吐尔尕特口岸出关一直绕道吉尔吉斯斯坦的纳伦州，最后到了比什凯克，好像走了3天才到比什凯克。在比什凯克"玛蒂娜巴扎"，我给表哥当了近两年的学徒。到2008年的8月份，我也租了一个店面，表哥将他的货赊给我一批，自此，我给自己当上了老板。一直到现在，一干就是8年。2010年，大哥也加入了这一行业。现在，我在"玛蒂娜巴扎"买了一个集装箱做库房，租了两个店面，平时都是由大哥在照看，而我则跑"外交"，就是往来于浙江柯桥的"中国轻纺城"，在那边负责发货到比什凯克。我一般在比什凯克待的时间较少，大哥常年在那边，因为大哥文化水平不高，账目方面不是太通，所以只有在年终盘点的时候我会去一下比什凯克。有人说我这几年在那边挣了很多钱，其实也没有多少，目前的存款也就是6位数。这些财产如果放在10年前，人家说我是个巴依，我还勉强接受，但现在这都不算钱。我们村里千万富翁好几个，上百万的更多，所以我现在不敢妄称自己是巴依。虽然现在不是巴依，但不意味着我就不想做巴依，我的目标是，在35岁之前，一定要成为真正的巴依。当然，一个真正的巴依，不仅仅是聚集钱财，而是要控制贪欲。我对自己的定位不是太高，就是做一个真正的巴依，因为一个人钱太多了，也有烦恼。①

同 Mem·A 一样，成为有钱人是很多阿图什市维吾尔族青年的梦想，也是他们选择跨出国门寻找机会的动力所在。在他们看来，国内显然已经不足以实现他们这一梦想，只有去国外特别是周边的中亚国家还有可能实现心中所想。

2. 增长见识

大肖鲁克人不同于阿图什其他地方人的重要特征之一是，他们对外界事物都很敏感，好奇心较强。在大肖鲁克人看来，村里的商人们走南闯北，没有纯粹只是为了赚钱才出去的，很多人的赚钱目标并不明确，尤其是现在的年轻人，他们有些人家里并不很贫困，之所以中途辍学而外出经商，主要是受到了外界的影响和自己的好奇心驱使，到外面闯一闯增长一下见识，成为当前年轻一代跨国谋生的最初动机之一。在持此类动机的商人中，28 号商人 Mem·A 的初中同学 Qur·M1 就是其中之一。

Qur·M1 是 Mem·A 推荐给作者的，Mem·A 认为，他的这位同学出去的比他早好几年，初中毕业就混社会。Mem·A 本人读到高二第二学期时辍学不读。据 Mem·A 介绍，Qur·M1 一家是典型的商人家庭，他的祖父、父亲以及其他几个叔叔生意做得都很成功。作者向 Mem·A 索要 Qur·M1 的电话号码，前者表示，Qur·M1 做人比较谨慎，一般不会接听陌生人的电话，尤其是一个外地的电话号码（当时作者没有办理克州本地的电话号码），贸然电话联系可能不会成功约到，况且 Qur·M1 并不在阿图什，而是在柯桥。最后听 Mem·A 说 Qur·M1 在肉孜节的时候肯定会回来，到时候他先给 Qur·M1 介绍一下作者的来意，然后看情况再约。在肉孜节的第二天正好是主麻日，Mem·A 打电话给作者说 Qur·M1 已回阿图什，而且他

---

① 被访谈人：Mem·A，男，39 岁，亚喀巴格村人；访谈时间：2016 年 6 月 3 日上午；访谈地点：被访谈人家里。

给对方说了作者要跟他访谈的情况，当时他不是太愿意。Mem·A 经过多番解释，对方才答应说主麻日的聚礼之后见面。听 Mem·A 说约到 Qur·M1 了，作者心情比较激动，特意戴上了 6 月份参加一个商人朋友婚礼时男方家赠送的花帽。中午三点半时，作者接到了陌生电话，对方自称是 Qur·M1。作者四周看了一下，发现一个穿着西服的年轻人在用汉语打电话，便断定此人是 Qur·M1，遂走上前去寒暄问候。Qur·M1 笔直的西服下面，穿着一件当地维吾尔族青年普遍喜欢的绿色衬衣，皮鞋擦得油光闪亮。Qur·M1 与作者的访谈在城里一个名为"百富烤霸"的快餐店里进行。因为已经过了饭点，快餐店里客人稀少，因此交谈进行得很顺利。

81号商人：Qur·M1，34 岁，初中毕业，肖鲁克村人，在比什凯克"玛蒂娜巴扎"拥有 3 家店面，做跨国布料生意 12 年。

我曾经听爷爷说，我的祖先就是做生意的，家里也出了几个"巴依"。但是巴依有多"琼"（这里指钱有多少），我也不知道。爷爷的父亲曾去伊犁给玉山巴依的皮革厂收购过皮毛，后来，有一次生意失败，他一病不起，可能受不了打击，在 40 岁的时候就去世了。爷爷当时在布亚买提小学① 读书。后来，他也走上了这条路。改革开放后，爷爷带着身为长子的父亲（父亲在 4 个兄弟中排行老大）去了一趟内地，发现那边的布料比较好，就让父亲做布料生意，他则继续做皮子生意。其他几个叔叔跟着爷爷做皮毛生意。后来，布料生意越来越好，皮毛行情则越来越淡，以至于二叔老是抱怨说爷爷偏心，当时就应该让他们也去卖布。父亲听了这话后说，当时爷爷征求他和几个叔叔的意见，说有没有要转行的，只有他提出要做布料，几个叔叔都表示要继续搞皮毛生意。我也曾问他为什么当时觉得布料生意一定会红火起来，父亲给我说，因为他去过内地，亲身感受到了布料行情的发展，回到阿图什后，他也曾留心本土的布料市场，觉得还是有发展潜力。父亲一

---

① 位于今阿图什市阿扎克镇布亚买提村。

再强调，人要做事，不能只看好眼前的东西，要有长远发展的眼光。所以，一个男人要多研究多看看外面的世界，没有足够的见识，什么都做不成。

到了我们这一代，我有一个哥哥、一个弟弟、一个妹妹，我们弟兄三人都做布料，妹妹嫁给了我一个好兄弟，他也在乌鲁木齐大西门卖布。所以，我们这一代都是卖布的。像我们这样的布料商人家庭非常多，据我所知，光我们肖鲁克村就有几百户，其中在国外做的就有好几十家。2002年，我从六中①毕业的时候，父亲已经在比什凯克做了近10年的生意。2000年，大哥也跟着去帮忙，父亲本来要将那边的生意全盘托付给大哥，但由于2003年大哥在比什凯克死于一场严重的车祸，这一事件完全打乱了父亲的安排。在此情况下，我就成为家里的长子，承担起了老大的责任。实际上，还在初二的时候，我就一直渴望着也去吉尔吉斯斯坦，想看看外边的世界。想不到我的这个理想是在这种情况下实现的。2004年6月，我到了比什凯克，开始了在国外的经商生涯。三年后，父亲回国，他完全放手让我独自承担"玛蒂娜巴扎"的生意。2008年，中专毕业的弟弟也到比什凯克帮我做事。弟弟因为在乌鲁木齐读了四年的中专，他汉语也非常棒，他的主要职责就是在柯桥联系货源并发货。目前，我在"玛蒂娜巴扎"拥有三个店面，雇用了一个当地人帮我看店。当时，在租下第三个店面的时候，父亲说有一个亲戚刚中学毕业的儿子想来当学徒，让我收下他。其实，在租店之前，我就想雇用一个当地的柯尔克孜人，店里有了当地人，还可能帮我们化解一些不必要的麻烦。父亲听了我的想法后，也很支持我的决定。他认为我考虑的长远，就应该这样做。在日常的生意中，我经常告诉弟弟，一定要眼光放远一些，钱赚多赚少都不要紧，人一定要有眼光，要利用自己的语言优势与不同的人交往。我打算2017年时把他送到莫斯科那边去历练历练。作为一个传统商人家庭的后代，

---

① 即阿图什市第六中学，因地处松他克乡松他克村，故又被称为松他克乡中学。

我有一个座右铭："经事就是长见识。"①

在大肖鲁克村乃至整个阿图什市，不再继续学业的年轻人聚在一起谈论最多的是哪里有赚钱的生意。作者曾参加过多次大肖鲁克村人的婚礼以及小孩的割礼，年轻人基本上谈的都是"索达"②，在他们看来，给别人打工是没有出路的，只有出去做生意，才能增长见识，才能主导自己的生活。

3. 寻求跨国姻缘

上述的调查中，有9个年轻人直言不讳地表示，当初之所以远赴国外，就是想通过做外贸娶一个外国妻子。产生这种想法主要是受到朋友的影响，尤其是多半听了在吉尔吉斯斯坦做生意的朋友之介绍，才萌生了要去吉尔吉斯斯坦找伴侣的想法。当然，在有此动机的商人中，最终只有一个人在比什凯克娶到了土耳其女子作妻子。其他人在找外国老婆失败后，最后娶的另一半都是阿图什本地人。那位娶了土耳其族妻子的商人叫 Ibr·T，此人是 81号商人 Qur·M1 的亲戚，也就是当初被 Qur·M1 拒绝给他当学徒的亲戚。据 Qur·M1 介绍，Ibr·T 在 2012 年取得了吉尔吉斯斯坦的"绿卡"，他的主要活动范围以比什凯克为主。每年回阿图什两次，一次在诺鲁孜节③，另外一次是在肉孜节。古尔邦节一般同妻子和岳父岳母在比什凯克过。因为此人每年回老家的次数不是很多，Qur·M1 答应要替作者约一下 Ibr·T。通过 Qur·M1 作者取得了 Ibr·T 的联系方式，作者随后给 Ibr·T 发了短信，并告诉他是否可以在宾馆开一间房来做访谈。得到对方的肯定回复后，作者于某天下午在阿图什市一家名为"星河商务酒店"的宾馆里开了一个钟点房，并电话联系了 Ibr·T。一个小时后，一个"凯美瑞"牌子的汽车停在了宾馆门口，一个身材高大、体态肥胖的年轻人下车，并向站在宾馆门口迎

---

① 被访谈人：Qur·M1，男，37 岁，肖鲁克村人；访谈时间：2016 年 7 月 7 日下午；访谈地点：阿图什市"百富考霸"快餐店。

② 即生意，维吾尔语中为"soda"。

③ 流行于我国新疆维吾尔族、哈萨克族、柯尔克孜族等少数民族地区的一种节日，一般在每年的 3 月 20 日至 22 日。

接的作者打招呼。彼此寒暄过后，开始了访谈。

54 号商人：Ibr·T，男，35 岁，高中毕业，亚喀巴格村人，已婚，在比什凯克做布料生意 10 年。

大家都叫我吉尔吉斯人，其实我并没有改国籍，只不过是娶了吉尔吉斯斯坦老婆，拿着吉尔吉斯斯坦的"绿卡"而已。再说我觉得中国还是挺好的，我也不打算移民。我们家没有经商的传统，我是家里唯一一个从事此行当的人。父母是六中的初中老师，我的两个兄弟也有正式工作。就我高中毕业后高考落榜，也没再复读。因为我不想同父母一样，一辈子就待在阿图什。2004 年高中毕业后，我本想去内地一个朋友开的新疆餐厅里帮忙，但父亲让我去做生意。当时他托自己的一个亲戚，让他的儿子带我去比什凯克历练一下，那个亲戚说在那边找对象也挺容易，说不定还能成为移民。其实当时的我对移民并没有明确的概念，只知道能娶一个外国媳妇也好。这样我也能带着外国媳妇回来显摆一下。当时就是这样一个心理在作祟，而且越来越强烈。你知道为什么吗？因为家里就只有我是一个"白身"，若能带一个外国媳妇回家，我也在家里，尤其是在兄弟面前有面子，不会觉得低人一等。要知道，我在学校里是公认的帅哥，对自己的长相还是很有信心的（不好意思地笑）。然而，事与愿违，介绍人的儿子临时变卦了。你也知道那个亲戚的儿子就是给你介绍我的 Qur·M1，人家不愿意带我（向作者刻意强调了一下），所以父亲又另外托人找了一个商人，对方很乐意我去，还给我每个月 1500 索姆的工资。你可知道，一般情况下，当学徒基本上是没有工资的，唯一的要求是要勤快。2006 年 12 月下旬，开始准备相关手续。2007 年 3 月下旬，应该是诺鲁孜节刚过完，我就到了比什凯克。到了比什凯克之后被同村的人认为我是来旅游的，因为很少有人第一次做生意（我还是当学徒）坐飞机来。在他们的脑海里，一个有很多干部的家庭，不会允许自己的孩子来做这个事情（卖布）。况且我还是飞到比什凯克的。在"玛蒂娜巴扎"做生意的同村亲戚朋友都认为我就是类似于现在所说的"纨绔子弟"。然而，我在比什凯克的坚持让他们对自己的看法都打了一个大大的错号。我不仅在比什凯克做成了生意，还娶了一个当地人做老婆。记得第一次带着媳妇回家时，家里围了很多人，就像看外星人一样。虽然维吾尔族人和土耳其人在体貌特征上区别不是很大，而且说的语言也非常相似，但大家还是觉得眼前的外国人同阿图什维吾尔族人很不一样，可能最大的不同就是文字方面吧。

我和我老婆是在 2013 年的时候认识的，那时我的店面刚开起来一年多，生意也比较冷淡。记得有一天，一个有点微胖的女孩到店里来买网布，对方可能是觉得我帅吧（笑），一直跟我问这问那，那女孩买了布之后还要了我的电话号码，就这样，我们就联系上了。一年之后，我们结婚了。虽然我有个店面，但既没存款，也没房子。我媳妇家里也没有向我要这些，他们家里什么都有。后来我问老婆，为什么她爸妈看上我这个中国的穷小子，她说他们看了上我的诚实。说实话，做生意的人没有几个诚实的（偷笑）。大家都觉得我傍了富姐，成了"上门女婿"，我知道有人笑话我，但我不在乎。我并没有移民，我还是中国人，是阿图什人，我只不过找了一个外国老婆，那又有什么呢？①

跟国内其他地区的农村青年一样，适婚青年找不到对象的现象在阿图什也比较普遍。阿图什的大龄单身男青年也很多，他们在本地找不到合适对象，渴望在国外找个伴侣，是这些年轻人选择跨国经商的另外一个缘由。

大肖鲁克村出国经商的年轻人中，除了以上几种动机外，还有诸如"没事找事做""随便出来混混"等其他动机。在这些年轻人心目中，有一个共同的看法，那就是阿图什人是最会做生意的，也是最能吃苦的，为了实现自己的理想而不罢休。在作者走访调研的 100 位跨国商户中，很多年轻人，

① 被访谈人：Ibr・T，男，35 岁，亚喀巴格村人；访谈时间：2016 年 7 月 12 日下午；访谈地点：阿图什市"星河商务酒店"。

虽然他们的动机都不尽相同，但经历却是大同小异。大都初高中毕业，基本上能讲汉语，都想做点事。他们出国做生意的养家谋生计的压力低于其父辈。年轻人出国做事的动机多元，当下的环境使得他们可以去追求自身的理想，而不仅仅处于赚钱养家的基本需求层次上。而他们的父辈们最初出国的主要原因，则是为了谋求一家人的生计。

第三节　个案调查

一、Tah·Q 家族的跨国生意史

大肖鲁克村比较大的跨国商人家族有几十家，绝大部分都是祖上具有经商历史的家族，这些家族的共同特点是家大业大，子嗣繁茂。也有几个商业家族，他们的祖上并没有从过商，只是新中国成立后才开始做生意，从那时起，家里的主要经济活动逐渐从种地向经商转变。Tah·Q 家族无疑是这类家族的典型代表。Tah·Q 家族有两个"第一"：大肖鲁克村第一个同时在三个国家有生意的跨国商人，大肖鲁克村第一个个人资产达到八位数的家庭。所有这两个"第一"皆从新疆和平解放后算起。

Tah·Q，87 岁，亚喀巴格村人。Tah·Q 家族现有人口 80 人，包括 Tah·Q 夫妇、8 个儿子、8 个儿媳、4 个女儿、4 个女婿、30 个孙子（女）、8 个外孙（女）、10 个孙媳、8 个重孙（女），在亚喀巴格村属于人口最多的家族。Tah·Q 的父亲以上皆为普通农民，其父米某（当地人称米吉提）于清末在疏勒县干过一段时间的杂役，后来在平息一场叛乱时死去。Tah·Q 十几岁时，拜一个专门骗牛羊的老艺人学了一年的骗术，出师后独自骗了三年牛羊。Tah·Q 最津津乐道的是他本人给伊斯哈克别克[①] 的骑兵营骗过战

---

① 伊斯哈克伯克·穆努诺夫（1902—1949），柯尔克孜族，新疆乌恰县吉根乡人，"三区革命"的军事领导人之一，坚持革命，追求进步。1949 年 8 月 27 日，与阿合买提江等人乘坐苏联飞机前往北平（今北京）参加中国人民政治协商会议第一次全体会议时，所乘飞机在外贝加尔湖地区上空失事，伊斯哈克伯克·穆努诺夫等机上人员全部遇难。

马。后来，Tah·Q得了一场类似于半身不遂的怪病，因为身体原因，不再从事骗牲口的行当。即便如此，很多老人依然叫Tah·Q为"骗匠"。中华人民共和国成立前，Tah·Q从未做过生意，一直做杂事，直到1954年因为Tah·Q的骗术，政府招聘他到牧区重拾旧业。克孜勒苏柯尔克孜自治州成立不久，州政府要组织一个团去访问中亚地区，因为手艺精湛，他又被州上组织的去苏联加盟共和国吉尔吉斯斯坦的访问团吸收，随团访问比什凯克。第一次出国的经历给Tah·Q留下了深刻的印象，在比什凯克的几天时间，也使他第一次感觉到出国原来很容易。从阿图什出发，通过吐尔尕特口岸就到吉尔吉斯斯坦境内，尽管那次15天的访问，来回光在车上的时间就7天，但按照Tah·Q的说法，坐车的感觉也不错。

从比什凯克回来后，因为出过国，Tah·Q成为当地的名人，随之进入阿图什一家国营商店工作，从此开始接触买卖方面的事务。在"文化大革命"时期，Tah·Q因为出过国，被造反派打为"叛徒"，其本人随之被国营商店辞退。"文化大革命"结束后，Tah·Q利用自己在国营商店工作的经历，开始在阿图什本地做一些小本生意，从卖鞋袜、汽水，到后来卖牛羊肉。20世纪80年代初，已年过半百的Tah·Q开始了布料生意。同很多阿图什老商人一样，经过自身的努力，Tah·Q于20世纪80年代末90年代初在如火如荼的"香港巴扎"上占有一席之地。1985年，Tah·Q收到了1954年去比什凯克时结交的一个当地的维吾尔族朋友发来的电报，朋友在电报中建议Tah·Q去比什凯克做生意。据Tah·Q回忆：当时也有人想去国外，但都处于观望态度。Tah·Q很快就以探亲的名义办了出国手续，从吐尔尕特口岸出发，坐车到比什凯克。Tah·Q首先到比什凯克市区的一个叫"阿拉米丁"的布料巴扎，他把自己随身携带的少量布料带到巴扎上，很快就卖完。这个经历使Tah·Q认识到，虽然巴扎上已经有很多俄罗斯和土耳其人在经营布匹，尤其是土耳其的地毯比较多，但中国人的东西还很少。在"阿拉米丁巴扎"里，同其他国家的货物相比，中国货比较便宜，具有竞争优势。因为探亲签证时间较短，Tah·Q只停留了一周左右。这是大肖鲁克村人解放后最早出国做生意的人之一，与4号商人Tur·H一样，Tah·Q成为村民心目中的"能人"。有了第一次，就有第二次、第三次……至 1992 年，中国同吉尔吉斯斯坦建立主权国家间的外交关系时，Tah·Q 已经在比什凯克做了 6 年的生意，虽然因为护照和签证的原因，每次停留时间都不是很长，但 20 世纪 80 年代后半期的跨国商贸经历为他 90 年代初在吉尔吉斯斯坦、塔吉克斯坦等中亚国家经商奠定了基础。

Tah·Q 69 岁时，将生意全盘托付给几个儿子，自己退居幕后主持一切。据其长子 Abd·T 介绍，在 90 年代末，他们家族的资产就已经过百万，是大肖鲁克村第一个资产过百万的家族。2000 年，Tah·Q 的众多儿孙都已磨刀霍霍，他们在前者的调教下奔向商场。Tah·Q 的子孙相继在吉尔吉斯斯坦、哈萨克斯坦、乌兹别克斯坦开了布店。Tah·Q 家族也成为大肖鲁克村第一个在三个国家同时做生意的家族。在 Tah·Q 及其儿子的影响下，他的女婿和外甥都相继走出国门，开始了跨国商贸生涯。

二、女商人 Tux·H

作者来到"玛蒂娜巴扎"的第一天就听说过 Tux·H，克州驻吉尔吉斯斯坦代表处的干部 Y 告诉作者，巴扎里有一位大肖鲁克村的女商人，而且是唯一的阿图什籍女商人。在维吾尔族传统文化中，男主外女主内的思想依旧占据着主导地位，维吾尔族女性经商的现象虽然自新世纪以来也比较多见，但北疆居多，在较为保守的南疆，女人做生意者少见，出国经商者就更凤毛麟角。作者所接触的几乎是清一色的男性商人，能在比什凯克见到一位大肖鲁克村的女商人，心中着实高兴。同 Tux·H 的见面可谓是一波三折。2016 年 9 月，作者到比什凯克的第二天，本打算同 Tux·H 见面，但 Y 的好朋友、"莫合烟先生"①（本书中的第 51 号商人）Enw·Y 反馈来的消息说，Tux·H 在国内，两天后到比什凯克。故作者两天后又到巴扎继续找 Tux·H，但又被告知 Tux·H 不知什么原因没有来上班。直到作者离开比什凯克的前两天，才如愿见到了被巴扎男性商人视为传奇的阿图什市大肖鲁

---

① 即本书中的第 51 号商人，系作者在"玛蒂娜巴扎"的调研主要报告人。

克村女商人 Tux·H。Tux·H 对作者的坚持和执着表示歉意，并介绍了前番回乌鲁木齐照顾丈夫的情况。至此，作者才知道这个女人是阿图什籍的乌鲁木齐人，但这不影响作者对她的兴趣。在 Tux·H 的头巾店里，女商人讲述了其跨国经商生涯。

67 号商人：Tux·H，女，58 岁，出生于阿图什市肖鲁克村，中专文化，目前生活在乌鲁木齐市。

在"玛蒂娜巴扎"，Tux·H 因为在布料行业时间很长，又是阿图什商人中唯一的女性，所以大家都尊称她为"Tux·H 大姐"。巴扎内外很少有人欺负她的一个主要原因是，Tux·H 是塔西甫拉提阿吉老人的干女儿。塔西甫拉提阿吉·托合提，吉尔吉斯斯坦比什凯克人，祖籍新疆伊宁，同巴扎老板吐尔逊塔伊的父亲一样，塔西甫拉提阿吉也是很早就到比什凯克，吐尔逊塔伊待之如父。88 岁的老人依然在市场经营着一家皮绒店，他在巴扎里很有威严，没有人对其不敬。作为其干女儿的 Tux·H，也得到大家的关照和尊重。Tux·H 的店里，除了销售头巾、披肩之外，还置有三台缝纫机，闲暇时间她还缝制衣服。由于久坐而使得 Tux·H 的体重连年增加，进而影响到心脏的正常运转，被医生诊断为中度心肌梗塞。Tux·H 由于年龄和身体的原因，在"玛蒂娜巴扎"的生意一个人难以应付，故将比什凯克的房东兼多年的好姐妹阿依古丽聘请到店里帮忙。Tux·H 向作者表示，等阿依古丽上手之后，她就会将店铺完全放手交给后者来打理，届时，她就同巴扎的其他商人一样，回国安享晚年。在主要的时间节点，如在每年的年末或者古尔邦节之后，再来到巴扎同阿依古丽接洽。Tux·H 粗略地算了一下，2015年所挣纯收入 15 万元，2016 的生意远不如去年，可能连 10 万元都不到。Tux·H 认为，比什凯克的生意萧条，很大程度上是吉尔吉斯斯坦的有些政策所致。吉尔吉斯斯坦加入"欧亚经济联盟"，当地人的收入并没有增加。一个打工者，一月 3000 多索姆的工资，退休人员的工资也就 3000 多索姆，在职公务员的工资最多 10000 索姆过一点。人们手里没钱，消费能力有限。一个退休人员如果要租房生活，房租、水、电、气等费用一月下来得 2000多索姆，剩下的只有 1000 个索姆，生活起来非常紧张。

Tux·H 在"玛蒂娜巴扎"的客户主要是俄罗斯、哈萨克斯坦、乌兹别克斯坦、塔吉克斯坦、白俄罗斯、土耳其人。Tux·H 介绍，客户将布料买走后，拉到他们的服装厂或作坊来制衣。也有一些人直接在"多尔多伊巴扎"采购中国国内生产的衣物，但国内所做衣物在款式、质量等方面存在很大差别。国内制作的衣服尺寸同吉尔吉斯斯坦生产的同类衣服大不相同，前者的尺寸一般都比较小。如女装方面，因为中亚、俄罗斯的女性一般比较丰满，她们穿自己国内制作的尺寸较大的衣服。Tux·H 曾经在比什凯克一家缝纫学校学了三年的裁缝，知道吉尔吉斯斯坦人在制衣方面的习惯。吉尔吉斯斯坦的女人因为身材整体上都比较高大丰满，制衣没有统一的规格，人们穿衣基本上都去裁缝店里定做，对方会给客人量体裁衣，这样做出来的衣服就非常合身。Tux·H 介绍，吉尔吉斯斯坦没有大型的工厂或企业，没法生产布料，但缝纫业非常发达，有很多制衣作坊，当地生产出来的衣服供应着很多亚洲国家的市场。缝纫业和服装业带动了将近 20 万人的就业，在比什凯克 500 万的总人口中，这一数目实属不小。同样款式和质地的衣服，在比什凯克要比国内的便宜，质量前者也优于后者。可能是经常食肉的缘故，吉尔吉斯人的身材比国内的汉族人壮实很多。汉族人根据自身的标准设计缝制的衣服，在这边并不适合，尤其是胸围和腰围。这也是国内的衣服在这边不受欢迎的原因。另外，比什凯克的工人工资较低，尤其是在缝纫厂上班的女工，其工资平均每月只有 3000 多索姆；而在国内，同样的工作，工人的工资应该在 3000 元人民币以上。所以，成本的低廉使得吉尔吉斯斯坦生产的衣服销价也低。关于这方面，Tux·H 算了一笔账："比方说，我要去定1000 件衣服，在'玛蒂娜巴扎'采购布料，每米 2 美元，一件需要 2 米多，找一个有 100 个工人的厂子，同老板协商好，每一件衣服手工费 100 索姆，其中可能工人只能得到 50 个索姆。缝制好的衣服要出关，上缴吉尔吉斯斯坦海关的关税可能每公斤 3 美元，运费每公斤 1 美元，这样下来，一件衣服下来总成本也就不到 11 美元。同样材料和款式的衣服，在国内可能远远超过这个数。我一个好朋友就是通过我的介绍来在这边采购衣服，她说每件衣服至少能净赚 4—5 美元。现在行情，每件衣服能挣 20 多到 30 元，已经很不错了。国内制作的衣服为什么贵，主要原因还是我们的工人工资高，一件衣服下来，材料可能花不了多少钱，但手工费高，可能要好几十块，甚至上百块。这也是国内的衣服动不动一二百，乃至好几百的原因。这也是伊犁和乌鲁木齐很多国内的商人到比什凯克进购衣服的主要原因。"①

　　作为一个出生于大肖鲁克又从该地走出来到新疆首府生活的人，Tux·H 对大肖鲁克人有这样的评价：性格整体上比较直接，有什么话说什么话，不会藏着掖着，农民本色没有掉，非常直爽，不怕累，不怕吃苦，特别相信别人。巴扎上有人去他们那里买货，向他们要求赊账，这些人好像也挺信任客户，一般都会给客户赊账。Tux·H 认为，布料商人对客人越好，后者欠账就越多，最终商人们的生意陷入了困境。2000 年"吐尔巴扎"着火前，因为经营窗帘等货值较大的商品，Tux·H 也曾给客户赊账。火灾发生后，因为有客户赖掉了欠的 10000 美元货款，使 Tux·H 的经营状况雪上加霜。故自到"玛蒂娜巴扎"经营后，Tux·H 不再给客户赊账，要求后者必须用现金支付。

　　谈及对不同国家、民族的商人的印象时，Tux·H 认为，俄罗斯人大都正当、正经地做生意，该民族的人一般不欠款，不骗人，说一不二，他们特别重视自己的承诺，说出的话做出的承诺，必须做到。"我在俄罗斯也待过，在吉尔吉斯斯坦已经待了 22 年了，见过不少的人，经过不少的事，在这 22 年里，我没有受过当地人的一次气，也不知道是我做得好，还是当地人对我好。我们这边的人，我认识的都干得不错。"② 谈到对吉尔吉斯斯坦人的印象时，Tux·H 说："吉尔吉斯斯坦人（这里指吉尔吉斯族）人整体上诚实，对人也很好。这边的东干人也挺好，他们比较保守，同别人没有什么矛盾，生活空间比较封闭，好像是另外一个国家的人一样，主要集中在托克马克③ 等

①　被访谈人：Tux·H，女，58 岁，肖鲁克村人；访谈时间：2016 年 9 月 8 日下午；访谈地点：吉尔吉斯斯坦比什凯克市"玛蒂娜巴扎"H–10 号店面。

②　被访谈人：Tux·H，女，58 岁，肖鲁克村人；访谈时间：2016 年 9 月 8 日下午；访谈地点：吉尔吉斯斯坦比什凯克市"玛蒂娜巴扎"H–10 号店面。

③　吉尔吉斯斯坦楚河州的首府。

地区，同吉尔吉斯人、俄罗斯族等其他民族的人关系一般，东干人有自己的圈子，而且还特别爱劳动，一般搞农业种植，吉尔吉斯斯坦的蔬菜基本上由东干人来种。在托克马克市，东干人也有自己的'集装箱店面'。庭院门前有桌子，后面是各种蔬菜。在院子里，只要有空地，东干人都会用来种菜。这些人也爱做生意，把菜采摘后会收拾得干干净净来卖。目前，就吉尔吉斯斯坦的情况还最好，至少这边的政府还是支持市场的。很多人要么回国，要么就都集中在这边。但是这两年，吉尔吉斯斯坦的布料生意也不好做，转移到比什凯克的人最终很多都回国了。吉尔吉斯斯坦也有乱抢的事情发生，但是都很快结束。一般都是政府倒台了，才会发生集会或者聚集，有一些不法分子冲击市场。2005 年时，发生了一次动乱，我当时就在'玛蒂娜巴扎'。当时有我在 1993 年'吐尔巴扎'做生意时结识的七个当地的姐妹，她们当时是我的客户。骚乱发生时，她们站在我的店面门口，暴乱分子一个都没有冲进来，所以我那次没有一点损失。那天晚上从当地时间 11 点开始乱抢，一直持续到第二天凌晨 3 点，慢慢天亮了，那些闹事的人都跑掉了。我租的房就在巴扎对面，能清楚看到我的店铺，但是不敢出去，因为儿子和丫头都在，我害怕一出去就回不来了。儿子想要出去看看情况，我就硬没让他出去。直到 3 点以后，我自己也受不了了，把儿子和丫头锁在里面，我自己就出去了。过去一看，那几个姐妹并排在我店门口站着，她们看我到了，问我怎么不在家里待着，怎么也出来了。我说担心店铺，她们就说，我的店和她们的店一样的（意思是就是她们的店），有她们在肯定不让坏人乱抢乱砸。她们说，当时有几个年轻人过来要砸我的店门，她们和几个儿媳妇过来就站在门口，说此店是她们自己的店。暴徒们一看几个女人在门口堵着，就知趣地回去了。也幸亏是女人在堵着，如果是男的早就被他们打了。姐妹们在巴扎的东门口一站，不仅保住了我的店，旁边的好几个店面都得以保全。当时把我吓坏了，因为我的店铺就在大门口，我想我的货会全被被抢光，但最终在姐妹们的帮助下，我渡过了那一劫。2005 年 3 月 24 日的那次骚乱中，我们这些商人只是担心自己的货物被抢被烧，而对自身的安全倒是没有过多的担心。2010 年的骚乱发生时，我正好在国内。"

据 Tux·H 介绍，2015 年，她回国 4 个月，店面关闭。返回后，各种税费、罚款累积较多。处理完税费后，Tux·H 开始找人做其帮手。招聘的店员是其房东兼多年的好姐妹。房东家有两间房，一间房东住，一间 Tux·H 住，全年水电费皆由 Tux·H 负责，平时她们一起做饭吃。房东女儿已出嫁，儿子去俄罗斯打工，她在家无事可做。以前，房东说要去饭店里洗碗打工，Tux·H 以冬天水凉，易得关节炎为由予以劝阻，并建议房东到其店里帮忙，既能打发时间，还可以贴补家用。作者见 Tux·H 的当天，其房东开始到其店里上班。Tux·H 打算把房东好好带一带，在她回国时，把店面委托给后者来经营。以后彻底回国了，如果房东有足够资金，就将此店面转让给她。Tux·H 打算每天发给该雇员 500 索姆的工资，每天管一顿午饭，店员一个月的工资达到一个公务员的水准。Tux·H 还给店员许诺，冬天时，可以给她买靴子和护膝，可以缓解其关节炎。在 Tux·H 看来，只要房东能在店里坚持一月就会慢慢适应和习惯，到时对方就可以独当一面。对此安排，Tux·H 表示主要原因还是想休息了，快奔 60 岁的人，不能太劳累。另外要回家看孩子，享受天伦之乐。"我一年基本上不休息，过春节的时候回国一趟。因为那个时候孙子都放假了，我老公一个人看不住，我就要回去帮忙。现在丫头的三个孩子，老大因为户口上在乌鲁木齐我们家，所以，孩子也在乌鲁木齐上学。我老公身体不好，寒假他也看不住，所以我一般是在春节前后回家。女儿的另外两个孩子，都在阿图什，因为她找的老公就是阿图什肖鲁克人，也在做布料生意。大儿子找的老婆是喀什人，工作也在喀什，孙子在喀什由他老丈人带。小儿子还在新大上学。我现在 58 岁了，也确实感到干不动了，想以后回家多陪陪家人，尤其是多带带那小外孙，要不然长时间不带，以后和我的关系会越来越疏远。但是，我又不想完全在家待着，过整天吃饭、睡觉、看电视、再吃饭这样无聊的生活，容易得老年痴呆症。我一辈子干活习惯了，肯定不会习惯在家长时间闲待着。所以我暂时不会完全将店铺关掉，而是要训练我这个房东，让她来实际经营这个店面，我呢，就给她发发货，偶尔过来看看经营情况，做一个汉族人所说的东家就行了。到时候，我可以和我老公带着孩子到这边来生活一段时间，因为这边虽然工业不发达，但是食品质量很好，吃得好，喝得好，蔬菜、水果都没有农药和化肥，好东西多得很。水也清，空气也好，根本没有国内所说的什么雾霾。我想在暑假时，把那个 8 岁的外孙带过来，在这边玩玩，给他报一个俄语培训班，学习一下语言。我的经验告诉我，多学一门语言是有好处的，就像你现在还懂我们的维吾尔语（向作者说）。一年学上两个月的语言，小孩子嘛，学什么都快，而且这边有这个语言环境，我想两三个假期就能基本掌握俄语的。"

关于商人的诚信问题，Tux·H 认为，一个人说一句假话，骗过一次人，那一辈子就会说谎骗人，别人就再也不会相信他。她 20 多年的经商经历告诉自己，一个人要把生意做好，就首先要把人做好，而做好人的前提就是要诚实，不能说谎。在平时的经营中，不要刻意拖欠人家的钱款，如果真的不能按期偿还，要实话实说，不能推脱，明明有钱或没钱还款还骗对方是不好的。Tux·H 说："诚实诚信是商人们的生命。因为你骗一次人，那你的名声和信誉就将受损，慢慢就没有人再相信你，没有人同你合作，你也无法混下去了。维吾尔族人有一句话，大意是话从嘴里出，命也从嘴里出（祸从口出，作者译）。人如果没有了信誉，那他就完了。"

Tux·H 的跨国经商历程[①]

1959 年 8 月，Tux·H 出生在阿图什肖鲁克大队（指大肖鲁克村）。其父 Hes·U 是某边防派出所的一个民警。Tux·H 三个兄弟、三个姐妹 6 个孩子当中，上过高中者只有 3 个人，但都没有考上大学，其他 3 人初中毕业。Tux·H 和弟弟当时学习成绩不错，但没有继续上高中。后来在其父的建议下读了中专，Tux·H 在乌鲁木齐一家经贸学校读书，弟弟在一家煤炭学校读书。毕业后，Tux·H 被分到了乌鲁木齐一家国营的外贸公司，弟弟在六道湾煤矿工作。经弟弟介绍，Tux·H 认识了老公 Asl·A。20 世纪 80 年代后期，因为在外贸公司上班，所

---

① 资料来源：Tux·H 口述，作者整理。

以 Tux·H 有很多机会出国，尤其是去苏联的哈萨克斯坦、吉尔吉斯斯坦等中亚地区。到 90 年代初，公司"下海"的人越来越多，Tux·H 和丈夫 Asl·A 也决定做外贸生意。当时他们办了停薪留职，去哈萨克斯坦的阿拉木图做钢材生意。当时哈萨克斯坦的废旧钢材很多，皆为苏联时期留在该国之物，刚独立的哈萨克斯坦政府对这些"废物"的管理松散，很多废钢废铁归私人所有，很多新疆人到中亚那边倒腾钢材生意，把那些废钢运到国内，利润可观，能达到 300%。除了钢材，Tux·H 夫妇兼做二手的运输车辆生意，虽然是旧车，但苏联生产的东西质量好，国内的需求很大。他们用了一年多的时间，赚了跨国个体商贸的第一桶金。Tux·H 记得当时他们赚的钱，通过其原单位而带回国内。废钢和二手汽车数量毕竟有限，Tux·H 夫妇决定要干一个比较长久的生意，在调查之后，他们选择了卖布。当时，乌兹别克斯坦的开放政策也不错，他们去了塔什干。在塔什干有一个名为"阿图什巴扎"的市场，有上百名阿图什人做布料生意，Tux·H 夫妇去内地进货，也开始在这个巴扎做布料。到塔什干不到三个月，乌兹别克斯坦政府出台新政策，不允许中国人在其国内做生意，要求华商在一个月内出境。因此，Tux·H 夫妇从塔什干转移到奥什"卡拉苏巴扎"，因为奥什的安全状况不佳，两个月后，二人来到比什凯克的"吐尔巴扎"。自1994 年到比什凯克至 2016 年，Tux·H 在比什凯克经商业已 22 年。

在比什凯克，Tux·H 夫妇的生意也并不是一帆风顺。1996 年春开始，丈夫 Asl·A 的单位一直催促其回去上班，Tux·H 的单位也不再给她办理停薪留职。最后，二人商定，两人中必须要有一个人吃上公家饭，否则以后生意做不成，回国后两人都没饭碗。因为 Asl·A 的腰椎有问题，他只能回去上班，Tux·H 选择辞职，在比什凯克做生意。1997 年，Asl·A 的腰病越发严重，向单位请了长假。1998 年的时候，其所在的煤矿企业改制裁员，Asl·A 下岗，从此在家休养，并照看孩子上学。养家糊口的重任全落在 Tux·H 身上。2000 年，"吐尔巴扎"发生火灾，Tux·H 10 万多元的棉布被烧，只留下了不足 2 万元的头巾。这个打击对她很大，以至于 Tux·H 在回国在家两年后才慢慢平复。2003 年春天，Tux·H 在原"吐尔巴扎"卖布的一个远房表哥打电话让她回比什凯克继续做布料生意，说在市区又有一个新疆人主导的布料巴扎。在经过长时间的思想斗争后，Tux·H 又于当年过完古尔邦节之后，到了比什凯克，开始了在"玛蒂娜巴扎"的布料生意。

2003 年，到"玛蒂娜巴扎"之后，Tux·H 就不再经营窗帘，做货值比较小的生意。虽然利润小，但周转周期短，客户欠账也少。2003 年下半年，Tux·H 在柯桥进了头巾、围脖来经营，成本不高。后来，Tux·H 在"多尔多伊巴扎"批发此类商品。有几个杭州的年轻商人在做围脖、丝巾，Tux·H 有时候直接去他们那里进货，然后在"玛蒂娜巴扎"卖。一般情况下，Tux·H 需要什么，给上家发一个实物照片，他们就直接给她发货过来，因为没有赊账这个担忧，对方的发货非常及时。Tux·H 的货，既零售也批发，一般零售的多一些，大数量的批发一般会有赊账，所以她更愿意接受客户小数量的购买。Tux·H 认为，阿图什商人之所以经营困难，是因为他们对自己的客户太好，以前毫无节制地给人家赊账，人家对方还能还上，虽然也有拖欠，但时间较短。自 2013 年以来，客户们手上没有多少钱，他们及时偿付的能力有限，拖欠时间越来越长。如果当时赊账没那么厉害，商人们的日子也还好过一些。她认为，如果老乡们不给客户赊账，商人们最初也不会那么疯赚，其影响也不会那么大。时过境迁，斗转星移，今时不如往日，继续赊账给下家，把自己套进去，完全是商人们自己种的因，而有因就有果。如果不再赊账给客户，整个"玛蒂娜巴扎"有可能会关门。

2005 年，比什凯克发生内乱，"玛蒂娜巴扎"受到冲击，Tux·H 店里的保险柜被暴徒撬开，2 万美元被抢。2010 年，吉尔吉斯斯坦奥什的骚乱影响到比什凯克，"玛蒂娜巴扎"又遭到抢劫，Tux·H 的店面又遭受一定的损失。

Tux·H 目前的店面是她自己买下的，无论每月的营业额多少，都要上缴 200 美元的固定税。比什凯克税务局在"玛蒂娜巴扎"有代收点，Tux·H 每月 1 日或 2 日去交，逾期超过一天就要罚款 5000 索姆，所以商人们都自己直接交，大家在这方面非常积极。Tux·H 认为吉尔吉斯斯坦政府对中国的商人执法很严，尤其是税收执法方面，商人被当局视为有钱人，在缴税方面，不允许他们有丝毫迟疑，否则会受到重罚。因为 Tux·H 在经营方面的中规中矩，依法依规经商，很少同别人发生纠纷，且按时缴费缴税，"玛蒂娜巴扎"管理部给 Tux·H 颁发了一个奖章。在 Tux·H 到比什凯克经商 10 年之后，即在 2007 年 8 月份，她拿到了"绿卡"。有了"绿卡"的外国人在医疗等公共服务方面，和当地人享受相同待遇。小孩上学，也能享受到相关的待遇和优惠，即能每个月享受到 1500 索姆的补助。Tux·H 认为，在吉尔吉斯斯坦，只要不做犯法的事情，诚信经营，遵纪守法，从来没有被警察处理过，时间一久，就能拿到当地的"绿卡"。

在比什凯克的这 22 年里，始终困扰 Tux·H 的一个问题就是赚的钱不好带回国内。对于客户经常随意选择支付币种的现象，在 Tux·H 这里不是太严重，可能是因为 Tux·H 是一个女人，她也很少给别人赊账。

Tux·H 的子女，一个在新疆某高校当老师，一个在读研究生，老公 Asl·A 给大儿子看孩子。Tux·H 不打算继续在异国他乡漂泊，她想回去享享天伦之乐。次子假期时也来比什凯克帮母亲做些事，同时在当地报一个俄语学习班学习俄语。吉尔吉斯斯坦的俄语环境很好，儿子每次到比什凯克待 30 天，强化训练后，语言水平提高很大。Tux·H 不想让儿子做生意，她认为这一行业太辛苦。

Tux·H 在阿图什长大，从小耳濡目染了家乡的商业文化，在后来的经商历程中，也主要同老乡们在一起，因此 Tux·H 基本上同大肖鲁克村的人没有分开过。Tux·H 认为不管是大肖鲁克人还是整个阿图什人，大家是一个很团结的群体，尤其是和其同龄的人，大家赶上了国家改革开放的好时代，再加上大肖鲁克人的坚韧和锲而不舍，在历经数次磨难后依然能坚持下去，比其他人更厉害。对于进入这一行业的年轻人，Tux·H 觉得年轻人和他们当时所处的环境不一样，可能遇到的压力更大，毕竟当前的商业环境越来越不好，生意回报率越来越低，首先要解决温饱问题。

Tux·H 给自己的评价是"两个第一"：即自己是当代阿图什市走出来的第一个女性跨国商人，"玛蒂娜巴扎"上第一个"下海"的女商人。

第五章　阿图什市跨国商人的经营过程

一般情况下，阿图什市布料商人跨国经营的一个周期需要大致经历以下过程：

第一，在家庭内的成年男性中进行分工，决定谁去柯桥进货、谁去国外销货，谁在家照顾家庭并负责接货和报关，这些分工必须在商人们出国前就要明确。

第二，去国外销货的男性要想彻底了解生意的销售过程并掌握诀窍，必须获得熟人的关照和带引，一般是通过给后者当一段时间学徒后学到基本的商业技能。

第三，在比什凯克，商人向巴扎管理方提出租赁店面的申请，尽可能租到一个"风水"好的店面。

第四，负责在柯桥进货的人，需要长期驻守柯桥，同厂商或布商处理好合作关系，确保货源稳定。

第五，当货物从柯桥发出后，在家留守者需要随时关注货物动向，等货物到达喀什时去喀什或者口岸办理货物储存和报关等事宜。

第六，在国外的销货者最终接收货物，将其归入仓库后，开始销售。

第七，在重要节期回归家庭。必要时，所有布料生意的参与人重新进行分工。

根据时段对以上环节划分，商人们的经商过程主要分为进货、销货、回归三个时段。

第一节　进　货

一旦决定要出国经商，阿图什市大肖鲁克商人对跨国经商的每个环节都非常谨慎，特别是对进货极其重视。对于商人来说，家庭中由谁先去当学徒，由谁去进货，必须事先确定好。所以，根据家庭成员的实际情况做好分工就显得非常有必要。事前的分工和事后的选货、发货以及接货共同构成了跨国布料商人经商的第一时段：进货。

一、分工

从调查的结果来看，在大肖鲁克村布料商人家庭，人口规模明显要大于其他家庭，且此类家庭中成年男性的比例普遍高于非商人家庭。这种人口结构是跨国布料生意得以开展的基本条件之一，至少在人力资源的分配上达到了当地人出国经营布料生意的要求。当然，也有个别大肖鲁克跨国布料商人，他们属于"独狼"式的单打独斗，但绝大多数商人的布料生意呈现出家族式特征。因此，在家庭内部进行任务分配和角色分工显得尤为必要。

在阿图什市，做跨国生意如果没有家里其他人的帮忙或协助，一个人很难开展。所以，跨国商人家族的生意模式是：一人在内地发货，一人在国外收货并照料店铺，一人在阿图什照顾家里老小。如果生意分散在多个国家，每一个国家都会有一个人在驻守。这种模式已经存在了很多年，当前虽然电子商务发展迅速，去柯桥的商人可以不用去亲自发货，通过网络便可以搞定一切。但分工协作是阿图什商人的传统，多年来一直如此。另外，由于自身知识不足，对网络的运用还没有达到一定的水平。所以，阿图什的跨国商人家庭基本上实施的是分工协作的固定模式。

家族式的跨国布料生意，家庭中至少要有三位成年男性是开展生意的必要条件，男人们主要负责三个方面的工作：进货、接货、销货。如何分工，要看各自的能力情况。一般情况下，汉语水平高的人前往内地纺织品市场负责进货和发货事宜。在快速计算、人际关系处理、理财等能力方面没有明显差别的情况下，年长者去国外市场销售，年幼者留在家里照顾家庭。这只是能力差别不大或者忽略不计的情况下的分法，也有部分家庭完全根据参与人的语言能力和经商禀赋来进行分工。32 号商人 Tur·G 的家庭就是分工协作的典型。

　　我们到现在还没有彻底分家，实际上也没什么分的，因为一共就 4 亩地，而我们现在全家大小 14 口人，最主要的是我们的生意不是某一个人的，是大家的。以前我们采取的是兄弟三人轮流坐庄的形式，我们在玛蒂娜巴扎——柯桥市场——阿图什家里三个点不断轮替。后来，我们采用了比较固定的模式，我最小的弟弟在玛蒂娜巴扎照看店面，他是我们三兄弟当中最外向的，能说会道，最主要的是他脑瓜快，算术最好。二弟在柯桥那边发货，他从小结识的汉族朋友比较多，汉语水平好，去柯桥进货的任务一般是由二弟来承担。我平时在家里照看。其实，2010 年至 2013 年的几年时间我也在玛蒂娜巴扎待过，因为二儿子在学校不好好学习，经常惹是生非，我就回来了。我有 5 个孩子，2 子 3 女，长子初中毕业后不再读书，现在跟随其二叔到柯桥那边历练。次子是 5 个孩子中老四，从小就很机灵，大家觉得肯定能读好书。小学期间成绩还可以，去年上初中后，因为迷恋上了足球不太专心上课，被老师批评了几次。2013 年 3 月，记得是刚开学不久，孩子被老师批评，这家伙为了报复老师，居然用针把批评过他的老师的电动车轮胎给扎破了，老师在放学回家时，因为没有注意轮胎的状态，在校园里众目睽睽之下连人带车摔倒在地。受了侮辱的老师终于查出恶作剧者是二儿子，因此被学校处理了。孩子自此更不想上学了。我媳妇是一个胆小怕事的人，遇到这种事六神无主，接二连三地打电话让我回来处理此事。最后，我从比什凯克回到阿图什。想着一是给人家老师赔礼道歉，尽可能地将此事化解；二是好好地管教一下孩子，他们的母亲已经暴露出了无法管教孩子的苗头。所以，我打算用半年时间，将孩子的教育和做人方面好好地督促一下。毕竟，我在孩子们心中还是有一定威信的。只不过我现在暂时不能离开家了，也没法去比什凯克。因为我怕一离开，孩子又搞事。①

在 Tur·G 看来，商人们在自己子女教育方面是缺失的。因为常年在国外，教育孩子的重任只能由妻子完成，可是面对众多的孩子，一个女人很难面面俱到。当地的一位文联副主席穆某认为，远在海外的商人，对家庭和孩子最大的贡献是源源不断地给他们寄钱。即使偶尔回国，面对孩子他们只是大声呵斥，或者以金钱奖励为诱饵或激励，让孩子好好学习。孩子小的时候，可能影响不是很大，到了初中和高中阶段，因为缺少父爱，缺乏同父亲有效的交流和沟通，使得孩子越来越任性。孩子只知道大把花钱，而对学习的兴趣越来越小，最后只能辍学或者跟随其父亲经商。然而，因为从小就过着殷实的物质生活，很少吃苦，让他们做生意也是赶鸭子上架，因为这一行是需要吃苦和勤劳的。所以，赚了钱的商人对子女家庭教育的缺失是造成很多"富二代"问题的深层原因。

二、选货和发货

寻找最好的货源是阿图什市大肖鲁克跨国布料商人经商的关键环节。商人们无不对此高度重视。因此，很多大肖鲁克布料商人几乎都去过中国所有大的纺织品市场。上海、广州、常州、杭州、绍兴等都是商人经常光顾之地。普查的结果显示，浙江绍兴的柯桥是商人们最主要的进货地，几乎所有的商人都选择柯桥的"中国轻纺城"作为自己最理想的货源地。在家庭分工时被选为进货的人一般要做两件事：选货和发货。

在手机尚未普及时，选货的局限性比较大。驻守柯桥的商人一般通过国际长途电话联系销货者，后者将需要的货品在电话里予以描述，但由于没有实物展示，进货人能否完全听清楚或理解后者的要求全凭直觉。随着现代

---

① 被访谈人：Tur·G，男，47 岁，温吐萨克村人；访谈时间：2016 年 7 月 8 日下午；访谈地点：被访谈人家里。

通信设备的广泛运用，商人们通过发送图片就可以搞定所需布种。另外，厂家或供货商也制作了精美的"色卡"，大肖鲁克村的商人选择布料品种更加容易和方便。"色卡"是一个收集了众多布料样品的小卡片，也可能是一本薄薄的册子。在柯桥的"中国轻纺城"，客人到店里去洽谈和咨询，一般情况下，商铺老板都会免费赠送"色卡"。"玛蒂娜巴扎"的商人基本上都拥有各自合作方给予的"色卡"，商人们根据铺面销售情况，知晓哪些布种走势好，哪些不需要再进，哪些需要尝试等等，将色卡上的样品用手机拍下发给供货商或者在柯桥驻守的兄弟或者父亲，后者再去厂家实地查看。在"玛蒂娜巴扎"，大肖鲁克人的店面经营品种比较专业，有人卖棉布，有人卖皮革，也有人卖丝绸等等，很少有"大杂烩"式的什么都卖的店面。所以，商人们的进货也比较专业，进货人有目的地去选择布料，而不是撒网式地去选择。

商人选好货品，支付货款后，还要联系货运公司将货物发至销货地。2014 年之前，无论是国内运输还是国际运输，商人们都得用"玛蒂娜巴扎"的托运部，2014 年年底，在商人们的集体要求下，"玛蒂娜巴扎"的老板同意在国内运输阶段（即发货地到吐尔尕特口岸），商人们可以自主选择托运部，但国际运输段（吐尔尕特口岸到比什凯克）必须要用"玛蒂娜巴扎"自营的托运部。因此，在柯桥市场的驻守者提取货后联系国内物流（托运）把货运到吐尔尕特口岸。"玛蒂娜巴扎"大老板吐某与其助手 Tur·J 所拥有的托运部在吐尔尕特口岸将"玛蒂娜巴扎"商户的货物统一装车运到比什凯克。如果商人不用"玛蒂娜巴扎"的托运部，其货物无法进入巴扎。由于"玛蒂娜巴扎"的托运部对商户货物运输的垄断，托运部对运费的定价具有相当的自主性。据 37 号商人 Haj·M1 介绍，2013 年前，"玛蒂娜巴扎"和"多尔多伊巴扎"一样，商户对托运部是有选择权的，运费也比较低廉。自2013 年"玛蒂娜巴扎"对货物运输垄断后，运费陡然猛涨，从 2013 年前的每公斤 0.6 美元涨到 2016 年的每公斤 1.6 美元，翻了一番多。运费虽然上涨，但商人们的货物售价却涨幅不大，这使得他们的利润空间进一步收缩。Haj·M1 说 2013 年前一米布能赚 2 块钱，2016 年则只有几毛钱的利润。因为托运费的上涨，有一部分商人的生意做不下去而回国。2016 年 7 月，作者在比什凯克调研期间，亚喀巴格村有 4 个年轻的商人于 2016 年 5 月初关闭店门回国。对于巴扎管理部门的这种决策，有几个资历较深的商人去交涉过，但没有结果。Haj·M1 说，他的一个叔叔曾代表亚喀巴格村与其他村选出来的代表去找过巴扎大老板吐某，但被后者轰了出来，老板威胁代表们说不想做的话就回去，没人来请他们到"玛蒂娜巴扎"来。2019 年 8 月，作者在阿图什再次就这一问题同回国探亲的商人们谈及时，商人们表示，跨国货物运输的费用这几年只增不减，"玛蒂娜巴扎"老板依旧没有给予商人们自主选择托运部的权利。因为"玛蒂娜巴扎"是吐尔逊塔伊私人所有，商户们只能在其管理下搞经营，商户们对其老板敢怒不敢言，他们几乎没有什么维权或者表达诉求的渠道。

个别非家族式的跨国布商，特别是"独狼"式的商人进货并不前往中国内地，而是在比什凯克当地巴扎或者其生意所在地巴扎的商户那里进货。99 号商人 Bek·H 的货物就来自同在"玛蒂娜巴扎"卖布的上伊什塔其① 商人店铺。规模较大的商户因为生意萧条或者经营不善（如布料不够时尚）而滞销，他们只能无奈地将这些滞销货低价处理，转卖给那些单枪匹马而来的资历较浅的新人。Bek·H 就属于后者。他把货从对方的库房里带到自己的店里，什么时候卖掉货物，什么时候给同行商户付款。

三、接货和再发货

在阿图什市大肖鲁克村跨国商人家庭，每个事前分工好的人都需尽职尽责地承担自己的角色。因此，在家留守的人并非无事可做，而是要时刻注意从进货地发来的货物之动向。一般情况下，从柯桥到喀什的距离有 3400 公里，如果汽车运输的话，需要大致 3 天多时间的车程。驻守柯桥的发货人将发货信息告知家里的接货人后，接货人就要提前寻找物流公司。货物到达南疆后有三个地方可以仓储和报关，一是喀什大唐国际物流，二是吐尔尕特口岸，三是伊尔克什坦口岸。喀什大唐国际物流，全名喀什新合作大唐国际

---

① 上伊什塔其是阿图什市阿扎克乡的一个村。

物流有限公司，位于喀什市以西 5 公里处，成立于 2008 年。喀什大唐物流拥有 10 万平方米的仓储物流区。该物流公司主要针对出口至吉尔吉斯斯坦、塔吉克斯坦和巴基斯坦等中亚和南亚国家的货物仓储和运输，尤其以吉尔吉斯斯坦的比什凯克和奥什为主。大唐国际物流是大肖鲁克村跨国布料商人货物转运时的主要仓储地。

2019 年 8 月，在知情人阿凡提的引荐下，作者曾到大唐国际物流调查。一到仓储区，映入眼帘一排排仓库，里面停着许多辆挂着吉尔吉斯斯坦牌照的大货车。在布料仓库，各个仓库的货物积压比较多，许多布包上落了厚厚的一层尘土。据负责人玛纳斯介绍，布料积存了很久，还没有送到吉尔吉斯斯坦和塔吉克斯坦去。物流公司托运的私人货物较少，基本上都是中国向中亚国家投资的开发项目所需要的物资。因为全球经济不景气，跨国商人的生意也受到影响。因此，跨国商人个人货物运输较少。玛纳斯表示，2013 年之前经济好的时候，私人货物运输连续不断。2013 年之后，很多大货车空了好久，司机们的运输生意很惨淡。作者看到仓库里有很多搬运工在等活，有工人表示活越来越少，两年前，工人一天挣 500 块钱，2016 年一天有时只能挣 100 多块。在作者参观仓库时，有几个大肖鲁克村的人正在等货物，他们除了接自家货物以外，还在大唐国际物流做些临时工作。

喀什有两大物流基地，一个是大唐国际，一个是远方物流。前者负责喀什至中亚和巴基斯坦的国际货物仓储运输等事宜。后者主打国内物流。知情人阿凡提认为，喀什如果有充足的水源，在当地完全可以建立纺织工业基地，这样便能大大减少运输成本，生产的布料等纺织品可以直接通过规划中的"中吉乌"铁路运送到中亚各国，也可以通过喀什到巴基斯坦瓜达尔港，将当地生产的产品运到西亚和南亚各国。喀什的生态环境比较脆弱，工业基础薄弱，只能作为货物的中转基地。这可能也是喀什经济特区发展的瓶颈之一。

据玛纳斯介绍，"玛蒂娜巴扎"的车辆挂的都是吉尔吉斯斯坦的牌照，运至比什凯克的阿图什商人的货物，全部由"玛蒂娜巴扎"的托运公司承担。大唐物流基地也有跨国运输车辆，但货主一般都会选择前者来运输，即便大唐物流的运输费用比"玛蒂娜巴扎"的收费便宜，货主依然不选择大唐物流的车辆。

除了大唐国际物流，有部分商人也选择将货物直接发至两个口岸。口岸也有相应的仓储物流区，但收费要比国际物流贵。好处是商人的货物存放在口岸，报关后可以直接进行后续的工作。如要进行相应的检验检疫，其中H86检查是最为重要的一环。而这些工作虽然主要由货物运输司机承担，但货主也要在场。所以，在家的留守人直到将货车运送出关以后，自己的接货任务才算结束。

第二节　销　货

进货环节结束后，商人们开始了销货环节。2016年秋，作者到吉尔吉斯斯坦比什凯克，重点对该市的"玛蒂娜巴扎"进行了实地调查，观察同巴扎里的阿图什大肖鲁克商人销货的整个过程。具体来说，要成为一个成熟的售货人，大概要经历三个环节：学徒——租店——售货。

一、学徒

传帮带是包括大肖鲁克村在内的所有阿图什市跨国商人群体发展壮大的重要途径。传帮带的主要方式之一是做"Shagirt"（学徒）。对于刚加入经商队伍的新人来说，找到一个熟人是他能够安顿下来的根本条件。这个熟人可能是朋友、亲戚，抑或是老乡。而熟人也乐意帮助新人，这缘于阿图什人的地域认同。首先，阿图什人的地域认同比较重，他们无论出走内地，还是踏出国门，基本上都遵循互帮互助的传统。这个传统在新疆其他地区的维吾尔族人中也存在，但在阿图什则显得更加突出。阿图什的商人之间暗里虽然也存在激烈的商业竞争，但在日常的生活中能够相互扶持，尤其是对来自同一乡或村的"老乡"更是慷慨大方，他们有着深深的"老乡情"。其次，阿图什人对自己的地域身份有着极大的自豪感和满足感，一旦有人诋毁或对这一身份不敬，他们会第一时间出来反驳，维护自己的身份尊严。另外，阿图什商人同其他人群一样，他们喜欢同"自己人"毗邻而居。阿图什商人的这种认同造就了他们不管在国内还是在国外，都能够形成一个"阿图什人的圈子"，遇到问题时共同面对，内部遇到纠纷大都选择内部解决。

根据当地人的传统和习惯，大肖鲁克村的跨国布料商人出国前，要在自己从事跨国布料生意的熟人圈里找到一个感觉能够帮助自己的人，这样他到国外后，能够及时获得后者的帮助，包括住宿乃至饮食等方面。安顿下来后，新人提出在熟人的店里当学徒，期限一般在半年以上，后者一般会很慷慨地应允。如果一个商人没有对找他帮忙的朋友提供力所能及的帮助，尤其是没有答应后者做学徒的要求，此商人会被所在布料巴扎的阿图什商人圈批评，进而受到舆论的谴责。81 号商人 Qur·M1 曾因拒绝了 54 号商人 Ibr·T 做学徒的请求，而受到了大肖鲁克村，尤其是其所在的肖鲁克村商人的嘲讽，大家说他连自己的亲戚都不帮，有失大肖鲁克人的风范。这件事更严重的后果则是，Qur·M1 在已经谈妥了要租"玛蒂娜巴扎"A 面人气较好的一间店面时，对方听到他不帮家乡人的"恶行"后而拒绝给 Qur·M1 出租，最终将店面以低于 Qur·M1 所出的价格租给了一个温吐萨克人。

在大肖鲁克商人看来，有人想到自己的店面来做学徒，这是对自己商业品德和能力的肯定，是一件值得自豪和高兴的事情。如果没有特别缘由拒绝他人的求助，那将会受到唾弃。1 号商人 Haj·M 曾经给作者讲过一则故事：21 世纪初，和田的一对父子，在上海做生意多年，久未回家。有一次，正好在某年春节时选择回家，因为走得匆忙没有购买坐车时吃的食品。儿子提议要下车买些零食路上吃，父亲则反对，他对儿子讲，进疆的列车上肯定有阿图什人，碰到阿图什人就一定不会饿着肚子。果然，父子俩一路上没有饿着肚子，因为他们遇到了乐善好施的阿图什大肖鲁克人。Haj·M 一再向作者强调，阿图什人虽然以经商闻名，但并不是眼里只有钱。如果说接济需要帮助的人是维吾尔族传统的话，那阿图什人则更好地继承并发扬了这一传统。作为阿图什商人中的典型，大肖鲁克人视传帮带为自己义不容辞的责任。所以，对于初次经商的人，去给他人当学徒，十有八九会得到接纳。

学徒工一般没有工资，老板只管食宿。学徒期满并不意味着老板对学徒的帮带已经结束。学徒出师并租好店面后，第一批货由学徒期的老板提供，后者还要向新人承诺，何时将所赊货物售罄何时还付货款。虽然并没有明文规定商人要对学徒进行后续的帮助，但这是大肖鲁克村商人多年来形成的习惯和传统。商人们认为，要帮助别人，就要真心实意地去帮，尤其是在自己店里做了长时间的学徒最后没能自己独立经营，意味着商人的帮助没有意义，仍然会受到舆论的责难。

二、租铺面

与没有固定的铺面而处于流动经营的行商不同，大肖鲁克村的跨国布料商人皆为开店经营的坐商。每一个商人在独立经营时，首先要购买或租赁一个店面，这是布料生意同其他生意的不同之处之一。在维吾尔族聚居区，农村大巴扎经营种类较多，整个巴扎也较零散，开市时间也比较固定，所以，争相吆喝叫卖的行商甚多。而在城市巴扎，多以专业巴扎为主，且巴扎几乎每天都在运营，巴扎的生意经营者大都拥有自己的固定场所。

"玛蒂娜巴扎"是典型的城市专业巴扎，拥有900多间铺面用以商人经营生意。目前，商人在该巴扎开店经营，获得店铺有两种方式：购买和租赁。对于前者，巴扎的管理方控制较严，一般不会轻易给商人出售店面，因为在巴扎老板看来，出租店面比出售店面更能赚钱。截至作者采访结束，"玛蒂娜巴扎"的店面有15平方米、18平方米、25平方米大小不同的三种店面，15平方米的店面每月500美元的租金，18平方米的店面每月租金600美元，25平方米的店面每月800美元。18平方米的出售价格在10000美元以上，30平方米的在18000美元左右，25平方米的则在30000美元以上。只有资金雄厚的商人，才会购买店面。虽然店面因处在不同的位置而人气也不同，但相同面积的店面租金却是一致。这也是很多处于"不利"位置的商人经常抱怨的地方，他们认为，地理位置一般或者不好的店面，租金应该便宜一些。

对于刚到"玛蒂娜巴扎"的新人，巴扎管理方一般不给其出租或出售店面。只有在将劳动卡办理下来后，巴扎老板才会给其出租店铺。一般情况下，劳动卡的办理需要 2—3 月的时间，最迟半年才能办下来，而此时新来的商人也快完成了半年的学徒期，这样，他也就基本上具备了自立门户的资格和条件，巴扎老板也比较放心地将铺面租给他。因为他们知道办了劳动卡，过了学徒期，说明此人是真心实意地要来此做生意，如此则租金收取就有了保障。据巴扎"二把手"Tur·J 介绍，曾经有年轻人一到"玛蒂娜巴扎"就要租店面，劳动卡也没办下来，将铺面租给他后，不到两个月的时间人就跑了，了无音信。从 2013 年开始，巴扎管理办公室不再给刚到的新人出租店面，而是设置了一些条件，满足条件者才能承租。

正如前文所言，不同位置的铺面，人气也不同，经营业绩也迥异。据作者观察，在"玛蒂娜巴扎"，距离正大门出口近的商铺人气旺，逛的人也多，生意也好。在三街六面的排列中，离大门近的都是店号数字小的店铺，序号 40 以下的店面生意最红火。因为，客人进入巴扎，首先要进门口的店面，近水楼台先得月。因为店面的优良位置，很多商人想高价承租或购买那些"黄金店面"，但很少有人买得成功。

在大肖鲁克商人看来，每一个到巴扎上来的人，百分之百都需要独立经营，虽然有些人在做学徒，但最终都会开铺做买卖。所以，店面对于商人就像开餐厅的必须要餐厅、办学校的必须要有教室一样。在大肖鲁克村流传一句话：没有铺面的商人不是一个真正的商人。

三、销货

销售商品是生意过程最核心的环节。怎么销售，以什么价格销售，销售后的货款怎么处理等问题，需要商人们时刻思考、体验和实践。正如上文提及角色分工，成年男性多的布料商家庭，一般会派口才好、脑子灵活、速算能力强的人去国外负责销售，这只是初入此行时的通行做法。随着对跨国布料生意过程、模式的熟悉，家庭内部各角色依然存在轮换。以"玛蒂娜巴扎"为例来说明销货环节的主要流程。这里主要涉及三大问题：收货、仓储、销售。

"玛蒂娜巴扎"的托运部将货物运到巴扎后，商人要及时去大仓库门前取货。取货的时候必须要带上给托运部支付的运费，所谓一手交钱，一手交货。此现象在2013年前比较少见，托运部也允许商人晚交十天或半月。自2013年上半年开始，巴扎老板出台了新的托运规定后，就不允许商人赊欠运费超过三天。三天之后，如果商人还未交付运费，巴扎托运部就将其货物存入大仓库，并以收取每公斤货物1块钱（人民币）之仓储费予以惩罚。所以，在货物到达之前，商人就要准备好运费。

将货物提取出来后，商人又要雇佣巴扎里的人力车，将货物运回自己的小仓库存储起来。有些商人没有独立的仓库，就把货物贮放在布店的二层临时仓储区。无论是临时仓储区还是正规仓库，用的都是集装箱，商人们衡量货物的多少之概念除了用公斤、包以外，还经常用集装箱来描述。实力较强的商人拥有不止一个小仓库，最多的拥有5个仓库，也就是5个集装箱。

在仓储货物前，还需要将摆在店面的布料选出来。如何选择需要摆放在店面的布料，并非随意而为，而是要根据市场走势、店面货物的销售情况等来选择。对于那些只有自己店面专营的布种或者卖得比较好的布料，商人们在店面摆放的并不多，一般都只存放一两包。如果客人看上了哪种布料，商人会领后者去专门的仓库，直接在仓库中将货物取出卖给客户。如此做法的好处是，很少有人知道自己店内的哪种布料最畅销，这样也可以谨防其他的商人串门时将生意"偷"走。

大肖鲁克村的跨国布料商人虽然在外面表现得很齐心，但在生意方面，暗地里相互竞争得也很激烈。对于这种现象，60号商人Mus·E认为，大肖鲁克人的性格很矛盾，有时候难以理解。"大肖鲁克因为人太多而被分成三个小肖鲁克（肖鲁克、温吐萨克、亚喀巴格），有的人在外面打架斗殴或干了不好的事情，都说自己是肖鲁克人，而外界就会认为是肖鲁克村人干的，所以，我们被无缘无故地扣上了很多帽子。对于这种情况，也不好反驳，毕竟三个村的人以前都是肖鲁克人（指大肖鲁克）。肖鲁克人有一个特点，就是团结，如果有人同外界产生纠纷，不管是现在的肖鲁克、温吐萨克还是亚喀巴格人，大家都会齐力上阵，一致对外。这个特点有利也有弊，由于这种'护短'的氛围，使得外界对三个肖鲁克的人评价并不高，相反还获得不少负面的评价。作为一个肖鲁克人，我也不太认可这些现象，毕竟现在是法治社会，光靠人多来唬别人已经过时。不过，肖鲁克人的这种团结在比什凯克是非常奏效的，因为一向的集体性行动使得他们同当地不同势力接触时具有底气和实力。这也是他们能在当地立足并将生意发展起来的一个重要保障。然而，在生意方面，无论是肖鲁克人、亚喀巴格人还是温吐萨克人，商人们可就不会太'团结可亲'，一个个都不说实话，尤其是很少将自己一天卖了多少，接待了多少客户，客户来自哪些地方等信息告诉别人，商人们对这些信息都严格保密。如果谈及一天的生意情况，大家都会说'好''正常、不好不坏'，'不好'，从来不会透露半点具体信息。"①

　　同当地吉尔吉斯人不同，阿图什市跨国商人在比什凯克"玛蒂娜巴扎"的一天安排得井井有条，而且还遵守着某些传统经营理念，有些习惯令作者大开眼界。在2016年吉尔吉斯斯坦国庆日过后的第二天早上，作者很早便赶到"玛蒂娜巴扎"，店铺在陆续开门准备营业。作者走进Enw·Y的店面，有顾客选完布匹后正在付款，在此过程中有一个举动吸引了作者。只见顾客将几百美元扔在了地上，Enw·Y也没有直接捡起来，而是将扔在地上的钱踩了几脚，然后将钱捡起来并用手中的钱触碰了几下已经卖给顾客的布料。这个现象让作者百思不得其解，便问Enw·Y为何这样做，有何意义。后者解释道："我们做生意，早上的第一笔生意一般都这样做。原因在于地上有'福气'，这样做就是为了让自己的布料有更多'福气'，吸引更多的顾客来买。"在后来的观察中发现，很多商人都有这样的习惯。但也有顾客直接将货款交到商人手中的现象。巴扎"二把手"Tur·J给作者进一步解释道："一些当地的吉尔吉斯人也知道我们的习惯，他们慢慢适应了我们。但凡是直接将钱给我们的顾客，大都是不知道我们习惯的外地客商。"作者从比什凯克返回阿图什之后，也发现了同样的现象。西北民族大学教授阿布都

---

① 被访谈人：Mus·E，39岁，肖鲁克村人；访谈时间：2016年8月20日下午；访谈地点：吉尔吉斯斯坦比什凯克市"玛蒂娜巴扎"A-7号店面。

哈德认为，在初民思想里，大地具有能使一粒种子长出多粒种子的神秘性，而这种特性能够通过巫术仪式进行传递。[①] 作者认为，维吾尔族的某些传统文化之所以保持得比较完整，原因之一是该族群所受到的以工业文明为主的"现代化"影响较小。

商人们在"玛蒂娜巴扎"从事经营活动，除了迎客、谈价、收钱、取货、盘点库存等纯销售活动外，还有两个重要活动：吃饭和礼拜。

商人们也遵循一日三餐的饮食规律。早餐由商人们在住处自己解决，大多数人以馕和茶来充当早餐，虽然当地也有俄式面包，但很少有人吃面包、喝牛奶。午餐对于商人们来说最为重要，几乎所有的商人都在"玛蒂娜巴扎"周边的由阿图什人开的餐厅吃饭。这里的顾客有布料商人，还有游客，逛巴扎的人除了选购所需和观赏巴扎外，享受新疆美食是人们在此乐此不疲转悠的动力所在。烤包子、拌面、炒面是当地人最喜欢的美食。吃午餐的时间一般在晌礼前后。商人们更愿意在晌礼之后去吃饭。在吃饭或者晌礼时，如果是父子、兄弟、师徒等合作式的商户，商人们一般轮流吃饭和礼拜。单枪匹马式的商户，在吃饭或礼拜时则嘱托邻居和朋友照看商铺。在此期间有顾客光临时，被嘱托人要通过三寸不烂之舌想办法留住顾客，直到商铺老板外出回归。在"玛蒂娜巴扎"，一个商人只要接受对方的委托来临时照看后者的店面，他就有义务让走进店里的顾客不因主人不在而退出，这是大肖鲁克村在内的所有阿图什商人一直遵循的默契。如果把委托人店里的顾客叫到自己的店里，那将会受到所有商人的谴责。所以，在礼拜或者用餐时，商人们基本上不会担心顾客进店而无人接待的问题。晚餐同样是在巴扎周边的新疆餐厅解决，很少有人拖着疲惫的身体回出租屋自己动手做晚饭吃。

对于"玛蒂娜巴扎"的商人来说，一天最重要的礼拜是晌礼。虽然也有虔诚者严格遵循一天五次礼拜的规定，但在巴扎正常的上班时间，大家最

---

① 阿布都哈德：《地域认同与社会交往——乌鲁木齐的阿图什人》，中央民族大学出版社 2015 年版，第 26—27 页。

重视晌礼。在当地中午时间 1 点 20 分左右，商人们陆续走出店铺前往巴扎西南处的清真寺做礼拜。这时的巴扎基本上处于真空状态，此时也是保安最忙碌的时候。保安两人一组穿梭于巴扎的每个角落。巴扎的几个出入口由保安把守，只许出不许进，以确保商人们礼拜时店面中的财产安全。当地时间下午 6 点，"玛蒂娜巴扎"关门。但作者发现一个有意思的现象：在保安清场时，依然有大肖鲁克村的商人们在同顾客交易。而同在"玛蒂娜巴扎"的当地人的商铺，早在 5 点 30 分之前就店门紧锁。在其他市场上，也有类似现象。作者曾问 3 号商人 Ash·E 其中缘由，Ash·E 说道："吉尔吉斯人干什么都很自由懒散，但上班下班时间记得很清。即便是个体户们也严格遵守法定的上下班时间。下班时间一到，他们立马锁门回家。"另外，作者发现，当地时间下午 3 点半到 4 点是下午茶时间，商人们在此期间不做生意，而是去外边的茶点喝茶聊天。据熟悉当地人作息时间的商人讲，下午茶是吉尔吉斯斯坦政府部门的临时休息时间，公务员在下午茶时间暂停办理事务。这个习惯被当地的商人们借用。Ash·E 表示，巴扎内的吉尔吉斯商人对中国商人的行为很不理解，认为他们只知道享受，不努力奋斗，跟不上时代。但在这些商人看来，一日之计在于晨。早上的生意最重要，所以商人起得很早，在巴扎大门尚未开启就已经聚集不少商人。而在吉尔吉斯商人的经营区，当地时间早上 7 点以前，开门的店面极少，一般在 8 点时才陆续开门营业。之所以每天早上早早到巴扎来，10 号商人 Ghe·S 向作者解释，"很多人要做晨礼①，做完'乃玛孜'后就睡不着了，所以等到 5 点多就起床吃早饭，不到 6 点便到巴扎了。"对于部分商人来说，礼拜不单是必须完成的一种宗教仪式，还是他们一天商业经营的开始。Ghe·S 认为，做完晨礼的商人在精神和心理上格外敞亮，心态和平，精力充沛，能更加积极面对新的一天。

---

① 比什凯克的晨礼在当地时间早上 4：30 开始。

第三节　回　归

回归是阿图什市跨国商人经商过程的终点，也是商人们新的一个经营周期的起点。由于出入境手续繁杂以及旅费不菲等原因，在没有特殊事宜需要回国处理的情况下，商人们一般会在节假日回家。诺鲁孜节、肉孜节和古尔邦节是跨国商人集中回国的重要节点。

一、诺鲁孜节时回家

诺鲁孜节是流行于我国新疆地区的一个少数民族非常重要的节日。诺鲁孜节是维吾尔族、哈萨克族、柯尔克孜族等少数民族传统的佳节，也是改善人际关系、增进友谊的节日。诺鲁孜节最早发源于古波斯，诺鲁孜是波斯语，意为新的一日。诺鲁孜节同中国的传统佳节春节类似，也有辞旧迎新的意涵。与春节不同的是，诺鲁孜节节期比较固定，一般在每年的 3 月 20 日至 22 日。目前，世界上有 30 多个民族在庆祝这一古老的节日。在节日里，人们举办麦西来甫、体育比赛、走进田野，庆祝新春。另外，在诺鲁孜节，人们缅怀先人，对后人进行道德教育，为一年的春耕做各种准备。

阿图什的跨国商人一般也会在诺鲁孜节时回家。据作者调查，在诺鲁孜节回家的商人一般都是稍微年长的商人。这些中年商人在诺鲁孜节回家除了跟家人团聚之外，最重要的是回家安排春耕生产。阿图什市跨国商人中有一半以上的商户是"商耕型"的，即家庭的生计活动除了经商外，还耕种着为数不多的土地。这些复合型生计类型的家庭，一般经商规模较小，人口规模较小的简单家庭居多。另外，商人们在诺鲁孜节回归并非实际干农活，而是对家里的庭院经济和土地耕种作初步安排。如果留守在家的亲人难以开展农耕生产，商人会请自己的亲朋好友帮留守家里的人种地和栽培林果。

在比什凯克的"玛蒂娜巴扎"，大部分阿图什市跨国商人不选择回国。尽管在诺鲁孜节期间，"玛蒂娜巴扎"也会放假休息。但很多年轻的阿图什商人不愿意回去，特别是以经商为家庭主要生计活动的商人大都在比什凯克过节。农业种植在这些商人家庭的重要性已经很低。因此，商人们更喜欢在其他两个重要节日回归故乡。

二、肉孜节和古尔邦节时回家

对于大部分阿图什维吾尔族商人来说，肉孜节和古尔邦节的重要性远远超过了诺鲁孜节。所以，大多数商人一般选择在肉孜节和古尔邦节期间回归。在比什凯克，一到节假日或重要时节，所有的商铺关门歇业。在哈萨克斯坦和塔吉克斯坦也是如此。一个重要的原因是，在这些时间节点上，当地安保部门为了维护节日期间的稳定，要求商铺关门。中亚国家的这些不成文规定，使得节假日时的巴扎非常冷清。这和中国国内的情况截然相反。在国内，一到节假日时，逛街和逛巴扎的人涌现，此时也正是商人们最忙碌的时候。

大肖鲁克村的跨国布料商人因此在上述两个节日期间回国同家人团聚，从调查情况看，选择在古尔邦节回家的商人居多，因为古尔邦节对于维吾尔族是最重要的节日。从柯桥回来的发货人、国外回来的销货人以及家庭坚守者同家人们一起愉快过节的同时，还得解决一个问题：角色互换。在典型的家族式跨国生意家庭，尤其是弟兄三人组建的跨国经商家庭，三人一般都应具备相应的出国手续。三人中如果有人想更换角色，得向父亲提出，由父亲在肉孜节和古尔邦节期间的扩大家庭聚会上提出该议题供大家讨论。在很多时候，儿子们会根据父亲的安排和裁决来执行。这样做既有利也有弊，好处在于三个人通过互换角色，可以增长见识、照顾家庭、提高语言水平。如在照顾家庭方面，虽然此类家庭的生计活动是家族式的，但在日常的居住和生活方面却是独立的，长期不在家里的男子定然疏于对自己小家庭的照顾，从而影响夫妻感情和子女的教育。通过互换角色，每个人都可以定期回归家庭，从而促进家庭的稳固和相应问题的解决。不好之处在于，不利于同客户和供货商建立稳定的合作关系。在国外的巴扎里，商人们除了有固定的老客户，还时不时要同新客户打交道，如果频繁地更换店面经营者，对于客户来说则不习惯，从而影响商客之间持久关系的建立。

　　肉孜节和古尔邦节期间不回家的商人大都在自己的出租屋休息，他们较少出去游玩。整体上看，商人们都会在两个节点回家，要么在古尔邦节回家，要么在肉孜节时回家。据作者观察，回家后的商人，因年龄阶段的不同而在社会交往方面呈现出两种截然不同的行为特征：年轻人多会选择与同龄人交往交流，分享一些信息；年老者则多在家休息，很少出门，有时候连家乡的巴扎也很少逛。7号商人Mal·M在2019年9月向作者坦言："现在的跨国商人头上顶了一个'有钱人'的虚名，跟以前相比，现在回家后腰杆没以前直了。"年近50的Mal·M作为家族生意的带头人，在家排行老大，做布料生意20年。Mal·M的四个兄弟做生意都是由他带动起来的。Mal·M不仅在"玛蒂娜巴扎"拥有自己的店面，还开了一家托运公司，总部设在吐尔尕特口岸。Mal·M兄弟五人的工作相互经常轮换，每年的古尔邦节时，兄弟几个聚在一起议事，决定节后的分工安排。

　　到底是在肉孜节回国还是在古尔邦节回国，商人们的选择不尽一致。商人们如果选择在肉孜节回国，在70天之后的古尔邦节时一般就不会回家。如果计划在古尔邦节回家，则就不会选择在肉孜节回国。

第六章　阿图什市跨国商人经营
困境及其致因分析

在国外销售布匹是大肖鲁克村部分村民的生计策略，跨国布料商贸已经成为该村乃至阿图什商贸文化的主流。前期，尤其是1992—2002年的10年间，大肖鲁克村跨国布料生意兴隆，大部分商人的生意都稳赚不赔。然而，自2013年以来，随着国际贸易环境的变化及跨国布料商人自身商贸能力方面的问题，布料生意困境越来越明显。2015年以来，作者对阿图什市原"香港巴扎"、比什凯克的"玛蒂娜巴扎"的商户及相关部门人员进行长期的跟踪调查，着重探究商人们的生意困境及其原因。

第一节　阿图什市跨国商人的经营困境

大肖鲁克村的跨国布料商贸群体面临的困境较多，作者根据对100位商户的样本调查，发现商人们面临的问题或困境主要表现在：利润率降低；布料市场疲软；市场竞争激烈；流动资金不足；货源不稳；吉尔吉斯斯坦安全和外贸环境变化频繁；家庭支出逐年增大；汇率变动较大；转行困难；现代市场经济意识不足等方面。

在上述的困境类型中，前5种困境是商人共有的，后5种随商人个人情况之不同而有不同侧重。在30岁以下的商人中，吉尔吉斯斯坦安全问题表现得较为突出；在41—50岁的商人中，家庭支出和转行问题比较突出；51岁以上的商人对转行问题反映的比较多。作者主要从利润、市场、家庭三个角度对商人的困境进行描述和分析。

一、"Payda"（利润）

俗话说，无利不起早。追求利润及其最大化是所有商人开展经营活动的根本动机。大肖鲁克跨国布料商人之所以离开家乡，前往异国他乡从事商业经营，实质上也是追求利润。他们也是"经济人"，只有获得相应的利润才能维持其正常的生活和日常经营。大肖鲁克村的商人们在日常计算和描述收益时，常用"payda"（利润）来形容。而且，商人们的眼中"payda"是税后的、狭义的利润。在商人们看来，只有扣除所有的经营性支出，剩下的收益才算是利润。前文关于大肖鲁克村跨国布料商人近 5 年的总收入，就是指商人们所追求的"payda"。

通过对 2012—2016 年大肖鲁克村跨国布料商人总收入（利润）的变化情况分析可以看出，商户的年平均利润从 2012 年的 30 万元人民币，下降到 2016 年的 19 万元人民币。这只是所有商户的平均情况，很多规模较小、实力较弱的商户，年利润远远低于平均水平。如 99 号商人 2016 年的纯收入还不足 4 万元人民币。利润的下降，使很多"玛蒂娜巴扎"的大肖鲁克商人萌生了回国的念头。在其他中亚国家，情况也不容乐观。24 号商人 Abd·H 在塔吉克斯坦卖布 5 年，因无利可赚而回国。

24 号商人：Abd·H，男，31 岁，亚喀巴格村人，中专毕业。

我虽然是亚喀巴格村人，但父母都有正式工作，父亲是警察，母亲是老师。我们兄弟三人，大哥是老师，二哥是警察。2014 年 5 月结婚，现有一子和一女。2007 年毕业于乌鲁木齐的一所中专学校，回来考工作一直没有考上。当初在表哥开的超市里打工。2008 年 10 月，家里帮忙筹了点钱，我到塔吉克斯坦首都杜尚别（Душибе/Dushanbe）做布料生意。2012 年，我所在的巴扎起火，我的店铺中有 1.5 万美元的货物也被烧毁。2013 年年初，那边生意越来越不好做，再加上父亲心脏出了问题，我将店铺关门彻底回国。在杜尚别的前两年，生意还可以，每年能挣七八万元人民币，从 2010 年开始就不行了，挣的越来越少，最差的是 2012 年，我年收入才不到 2 万人民币。在国内随便找个工作干，一年都能挣四五万元。2013 年年初我就回国了。

刚去塔吉克斯坦时，他们的话我一句都听不懂，塔吉克斯坦的语言不像维吾尔语、乌兹别克语、哈萨克语和吉尔吉斯语，塔吉克语和我们的语言发音不一样，我只有学习塔吉克语或者俄语才能立足。到杜尚别一年后，我也能蹩脚地说一点塔吉克语了。在塔吉克做生意最大的问题就是那边的人多数情况下要求赊账，写一个类似收条的东西，本来白纸黑字写得好好的，货款要用美元付，但等到美元与索莫尼①（Сомони/Somoni）的汇率上升时，他们就会用索莫尼付款。如 1000 美元的货物，生意成交当天的汇率是 1∶4.5，等真正付款的时候，汇率可能会变成 1∶4.9，他们会以生意成交当天的汇率用索莫尼付款，只付4500 索莫尼。这样，我们就会损失 400 索莫尼（4900 索莫尼减去 4500索莫尼）。相反，如果付款当天汇率下降，成为 1∶4.2，当地的客商就会用付款当天的汇率来付款，也就是支付款 4200 索莫尼。如果当时商定的是以索莫尼来付款，协议日当天的汇率是 1∶4.9，而真正付款日的汇率是 1∶4.5，他们会拿美元来付款，我们本应该收 4900 索莫尼，但最终只收到 4500 索莫尼，损失 400 索莫尼。总之，当地人想方设法地都要以对他们最有利的付款方式来支付货款，从不管签没签过协议。这种情况在塔吉克斯坦是普遍性的，尽管对他们的行为很愤慨，但没办法，在人家的国家我们也只能忍气吞声。另外，现在办塔吉克斯坦的签证非常难，我也不知道这几年怎么了，三年以前很容易，只需要申请，基本上没有办不成的，一月之内就能拿到手，而且手续费只有1000 美元。现在两个月之内能拿到就算很好了，费用也涨到 2000 美元以上，最要命的是现在申请长期签证几乎不可能了，他们只办理半个月的签证，超过这个时间之后，就要申请展期。一般情况下只有塔

---

① 索莫尼（Сомони/Somoni）是塔吉克斯坦的本位币。

吉克斯坦那边的企业或公司开具介绍信或公函，使领馆才有可能办理，否则不会办理。塔吉克斯坦的治安情况倒是还不错，但现在大家最提心吊胆的是签证问题，如果没有及时申请展期或签证过期，被当地的警察抓住后会索要"罚款"，每次都是100—200美元。这种突击式的检查几乎每两天就有一次，搞得那边的外国商人胆战心惊。

在塔吉克斯坦做生意的人，基本上都是些小投资的商人。我当初在杜尚别的一个布料巴扎里有个40平方米的店面，每年的租金在1000美元，每月的管理费在150美元，给当地的税收大概每月300美元，这样我一年下来各种租金、税费等方面的支出超过6000美元。我的货都是由在浙江柯桥的表哥给他在杜尚别做布料生意的弟弟发货时，顺便也给我每次发几包货，每包货的成本不一样，大概在6000—8000元之间。

2015年，别人介绍我去阿图什工业园区的一家企业上班，主要在车间做电瓶车的电瓶安装，干了不到两个月我就不干了。主要是母亲不让我干，说一个大男人跟一些女工在一起有什么意思，回家闲待着也比干那个工作强。当然，我本人也不想再干，主要原因还是工资太低，每月只有2500元，而且还非常不自由，要住宿在厂区。这一点我们家里人也反对，他们说我以前在国外的时候那是没办法，现在回到国内，回到家门口也晚上夜不归宿，让别人看了笑话。在国外做生意，基本上都是由自己来做主，自己的行动一下子被别人限制住，觉得非常别扭。坚持了两个月后，厂里发了4000块钱我就回家不干了（中途旷工多次）。

我现在手里有10万元的积蓄，这两年一直在阿图什找能做的生意，到现在还没有找到能干的行业。父亲身体不好，他不愿意我去更远的地方，如内地，甚至连乌鲁木齐都不允许我去。我现在也很着急，没有投资的生意，虽然有点余钱，但很快会花完的。如果没有更好的投资方向，我想我的生活会受到影响，老婆在州医院当护士，合同制的那种，尽管每月也有2500元的工资，但不足以维持我们以后的生活。

因此，我必须要找一个有利润的生意，改变目前的境况。①

Abd·H 的境遇是普遍性的，无论在中亚哪个国家卖布的大肖鲁克人，他们抱怨最多的依然是 "payda"（利润）越来越小，商人们担心照目前情况发展下去，不用三年五载，商人整体性回流就不可避免。利润空间越来越小，是包括跨国布料商人在内的所有跨国商人群体的基本现状。2019 年作者再返阿图什市时发现，商人的利润回报并没有明显的变化。

二、市场

市场疲软是商人们生意困境的另一个表现。如果说在分散性的综合市场商人对市场变化体会不深的话，在"玛蒂娜巴扎"这样的专业市场，商人的感觉就很深刻。这一点从该巴扎的货物流动情况便可以看出。据作者调查，2012 年，巴扎上整体进货大致有 2 亿美元的货物，销出则达到 1.8 亿美元以上，仅有 10% 的库存。2016 年，巴扎进货 1.2 亿美元，售出则仅有7000 万美元左右，库存率达到 40% 以上。就个体商人而言，2016 年的库存率最高时达 75%，最低时也在 42% 左右。严重的库存使得商人们的销货压力剧增。

据"玛蒂娜巴扎"的"二把手"Tur·J 介绍，吉尔吉斯斯坦的整个纺织品市场都不好，商人的货卖不出去，即便卖出去，也都是赊账交易。以比什凯克当地服装业为例，据了解，在比什凯克规模以上的服装企业有 40 多家②，临时的小作坊则以千计，这些企业和加工厂是吉尔吉斯斯坦服装业的主干力量。然而，近两年，由于俄罗斯和哈萨克斯坦对吉尔吉斯斯坦的服装进口需求减少，吉尔吉斯斯坦国内生产的服装滞销，很多作坊倒闭，工厂停工。作为服装加工的原料来源地的"玛蒂娜巴扎"受到极大影响。因为后者

---

① 被访谈人：Abd·H，男，31 岁，亚喀巴格村人；访谈时间：2016 年 4 月 3 日下午；访谈地点：阿图什市亚喀巴格村委会。

② 在吉尔吉斯斯坦，从人员数量上看，员工达到 50 以上就已经属于规模以上企业或者中型企业。

三分之一以上的货物供应给当地的服装加工厂。除此之外，吉尔吉斯斯坦的纺织品转口贸易也随着该国加入"欧亚经济联盟"而受到影响。在加入"欧亚经济联盟"之前，吉尔吉斯斯坦可以利用其优惠的进口关税政策吸引外来的纺织品到其国内，而"入盟"后，盟内各成员国在进口关税上实行统一的税收政策，吉尔吉斯斯坦在此方面的竞争优势减弱，作为吉尔吉斯斯坦最大的纺织品进口来源国，中国出口吉尔吉斯斯坦的纺织品也受到影响。总之，在吉尔吉斯斯坦纺织品内需疲软，转口贸易量减少的情况下，"玛蒂娜巴扎"的布料销售也举步维艰。对于目前颓废的市场，53 号商人 Ghe·M 作为年轻商人中少有的大学生商人，虽然在比什凯克做布料生意只有 5 年，也有自己的体会。

53 号商人：Ghe·M，男，29 岁，肖鲁克村人，大学毕业。在比什凯克"玛蒂娜巴扎"经营棉布 5 年。

　　2009 年，我在新疆大学法律系就读两年后，家中出了重大变故，父亲和长兄一年内相继去世，家里没有男性支撑，遂从新大退学回家照顾家庭。2011 年底，在朋友的帮忙下到比什凯克"玛蒂娜巴扎"做生意。起初两年先是给人当学徒，后来，自己也租了一个店面，去年又租了两个仓库，正想好好大干一场，但近两年的生意越来越不好做，尤其是 2016 上半年很不好，有时候一天连吃饭钱都赚不回来。我想把账收回来之后就回阿图什，在那边做个小生意。我的货是内地的汉族朋友直接发的。家里只有生意收入，没有其他收入。家里有 3.5 亩地，主要种的是小麦。我打算回去之后开出租车，只有干这个，再没有其他出路。我来比什凯克之前在"赛买提巴扎"做生意，但是客人太少，人气太低，大概做了三年。"色卡"都是厂家发给我的，我需要什么布，只需要给厂家发微信，他们就给我发货。每公斤的运费是 1 美元，从广州和柯桥到这里，运费差不多。1 公斤有 6 米，每公斤 32 元，每米 0.2 美元，1 米布赚 1 块多钱。卖的多了生意还好，尤其是批发还好。店里有 1 米 30 元的，有些棉布 1 米能赚 3 块钱。布种不同，赚的也就不一样。每年的 2、3、5、7 四个月份生意最好。每个人的生意淡旺时期不一样。经常有来自哈萨克斯坦、俄罗斯的客户来买布。有些布是在柯桥进的，有些是从"多尔多伊巴扎"进的。有些按米出售，有些按公斤出售。家里有 5 口人，大家的生活全靠我来做生意。不做生意的话，饭都吃不上。一匹布有五十米和一百米不等。①

生意越来越不好做，商人们之所以有这样一个普遍的感受，中亚国家特别是吉尔吉斯斯坦的服装业疲软是跨国商人布料销售市场不景气的原因。Ghe·M 告诉作者，2014 年以前他的店面比较小，整个店面长 6 米，宽 2.2米。2015 年，在以前的基础上加长了 1.6 米，总长变成了 7.6 米，因此整个经营面积扩大了，租费也就增加了，扩大后的店面租金每月 550 美元，比之前每月多了 50 美元。经营成本的增加，进一步减少了利润空间。

三、商人与家庭

商人的生意出现困境，影响最大的莫过于家庭生计。近几年，因为收入递减，商人们的回国次数也减少，家庭生活改善也不太明显。2012 年作者在大肖鲁克村驻村时，曾经到过接受调查的 100 位商人中的好几家商户走访，2016 年再次实地观察，发现商人们的家庭生计近几年并没有明显的改善。以 31 号商人 Xel·M 和 15 号商人 Mem·N 为例。

31 号商人：Xel·M，男，25 岁，温吐萨克村，大专学历，在"玛蒂娜巴扎"卖布 3 年，系 37 号商人的妹夫。Xel·M 是温吐萨克村屈指可数的几个大学生布料商人之一。2011 年，Xel·M 从乌鲁木齐某大学行政管理专业毕业，毕业后参加多次公务员和事业单位招聘考试，但最终没有考中。2012 年，在其岳父的建议下，Xel·M 前往比什凯克"玛蒂娜巴扎"，在其岳父的店面做学徒。一年后，后者将自己租用多年的商铺转租给 Xel·M。

---

① 被访谈人：Ghe·M，男，29 岁，肖鲁克村人；访谈时间：2016 年 9 月 2 日下午；访谈地点：吉尔吉斯斯坦比什凯克"玛蒂娜巴扎"餐饮区。

后来，Xel·M 又租了一个集装箱库房。踌躇满志的 Xel·M 本想要大干一场，但后来的生意情况让他心凉。据 Xel·M 向作者讲，各种租金、管理费、赋税以及住房租金等一年下来总共要 15000 美元左右。2014 年、2015年、2016 年的纯收入分别是 15 万美元、12 万美元和 8 万美元。如果去除回国的交通费等各种往来费用，2016 年的纯收入不足 5 万美元。这对一心想要在家修建大房子的 Xel·M 是一个不小的打击。2012 年秋天，作者曾去Xel·M 家里，其父母本想让儿子在阿图什当地做个小生意，但 Xel·M 的岳父坚持要女婿去比什凯克卖布。作者再次见到 Xel·M 的父母时，两人虽然不曾明确表示在意 Xel·M 在国外经商的成败，但言语中能感觉到对亲家当初要 Xel·M 出国做生意决定的不满。"我这几年就指望着 Xel·M 能混出个好样来，这样可以把当初他上大学时借别人的钱还上，还可以重修一下家里的房子。现在看来，这个愿望基本上成了泡影。我本来就不想让他出去的，如果再坚持一年，说不定能考上工作。即便考不上，也可以在本地做个生意，一年也能挣个三四万。人有时候还得自己要有主见，别人的建议可以听，但只能作为参考。"①

同 Xel·M 一样，不少年轻的跨国商人都没有赶上布料生意的黄金期，由于实际经验欠缺，对市场行情的掌握不够以及其他原因，年轻商人们最终不仅没有实现短期内成为有钱人的目标，反而经营状况每况愈下，生意处于"鸡肋"的窘迫状态。生意的不景气，不仅影响到商人个人经商视野能不能持续，而且还影响到其背后的家庭，乃至影响到家庭成员之间的关系。

15 号商人：Mem·N，40 岁，男，亚喀巴格村人。Buh·S，女，43 岁，阿图什市阿扎克乡某小学教导主任，15 号商人之妻。Mem·N 目前的生意困境使得维持多年的家族生意面临挑战，家庭成员之间的关系也出现了微妙的变化。

---

① 被访谈人：Mus·W，男，59 岁，15 号商人 Xel·M 的父亲；访谈时间：2017 年 2 月 18日上午；访谈地点：被访谈人的家里。

我丈夫 Mem·N 目前在俄罗斯莫斯科做沙发布生意。2009 年之前在 "Черкизовский рынок/Cherkizovskii rynok"（切尔基佐夫斯基巴扎）做生意，2009 年这个巴扎被俄罗斯政府关闭后，他又去莫斯科市的另一家中国人聚集的巴扎 "Люблино рынок/Liublino rynok"（柳布林诺市场）经商。我老公 43 岁，是亚喀巴格村人，兄弟姐妹四个，两个哥哥一个姐姐。我老公的大哥在吐尔尕特口岸工作，二哥在浙江柯桥负责发货。老公的家庭是一个典型的商人家庭，他的父亲，也就是我的公公他们一辈的兄弟就已经做生意。Mem·N 在六七岁的时候就经常帮助父亲卖个小东西，当时主要是卖汽水，一分钱一杯的那种。十二三岁的时候，他就在 "拉帕斯巴扎"（"香港巴扎"）帮助父亲照料生意，当时经营的主要是球鞋和棉花。1997 年，我和老公结婚，当时他家里就有 300 多万的生意。初中毕业后，他终止了高中的学习，彻底出来帮助父亲经商。他去过上海、浙江、常熟等地，在那边进沙发布。1999 年，老公去了比什凯克，那个时候我的第一个孩子才不到两岁，他在 "吐尔巴扎" 租了一个店面，2000 年这个巴扎发生大火，老公又去了莫斯科，在那边长期做布料生意。为了能更好地经商，老公学会了吉尔吉斯语、俄语、塔吉克语、乌兹别克语和伊朗语等五种外语。在塔吉克斯坦塔什干也有一家店面，但主要的经营场所还是在俄罗斯。我们在大巴扎（指今阿图什农民大巴扎）上有 4 个店面，市里也有生意，在市工会对面有一家店面是我们的，我们把它租出去，每年收到 15 万元的租金，还有两个小店面，每年收到 3 万元的租金。现在公公快 80 岁了，他的腿有病，但依然在每周日的大巴扎时，让我带着孩子和他一起去巴扎上做生意。公公经常告诫孙子和孙女们，我们是传统的经商家族，经商需要头脑，更需要去实践，不管以后干什么工作，即便在以后当了干部，也不能忘掉这样一个事实：做生意是我们家族生活的基础。所以，他要求孩子们从小也要有这样的意识，孩子长大后如果不想再干稳定工作，还可以做生意。如果他们从小有了一定的积淀，即便半路转行做生意也是可以的。公公对孩子的锤炼还不仅体现在巴扎的生意实践上，他经常拿自己小时候和年轻时期的经历做教材，给孩子讲一些我们维吾尔族人的商道，如别人遇到难处需要帮助时，我们一定要尽力帮忙，对于那些初次学做生意的人，也要给他们一些指导或传带，绝对不能给他人放高利贷等等。Mem·N 的二哥虽然没有怎么上过学，但脑子非常精灵，这几年他在柯桥负责发货，老公在俄罗斯负责收货和销售。所以，他们兄弟搭档得挺好。据老公说，这两年的生意非常不好，主要是国际金融危机所造成的，而且莫斯科的安全形势也不是太好，经常有当地人欺负外国商人的事情发生。2015 年 10 月份老公就遇到一次，一位喝醉酒的俄罗斯人青年向我老公敲诈要钱，最后老公给了对方 5000 卢布才了事。为了安全，也为了少掏一些房租，老公和其他在俄罗斯的阿图什商人一起租房居住，为此，他还学会了做饭，以前他很少做饭。现在回到家里时，老公有时候也会下厨做饭。我从克州师范毕业后就在阿扎克中心小学当了老师，后来调到了现在的这个学校。当时结婚的时候，家里人也比较反对，认为我是老师，是知识分子，而老公只上了初中，而且刚结婚时老公的家就已经很有钱了，认为我们工薪阶层与有钱人的思维可能不一样，婚后生活可能会有问题。但我最终说服了父母，依然嫁给了 Mem·N。结婚怀孕后，老公就劝我辞掉工作在家当个有钱人的老婆，用现在的话来说就是做个阔太太，但我不愿意，并跟他约法三章，谁也不能干涉对方的职业。后来，老公去的地方多了，思想也变了，从此他再也没有对我做过类似的劝告。老公的这种变化，主要源于他在国内外的见识的增长和对生活的深刻理解，尤其是在国外的经历，对他的眼界的开阔影响很大，就连他自己也说自己现在是个"国际化"的人。我们家虽然有点钱，但我在生活中一般都很低调，因为我有自己的工作，而且也很热爱教师这个职业，我的经济是独立的，精神是愉快的，老公的钱有时我也花，但主要还是花自己的钱。他的钱就留给我们的下一代吧。我经常跟老公说，"你不要压力太大，尽自己的努力来做生意，等你干不动或者生意做不下去而失业时，我来养你。"老公一听这句话就会呵呵一笑，要是在以前，根本不可能跟自己的男人这样说话，这样会让他们觉得很伤自尊。总之，Mem·N 现在的这些变化我还是挺满意的。

我们维吾尔族人好像对合伙做生意（家族外的合伙）不是太擅长，一般都是家族性的，尤其那些多子多孙的大家庭，这些家庭或家族成员分工都很明确，老大负责一块，老二负责一块，老三负责一块，以此类推，形成一个建立在血缘关系基础上的运行系统。还有一点，我们阿图什的商人，对理财方面不像汉族人那样非常精细，一般情况下，家里所有的钱都是由作为一家之主的最年长男性掌管，就像我们家，公公虽然现在不在生意一线，但财政大权依然由他掌控，一般我们买个大件的东西，需要征得公公的同意。虽然我们也都有自己的小家，但公公拥有在整个大家庭中的权威，而且是绝对权威。一般逢年过节的，在外经营的孩子们不管在什么地方，都要回家来，这也是公公给大家铁定的一条规矩。我老公的二哥因为违反了这个规矩而被公公狠狠地教训过。事情是这样的，2015 年 10 月，我老公负责去柯桥进货，当时货物已经在前往比什凯克的路上，因为天气原因，货车晚到比什凯克两天，而负责接货的二哥本来已经买好了回国的机票，但货没有按时到达，故又等了两天，从而错过了公公的生日。为此，公公大发雷霆，他觉得二儿子不孝，连他的生日也不回来给他过。公公不仅在家里奚落二哥，还说给街坊邻居听，村里的舆论使得二哥在很长一段时间抬不起头来。其实，公公知道二儿子不回来的原因，可他就是想治治他，这也是杀鸡给猴看，好让大家知道他还是一家之主，儿女一定要顺从父母。现在，公公对于具体的生意管理不再亲力亲为，但家里的账目和财产他还在掌握。我有时候也不理解公公的一些做法，老公给我解释说，老人是想通过这些措施，来确保大家庭的完整性，如果他完全放手，我们兄弟肯定会将生意分开，那样会对生意有影响，而且将老人维持了多年的大家庭也分开了。

这几年，Mem·N 回来后经常唉声叹气，一直说生意不太好。2012 年上半年，我们打算在村里重新盖房子，我老公很早就在阿图什市给公公婆婆买了楼房，村里的老房子可以不用修的。但是两个老人城里住了几年后不想住了，一直想回老房子住。我们执拗不过，最终两个老人在2011年底时搬回村里住。本想着2012年底就动工修房子，但老公说等一等，生意好点了，多赚点钱盖个好房子。想不到从2013年到现在生意持续恶化，盖房子的事一直拖到现在还没有落实，老家的房子年久失修，很担心公公和婆婆的住房安全。这几年，Mem·N的货物积压很多，而且莫斯科的客户也欠账严重，Mem·N每年只有不到20万元的收入，全部由老公公来掌控。因为我们有两个儿子在广州上足球学校，每人每年学费就要好几万。公公从家庭资产里支出这笔费用时，Mem·N的兄弟虽然嘴上不说什么，但心里面肯定不舒服，因为他们的孩子花费很少。有一次，Mem·N的兄弟对外人说，家里的钱绝大多数由我们和孩子花掉了，并流露出要分家单干的意思。老公每听到兄弟这样说时，心中很愧疚。他认为都是因为生意不好造成的。放在以前，只要有用钱的地方，大家都不会介意，因为都觉得有钱花就行了。现在花钱不光要精打细算，兄弟间还产生间隙，这对维持了多年的家族生意和家族的完整性都极为不利。以前老公一回国，就给我说这说那，谁谁又赚了多少钱，又进到什么好货等等生意上的事情。从2013年开始，他一回来就倒头睡觉，我当初还以为他是劳累所致。后来每次回来都情绪不高。我开始问他，他起初不给我说实话，后来才说生意差。因为在阿图什维吾尔族传统中，生意上的事一般不会告诉女人，尤其是生意赔了或者亏了，这些事男人不轻易告诉他人，包括自己的老婆。自此，我才知道这几年老公的压力。我经常告诉老公，要坚持，生意不会一直差下去。虽然我这样安慰老公，但是也知道经济变化的事情谁也无法预料。

在我老公看来，如果一个男人赚不了钱，还让自己的老婆养活，那这个男人就失去了活下去的意义。虽然我也每月有3000多块钱的工资，但家里的开支和孩子的学费都由Mem·N来担负，他说自己是男人，不能让女人来承担养家的责任。阿图什的男人自尊心都很强，如果自己没有收入或者收入少一些，他们就会觉得很没面子。虽然Mem·N在这方面表现得不太极端，但骨子里的大男子主义依然根深蒂固。①

跨国布料生意的持续低迷影响了商人家庭的发展，甚至是正常的运转。因为经营状况持续走低，家族式的跨国商户内部成员之间的关系也逐渐微妙起来。生意今后怎么做？继续坚持还是彻底回归？这是很多商人萦绕心头的一个困惑。

第二节　阿图什市跨国商人经营困境的致因分析

跨国商人的生意为何出现这样或那样的困境，到底是什么因素造成的，没有任何一个商人能够给出完整的答案。因为造成商人们生意出现困境的原因是多方面的。作者实地观察和跟踪调查之后，将影响商人生意的原因归结为三个方面：一是商人自身层面；二是环境方面；三是制度方面。

一、跨国商人自身

在跨国布料商人自身层面的因素，具体来讲，主要涉及商人的竞争力，商人对历史辉煌时期的持久记忆和现实处境的忧虑，维吾尔族家庭中的父权文化，商人在实际交易中的债务贸易（赊账行为），商人代际之间的经验与教条的较量以及盲目的投资（布料以外的领域），等等。

（一）商人的竞争力

在经济全球化背景下，在商海中赢得立足之地的一个重要条件是，必须不断增强自身的竞争实力。大肖鲁克村商人的一个普遍特征是：自身竞争力不足。主要原因有三：一是教育水平较低。农民出身的商人大多拥有小学

---

① 被访谈人：Buh·S，女，43岁，系15号商人Mem·N之妻；访谈时间：2016年4月20日下午；访谈地点：阿扎克乡某小学操场。

和初中水平，其中，小学教育水平占总商人的 32%，初中占 48%。虽然经过多年的打拼，积累了一定的商贸经验，但较低的教育状况制约了商人们在布料经营中的创新，尤其是面对不断更新的商业环境，商人们的应变能力略显滞后。二是对现代商业信息的掌握不足。商业信息瞬息万变，及时高效地获取并运用信息对商贸经营者至关重要。大肖鲁克村商人目前采用的依然是较为传统的经营模式，对市场变化的捕捉能力没有得到提升。很多商人还不能熟练运用电子商务工具，从而制约了其对商业信息的掌握和运用。三是语言能力欠缺。由于维吾尔语和吉尔吉斯语同属突厥语族，故在吉尔吉斯斯坦的大肖鲁克村商人基本上能够使用吉尔吉斯语。然而，俄语在吉尔吉斯斯坦也被经常运用，很多商人在与使用俄语的客户交流时存在困难或障碍。另外，在与供货商的交流方面，大多数商人的汉语能力有限，很多商人只能运用诸如数字等简单的语言片段。由于语言能力受限，影响了商人们与客户、供货商交流空间的拓展，进而影响了商人们对市场信息的发现和运用。

（二）历史与未来

作者调查发现，对于大肖鲁克村的跨国布料商人来说，尤其是对年长的商人而言，较少有人思考诸如"为什么要出国做生意""为什么要做布料生意""明知当前的生意不好，为什么还要坚持""要坚持到什么时候""能否转行做其他的生意"等等关于此类生计的现实问题。只有当作者提及这些问题时，很多人才突然对这个问题经过思考后给出自己的答案。相应地，商人们对曾经布料生意历史上的辉煌期大都存有深刻的记忆，有些人出于对历史记忆的回想而"逃避"当下的生意现状。关于这个问题，作者主要访谈的是 60 岁以下的商人。

12 号商人：Mem·Q，男，52 岁，肖鲁克村人，从事布料生意 18 年，初中文化。

　　问：为什么要出国做生意，除了地少人多的原因外，还有其他原因吗？

　　答：我们家祖上就是一个大巴依，祖先们多做买进卖出的行当。

到爷爷这一辈，家道逐渐衰落。我们家兄弟姐妹6人。我是家里的幼子，同父母一起生活。父亲在世时，一直教导我们以后有机会要做生意，在他看来，我们阿图什人是世上最会做生意的人。他教我们怎么样跟人接触，还要我们以后多去巴扎上逛逛，说巴扎是商人们的聚宝盆。因为从小就受到父亲这样的教导，虽然当时的环境也不允许我明目张胆地去做生意，但这些教诲影响了我的生意实践。经商政策放开后，我同几个兄弟开始成了巴扎的常客，尤其是在"香港巴扎"，我的两个铺面专营女性的头巾，从苏州、杭州带过来的各种漂亮头巾成为妇女们的最爱。后来，应该是1993年，我又盘下了一个店面，专卖女性内衣内裤，不过这个店面是我的老婆在卖，虽然时间不长，但也落下了了一个"女货商"的绰号。1996年春天，"香港巴扎"没有以前那么红火了，我也开始考虑换个地方去做生意。当时有两个选择，一是乌鲁木齐，二是吉尔吉斯斯坦的比什凯克。后来听人说，吉尔吉斯斯坦更能赚钱，我就出国了。从1998年到现在，一干就是18个年头。所以，对我来说，出国做生意并不是因为家里穷才出去，而是我已经有了资金积累才出国的，当时就是想赚更多的钱。因为在"香港巴扎"时期，几乎所有的商人都是疯狂性地赚钱，可以说，那个时候的市场疯了，人也疯了。

问：在国外做了18年的布匹生意，最辉煌的时间是什么时候？

答：应该是2000年前后吧，那个时候的生意最好，只可惜，"吐尔巴扎"的一场大火将我的货物烧毁殆尽，那时如果没有继续坚持在后来的"玛蒂娜巴扎"做下去，就不会有现在的我。好多年轻人说，我是为数不多的"不倒翁"之一。因为经历过两次大的变故，一次就是"吐尔巴扎"大火，一次是之前的"香港巴扎"大火，只不过，"香港巴扎"的火灾对我的损失不是很大，只是将那个女性内衣内裤专卖店烧掉了。因为当时已经要考虑转移货物，所以，也没进多少货。

问：这么多年的坚持，你觉得大肖鲁克村在国外的这些布料商人最大的特点是什么？

答：哈哈，这个问题把我还难住了，特点应该有很多，但最大的特点嘛，还真是不好说。嗯嗯……（略略思考了一下）我想应该是坚持，说好听一点是坚持，说不好听一点是死扛或死守。布料生意不同于其他生意，它有自己的特点，比方说市场需求稳定、技术含量不高、对布料的储藏条件要求比较高等，这些都源于布料在老百姓日常生活中的作用，因为人要穿衣，要睡觉，离开了布料，谁也没法生活。说布料买卖的技术含量不高，是因为卖布不需要给客户介绍让人迷糊的信息参数，只需要将实物展示给买方看就行。对储藏条件的要求高，是说布料最忌讳火和水，一旦有火灾就是整体性的毁灭。当然浸水也不行，它也会腐烂，没有人愿意买被水浸泡过的布料做衣服，这一点尤其是在比什凯克比较忌讳，他们认为这种布料做成的衣物人穿上不吉利。这个忌讳我也搞不明白是为什么，反正，我们的布料一般都在集装箱里储存，而且要架高。实事求是地讲，布料生意表面看上去比较简单，但为什么有的人生意好，有的人则不行，这主要是因为做布料生意的人不同。所以，生意的好坏也要看人。整体上看，对于我们这些卖了二三十年布的商人来说，布料生意的最大特点就是坚持，无论外界环境如何变化，只要坚持就能活下去，也只有坚持，才会迎来新的春天。因为我相信，谁都要穿衣，有需求就有市场，所以坚持下去才会赢，这就是我最大的感受，我相信90年代前后的辉煌一定会重现。

问：对将来有什么打算？

答：这个我还没想过，我们这些人除了做生意，基本上也没啥别的本事。就像我刚才说的，到我这个年纪了就想着不管是好是坏还是坚持。我知道，这几年来，尤其是2014年以后，好多人都是抱着得过且过的心态，过一天算一天。要不然能怎么办呢？你看这个巴扎中，每天都有人离开，也每天都有人来，旧人去新人来。特别是年轻的小伙子，他们以为到这里来就可以赚大钱。实际上并没有如他们所想的那么容易。刚从学校毕业的年轻人对自己没有一个认识，也没有一个规划，就净想着赚快钱，很显然是不现实的。现在的年轻人做生意不像

> 我们当初出来闯荡，他们还是有很多长处的，比方说年轻的一代语言能力都很好，他们学习新东西也快，但是据我所知，很多人都没有利用好自己的这些优势，而是整天拿着手机玩。说实话我也想着怎么改变自己的现状，但是心有余而力不足。毕竟我的年纪在这放着呢，想学习新手艺转行，貌似也不太现实。但是这些年纪轻轻的娃娃就不能这么沉沦下去啊，他们的人生还很长。虽然说整体上这个巴扎的生意不太好，但依然有个别商人还是做得不错的，这些年轻人为何不学习一下，好好想想未来到底怎么做，而不是整天怨天尤人。[1]

作者通过观察发现，很多年纪稍大的商人，一直怀念过往的跨国布料生意的辉煌岁月，他们对这一历史阶段的记忆太深，面对目前的境遇显得手足无措。这群商人对当前的生意现状看得比较淡。对于加入跨国商贸行业不久的新人特别是二三十岁的年轻人来说，目前的生意状况令他们非常沮丧，对未来也比较悲观，做一天和尚撞一天钟的心理倾向较大。正如 Mem·Q 所言，本来整个布料市场状况这么复杂，如果对自己没有符合实际的规划，不去积极探索，那状况只能是越来越糟糕。

（三）父权

在阿图什维吾尔族家庭伦理中，父权对家庭的影响依然较大。父亲是家庭权力的最大拥有者，"对家庭的一切拥有绝对的支配权"[2]。"这种权威体现在家长对家庭成员有绝对的统治支配权，家庭的经济大权由父亲（丈夫）掌管，大事由他决定。"[3] 在大肖鲁克村，父亲的权威依然不能随意挑战。这一点在商人家庭中尤为普遍。究其原因，主要是由于在这些家庭中，父亲是

---

① 被访谈人：Mem·Q，男，52 岁，肖鲁克村人；访谈时间：2016 年 8 月 27 日；访谈地点：吉尔吉斯斯坦比什凯克市"玛蒂娜巴扎"A-59 店面。

② 曹红：《维吾尔族传统家庭及家庭功能的变迁》，《新疆师范大学学报》（哲学社会科学版）1999 年第 1 期。

③ 方晓华：《论维吾尔族的家庭及其变迁》，《新疆大学学报》（哲学社会科学版）2002 年第 3 期。

子女们经商的引路人，年轻人需要学习和借鉴他们身上丰富的经验和人生阅历，这就使得他们"退休"后依然可以充当子女的顾问，及时指导后者的日常经营。在跨国布料商人家庭中，退居二线的父亲不仅对接班的儿子在经营理念、习惯、策略等方面施加影响，而且还是家庭财产的掌控者。由于商人们皆为个体商户，对家庭资产和经营资产的划分并不明确，因此商贸文化在代与代之间的传承以及对财产的控制，确定了父亲的绝对权威，从而形成家庭内的"一言堂"。

父权主导的商人家庭，代与代之间的互动并不一直处于良性状态，由于代与代之间的"鸿沟"，双方在商业理念、模式、价值等方面会产生冲突。这种冲突主要表现在对布料生意面临的挑战之应对方面。如在进货、交易方式、经营规模、人际关系等方面，退居幕后的老一代商人，往往控制和支配下一代的商业活动。在阿拉木图卖布多年的 Mem·T，两年前因为当地的生意日益疲软，想把生意转移到吉尔吉斯斯坦比什凯克，但一直没有获得 85 岁的老父亲同意。他向作者讲道："阿拉木图的布料生意越来越难做了，主要是当地执法部门动不动就没收我们的货物。所以，我一直计划着要转移地方。但我不敢将心里的想法向父亲禀明，父亲曾在五年前就告诉我，必须在阿拉木图坚持十年或更长。父亲是全村最早出国做生意的两个人之一。他认为，一个人要在某个地方立足，没有五年以上，最好是十年的时间，是难以真正安定下来的。十年的历练足以使人融入当地人的生活中，以后与当地人之间的买卖才能做好。去年，有人从侧面将我要转移地方的想法透露给父亲，老人就立刻给我打电话，狠狠地批了我一顿，让我不要胡思乱想，好好在当地做生意。虽然现在生意越来越萧条，但我也只能在阿拉木图待着，没办法，老爷子是我们家的'最高领导'，我大哥已经 60 多岁了还得听老爷子的，我们全家人都必须听他的。"①

不仅仅是 Mem·T 家，其他家庭也面临同样的问题。父权浓厚的家庭

---

① 被访谈人：Mem·T，男，41 岁，亚喀巴格村人；访谈时间：2016 年 7 月 8 日下午；访谈地点：阿图什市肖鲁克村委会会议室。

布料生意受父权影响较大。在父权社会的家庭，权力的拥有者是家庭的核心。大肖鲁克村的跨国商人家庭，同其他维吾尔族普通家庭一样，父亲在家里具有绝对的权威。在以经商为传统的家庭，父亲的控制性角色就更为明显。4 号商人 Tur·H 和亚喀巴格村 3 小队的 Tah·M 是两个超大商人家族的一家之主，虽然他们都身居幕后，但还是时不时地对子女们的日常生意施加自己的影响。

4 号商人 Tur·H 目前的最主要活动就是捯饬家里的葡萄园，实际上就是同老伴一道和孩子们玩。老人在自己的一亩三分地"耕耘"了十多年，给人一种不问世事的样子。但在众多儿孙的生意经营中，如果有拿不准的事，一般都由老人一锤定音。第四个儿子 Aji·M 2013 年在何处开办餐厅举棋不定时，就是其父 Tur·H 最后拍板，一锤定音。40 岁的 Aji·M 自 18 岁开始就在"香港巴扎"做布匹生意。21 岁时，前往吉尔吉斯斯坦比什凯克做生意，依然经营布料。Aji·M 向作者介绍说："2010 年之前，在比什凯克做生意很容易，只要人勤快一点，一般或多或少都有得赚。而在吉尔吉斯斯坦的政治局势恶化之后，当地的一些不法分子，经常欺负外国人，尤其是中国人。他们隔三岔五地向在当地做生意的阿图什人要钱，不给钱就打人闹事，有些有钱人给他们钱以破财消灾，没钱人则只有被打，即使报了警也无济于事，当地的警察睁一只眼，闭一只眼。"近几年，Aji·M 的生意越来越不好，再加上父母一直担心其安全，妻子和孩子也需要人照顾，2014 年秋天，Aji·M 结束国外的生意回国了。回国后的 Aji·M 同肖鲁克村的几个朋友合伙，在阿图什市中医院附近开了一家餐厅。当时，选择在乌鲁木齐开还是在阿图什开，Aji·M 举棋不定，大家都觉得应该去乌鲁木齐，因为乌鲁木齐经济发达，人气旺，生意肯定好。但 Aji·M 想在阿图什办一家分店，因为在 Aji·M 看来，阿图什人在乌鲁木齐开的饭店很多，竞争肯定不小。在不能决断的情况下，Aji·M 请他的老父亲 Tur·H 做主，老人也没有多言，直接决定让儿子在阿图什市开餐厅。2019 年，作者来到 Tur·H 的餐厅发现，该餐厅的生意一般，每年每人有 10 多万元的分红。

比 Tur·H 大两岁的 Tah·M 也是典型的"专制家长"，尤其是在儿孙们的生意方面，他的影响无处不在。如果说 Tur·H 是被动地或者"出世型"地发挥父亲权威的话，Tah·M 则是一个积极主动的"入世"型父亲。子女们虽然都绝对服从其安排，但也不无怨言。Tah·M 的长孙在阿图什开出租车多年，感觉出租车生意赚钱少，要与别人去内地开餐厅，向祖父申请资金，但掌握家族财政大权的 Tah·M 并没有给孙子资金支持。他认为孙子的想法过于天真，因为后者从来没有涉猎过餐饮行业，同别人合伙做生意，也不是他们家族的传统。Tah·M 给儿孙们灌输的一个观念是，不要轻易跟别人合伙做生意，因为对方是什么样的人谁也不知道。所以，他最后没有同意孙子的想法，而是建议他去跑喀什噶尔—阿图什之间的城际客运，并给他资金方面的资助。另外，上文提到的 Tah·M 最小的儿子 Mem·T 近几年想把在哈萨克斯坦城市阿拉木图的生意转移到比什凯克，但其父不允许他转移阵地，最终只能一直在阿拉木图做买卖。

无论是 Tur·H，还是 Tah·M，两人在各自家族里形成的绝对家长性权威，除了源自其传统文化中"子以父纲"式的父权文化之外，这种权威在很大程度上是二者在多年的商业经营和家庭管理实践中形成的。因为，这种子承父业式的家庭或家族，最初商业经济的开创者或者主要传承者是绝对的力量核心，而这一角色的承担者往往是父亲。根据大肖鲁克村的跨国布料商贸的发展历史来看，1992 年前后出去的人属于第一代，他们大都在 60 岁以上，都已经完全回国安享晚年。这些最早出国打拼的人后来成为各自从事跨国布料经营的家庭中的"老大"，他们的儿子是第二代，孙子是第三代。虽然第二代是这一经济活动的主体，第三代是生力军，但已经"落叶归根"的第一代并没有完全离开跨国商贸的"战场"，而是在家里（幕后）掌控着家中最主要的生计活动。按照他们的说法，人虽离开一线到了后方，但心一直系在布料生意的"战场"而从没离开过。从前台转移到幕后的父亲利用自己过往的经验和父权，在家里实施"一言堂"，其治下的儿孙们也对这一模式逐渐依赖，虽然偶有抱怨，但不至于影响父亲主导的家族管理模式的运行。

（四）债务贸易

大肖鲁克村的跨国布料商人的交易方式，依次经历了现货交易——物物交易——信托债务交易。目前，债务交易在整个交易网链中占主导地位。根据"玛蒂娜巴扎"大肖鲁克村商人口述：20 世纪 90 年代，无论在"阿拉米丁巴扎"还是在"吐尔巴扎"，他们和客户的交易方式很简单，要么用现金交易，要么用牛羊皮、奶疙瘩等实物交易。双方之间的交易效率很高，很少赊账或欠账。但自 2008 年开始，客户们欠账现象日益增多，2013 年和 2014 年最为严重，赊账交易量已经超过现金交易量。在接受本书作者调查的 100 位"玛蒂娜巴扎"商户中，无逾期债账者仅有 3 人，其他或多或少都存在赊账交易。其中赊账时间最长达 8 年，最大金额为 300 万，最少也在 5000 元以上。不少商人因严重的欠账或赖账而出现了资金流转困难，最终不得不选择回国。在"玛蒂娜巴扎"调研期间，作者亲眼见证了五位大肖鲁克村商人因为外账收不回来将店面还给巴扎管理处，而最终回国。据"玛蒂娜巴扎"商人说，每月都有人关门回国，也有新人入驻，但总体上"人不敷出"。正如来巴扎经营不到两年的年轻商人 Muz·H 所言：

> 巴扎上实力雄厚的主，虽然赊账也很厉害，但一时还不能对他们的经营造成致命影响。大多数的商户像我一样，都是小本经营，为的是挣个小钱养家糊口。如果给客户大量地赊账，我们根本撑不住。但不给他们赊账，一天可能连一单生意都没有；给他们赊账，就不要奢望他们按期还款。有些货是肉包子打狗有去无回。所以，客户是我们的合作伙伴，既要依赖他们，又得冒着欠债不还的风险。大家每天心里祈祷，但愿能遇到一个不赊账的客户，或者"老赖"们能将欠款还回。但很不幸，人好像越想啥，越不来啥；越怕啥，就越来啥。①

商人们普遍认为，债务交易是他们布料生意做不下去的主要原因。一些商人表示，只要将陈年旧账收回，就立马回国，一刻也不愿停留，不愿再

---

① 被访谈人：Muz·H，男，28 岁，温吐萨克村人；访谈时间：2016 年 8 月 23 日上午；访谈地点：吉尔吉斯斯坦比什凯克"玛蒂娜巴扎"B–75 号店铺。

继续这种提心吊胆的日子。因赊账或欠账为主的债务贸易使商人们流动资金链断裂从而导致生意陷入困境。

在大肖鲁克村的跨国布料商人看来，欠债还钱的道理并不能完全在他们的日常生意中得到实践。作者曾在比什凯克"玛蒂娜巴扎"逗留数日，巴扎里的大肖鲁克村跨国布料商人无一不向作者抱怨欠债不还钱的债务贸易带给他们的痛苦。虽然对"老赖"们恨得咬牙切齿，但又不得不依赖他们，只有后者才能将巴扎上商人的货物清空。即便冒着欠债不还的风险，这种债务交易还得继续做。因为有生意总比没生意好。但也有一些人，尤其是那些到比什凯克经商时间不长的年轻人，他们忍受不了这种交易模式而最终打道回国。Mer·O 就是不习惯"欠债不还钱"的人，在"玛蒂娜巴扎"经营不到三个月后就卷铺盖走人。作者是 2016 年 8 月在比什凯克见到 Mer·O 的。当时他在作者的朋友 99 号商人 Bek·H 店里转悠，他的店就在 Bek·H 的店后面，店号是 B–73。Mer·O 店面里的货物已清理一空，有一部分转售给 Bek·H，有一部分以低于成本价处理给一个喀什的商人。作者与 Mer·O 在他的空空如也的店里开始了访谈。

91 号商人：Mer·O，男，27 岁，亚喀巴格村人，初中毕业，已婚，在"玛蒂娜巴扎"卖布半年。

> 我在阿图什的"西域商贸城"卖布时，从来不会给别人欠账，即便赊账，还款期限也就三五天，而且客户们一般都很守信。我们那边的人都严格遵守欠债还钱的规矩，有人破坏了规矩，我们有一套规则去惩治他们。比方说，你欠了我两万的货款（指向作者），如果迟迟不还钱，我就会找几个当地有头有脸的人，尤其是找几个白胡子老人来主持公道，大家会用舆论的力量给你震慑，如果大家都在你背后指指点点，戳你的脊梁骨，那就意味着你在这个圈里玩完了。在这种舆论的攻势下最终将你治服，让你乖乖地将所欠货款如数归还。当然，这种事我们一般不会报警，因为，在我们看来，一个人破坏商业规矩，就让他接受商规的惩治，而不是法律的制裁。在比什凯克这一切就都

变了。我在这边就三个月的时间，但欠出去的账款就有 20 万多索姆，流动资金出现了严重困难。欠我账的主要是当地的吉尔吉斯人，他们当时说的可怜兮兮的，说一定让我给他们宽限几日，届时定当还款。现在打电话过去对方手机关机，估计是有意不还。我的这些货款全打了水漂了。不过，俄罗斯人还算讲信用，欠款两天后就给我送过来。欠我货款的人都是朋友介绍的，当时我也不是太了解这个欠账情况，以为和在阿图什一样，最多三五天就可以收回，但实际上不尽然，第一个月欠出去的东西，客户当时答应好好的，说不出一个礼拜就一定能还上，但现在已经第三个月过去了，还没有任何消息，我现在也不再奢望能要回来，我觉得这里还是不太适合我，还是继续回去到"西域商贸城"卖布去。比什凯克的商界水很深，只有经过长时间磨炼的人才能立足。在"玛蒂娜巴扎"，对于我们这些初来乍到者，只有把自己变成鬼，变成狼，才能生存下去，要不然就不用再死扛了，因为坚持也没用。①

与 Mer·O 初来乍到不同，51 号商人 Enw·Y 作为一个已经在比什凯克打拼 20 多年的老江湖，谈起债务交易也是怨气冲天，但又无可奈何。

51 号商人：Enw·Y，男，52 岁，亚喀巴格村人、又被称为"moxurka ependi"（莫合烟先生）。据巴扎的商人说，之所以把 Enw·Y 叫"莫合烟先生"，主要源于此人在上班时经常抽莫合烟（一种卷烟）和穿西服打领带。Enw·Y 的行为和习惯与巴扎的氛围显得很不合拍。因为巴扎禁止抽烟，但是 Enw·Y 我行我素，从来不把规定放在心上。另外，其他的商人穿着简单朴素，虽然是老板，但要随时准备卸货，给客人装货，要干很多体力活，很少有人整天穿着笔直的西服在做事。Enw·Y 算是另类，每天找一个僻静的角落拿出莫合烟卷着抽。需要干活时，马上脱下西服，换上劳动衣；不干

---

① 被访谈人：Mer·O，男，27 岁，亚喀巴格村人；访谈时间：2016 年 8 月 31 日下午；访谈地点：吉尔吉斯斯坦比什凯克市"玛蒂娜巴扎"B-73 号店面。

活时，穿上西服打好领带，俨如一个体面的"白领先生"。故此，巴扎上的
人就给他起了一个绰号，叫"莫合烟先生"。Enw·Y 去过国内很多地方，
几乎跑遍了中亚主要城市。2003 年到"玛蒂娜巴扎"。Enw·Y 是一个信息
灵通的人，人们也愿意跟他交流，向他打听事情。他对"玛蒂娜巴扎"的情
况基本上了如指掌。作者在随后的"玛蒂娜巴扎"的调研，主要由这位"莫
合烟先生"来做向导。一提起比什凯克客户的欠账，"莫合烟先生"就气不
打一处来，气呼呼地向作者叙述了几年来自己的欠账情况。

　　一提起这事，我真想骂人，都什么年代了，还干的都是"原始人"
干的事。我 20 年前卖布的时候，他们就是这样，先把你的货物拿走，
然后卖出去了才给你货款，当时的人可能比较单纯，虽然拖欠的时间
也比较长，但大都还能给你还回来。后来，这些人的胃口越来越大，
他们觉得我们好欺负，明明身上有钱，就是不愿意给你。到现在，我
累计欠出去的货有 100 万索姆，其中绝大部分早就成了坏账。说句真
心话，如果我的这些货款现在能要回来，我在这个地方一分钟都不想
再待了，真的没意思，我们太受人欺负了。当地人对我们中国人和对
俄罗斯人是两种态度，这个市场上也有两三家当地的俄罗斯人开的店，
我听说他们就不会长时间拖欠俄罗斯人的货款，都是些欺软怕硬的人。
说实话，凡是有中国人做生意的地方，都是这些"老赖"们的福地，
因为他们可以通过赊账来坑蒙拐骗我们的货物，最终他们获益，我们
受损。但是，我们如果不给他们赊账也不行，一则我们会失去既有的
客户，生意会更加惨淡；二则"老赖"们一旦赊不到货，他们以前所欠
的货款就不要指望再要回来。所以，当地的吉尔吉斯人拿着陈年的所
欠货款来赊新的货物，如果我们不给，他们好说歹说地要，他们就会
觉得我们好欺负，一次比一次赊的账多，最后累积起来的欠账就像滚
雪球一样，越来越多。连年的欠账把人压得喘不过气来，不欠账就没
生意，欠了账则难以按时收回来，甚至收不回来，一样受损。我们中
国人讲求的是诚信，欠债还钱天经地义，但在比什凯克这些就不灵了，

你向他们要债，说的轻了那就是隔靴搔痒，人家压根就不放在心上；说的重了，人家会以同样的态度对你。我们真的不知道要怎么办，感觉怎么做都是自己吃亏。①

据商人们反映，2011 年前客户欠了账，钱还的比较及时。后来也不知何故，当地人普遍不会用现钱来交易，谈完生意后就立马要求商人给他们赊账，大多数时候白条都不打。对于商人来说，目前的"老赖"都是多年的稳定客户，不给他们赊账意味着生意做不下去，只有答应赊账，他们才会到自己店里来批购。商人们催客户还债，后者一拖再拖，后来直接以手头紧张为理由来搪塞。经作者调查，2014 年以来，受国际金融危机和俄罗斯经济增速下滑的影响，吉尔吉斯斯坦的经济发展比较缓慢，公民消费水平较低，这是造成当地居民购买力不足的主要原因之一。另外，长年形成的债务链，已经被当地的客户作为"传统"来延续，在那些即便有钱的人那里，同中国人做买卖，也认为没必要按时将款项如数交付。

比什凯克的债务交易还造成大肖鲁克村跨国布料商人一种更隐性的损失。那就是"老赖"们通过赖账可以规避利率带来的风险，进而把风险转嫁给卖方。比如，51 号商人 Enw·Y 给某个客户赊了 5000 美元的布料，要求客户在规定期限还上。但该客户并没有按时付款。索姆作为吉尔吉斯斯坦的本位币，属于软货币，随着独联体国家经济的下滑，索姆同美元的汇率一直走低。在汇率持续走低的情况下，拖欠时间越长，对 Enw·Y 越不利。如果客户能以美元还付货款，则卖方的损失也不大。如果买方用既定数额的贬值了的索姆来偿还债务，损失就完全转移到卖方的身上。另外，即便在汇率走高的情况下，买方依然采用有利于自己的货币来支付欠款。所以，只要是欠账，不管用何种币种来偿付，损失依旧在卖方身上。如果欠款额度大，因汇率变化的关系，即便客户最后偿还了，卖方的损失依然不小。整体上讲，

---

① 被访谈人：Enw·Y，男，52 岁，亚喀巴格村人；访谈时间：2016 年 8 月 24 日上午；访谈地点：比什凯克市"玛蒂娜巴扎"A–57 号店面。

"玛蒂娜巴扎"的大肖鲁克村商人对这种交易方式如果以前表现出的是爱，那么现在商人们无一不对这种"模式"深恶痛绝。

（五）经验与教条

经验是对过往行为的感性认识和总结，它属于行为的过去式和完成时。教条则是对"社会事实"的无视，完全从理论和本本出发。经验与教条并不是两个完全独立的范式，有时候两者统一于人们的行为实践中。大肖鲁克村的跨国布料商人在经营中也存在这两种思维模式的较量。如在生意要做大还是要做稳的选择上，有人就力主生意要做大，有些人提倡要稳扎稳打。出现诸如此类的认识，主要源于对经验还是"理论"的取舍。文化程度比较高的商人，在日常的经营中感性的经验少于做了几十年买卖的老生意人。如新疆某大学金融专业毕业的 37 号商人 Haj·M1 在布料经营中秉持理性立场。Haj·M1 是所有年轻的商人中少有的几个大学本科毕业生之一，而且大学所学专业是金融。有专业学科背景，使得他在生意规模的态度上，与其父亲产生截然相反的意见。

37 号商人：Haj·M1，男，26 岁，已婚，亚喀巴格村人，新疆财经大学金融专业毕业，在比什凯克"玛蒂娜巴扎"经营 3 年，主营网布。其父 Mus·H 在比什凯克做布料生意 20 多年。

> 我从小学到大学一直都是一个品学兼优的学生，2013 年 6 月，我从新疆某大学金融专业毕业，说实话，金融学是一个不太好学的专业，我们很多同学在毕业的时候都挂了科而延迟毕业，我是少数民族学生中为数不多的按期毕业的人。因为我想按时毕业，去比什凯克接替患病的父亲。父亲是做了一辈子布料生意的老商人，在我读一中①时，他就患上了肺病，主要是常年置身于布料店里，布匹所散发出的有害气味损害了他的肺部。从那时候起，父亲就有意在我们兄弟几个人中培养一个接班人。我们兄弟四人，上有两个同父异母的哥哥和一个同父

---

① 指克州第一中学。

异母的姐姐，下有一个同父同母的弟弟和两个同父同母的妹妹。哥哥比我们大很多岁，早已成家另立门户，而且和我们的关系也比较淡，所以我就成为父亲重点培养的对象。本来我高中毕业后就要去比什凯克，但从小我就渴望读大学，而且成绩还不错，不想半途而废。在我和母亲的坚持下，父亲也答应我大学毕业后再去比什凯克的建议。在大三第一学期时，父亲的肺病更严重了，有时候长时间的肺炎和哮喘把他折磨得很痛苦。为了能早点去那边接替父亲，我拼命学习，力求能按期毕业。苍天不负有心人，我终于毕业了。其他同学和朋友都在考公务员和事业单位的时候，我开始办理护照和签证准备出国做生意。

2014 年 1 月份，我乘坐阿图什到比什凯克的国际长途大巴，经过一天的车程，我到了比什凯克"玛蒂娜巴扎"。父亲手把手教我三个月后就回国了，我一个人留下承担了一切。经过一年的历练，我就觉得干这一行也没什么困难，很得心应手。2015 年 3 月，我向父亲提出了要再租赁一个店面来卖网布的想法，父亲当时极力反对，他认为现在生意越来越淡，还要扩大规模，这无异于自寻死路。我就用我在学校学到的一些知识来给父亲解释，说根据某某理论，经济下滑已经见底，就像抛物线一样，从最低点将会逐渐回升，所以我们要早点准备，可能一年之后生意就会好起来。父亲听了我的解释后说我太理想，什么理论都无用，根据他的经验，生意淡的时候就只能坚守，稳扎稳打，不能多进货，更不能扩大规模。我们父子俩为此经常吵，谁也无法说服对方。另外，关于增卖网布，父亲也坚决不同意我的意见。他认为，"玛蒂娜巴扎"上就没有几个卖网布的，如果这个布种好卖，大家都会去做。而我认为，网布可以用来制作花束，随着人们对一些布料工艺品的青睐，网布的生意以后肯定好。父亲认为我的想法太过于异想天开，说做生意要现实，不能想到什么就做什么，还说我就是个书呆子。得不到父亲的支持，我就没钱去租店，因为父亲虽然退居二线，但依然掌握着财政大权。最后，我决定自己借钱尝试。向一个朋友借钱租了一个新店，并让在浙江柯桥负责发货的弟弟发了一批网布过来，开了全市场仅有的一家网布店。现在，我的网布生意好于花布生意。父亲也承认我的想法多，有时候光凭经验还不能把生意做好。①

2016 年 8 月，作者在比什凯克"玛蒂娜巴扎"时，Haj·M1 的花布利润每米只有 1 元左右，网布的利润则远远高于前者。每种网布的进价都不一样。如黄色的大孔网布，进价是每公斤 32 元，加上从柯桥到比什凯克每公斤 1 美元的运费，总成本大概在每公斤 38 元。Haj·M1 在市场上则以每米 8 元的价格售出（每公斤有 6 米长）。如果是紫色的大网布，加上运费的总成本是每米 28 元，店面售价是每米 34 元，这种布每米能赚到 6 元。

自从 Haj·M1 新开网布店并获得较好收益之后，巴扎的其他人也相继开了几家网布店，大家对 Haj·M1 的眼光赞誉有加，并直言大学生商人就是不一样。目前，Haj·M1 又有新的烦恼，父亲让他把原有的花布处理掉，全部用来经营网布。这个年轻商人告诉他的父亲，花布属于传统的布种，市场需求稳定，不能轻易放弃。而网布毕竟市场空间小，只能附加经营，不能作为主营布种，因此他拒绝了父亲的建议。父亲却说他太谨慎，眼前有钱不赚就是傻，就是"勺子"②。为此，父子俩又开始了一番争吵。

文化程度较高的年轻商人与文化层次较低的年长商人在经营理念、模式等方面发生碰撞。尤其是前者与其只有小学水平的父辈在此方面存在明显的"鸿沟"。双方经常发生争论，而有些商机便在他们的争执中稍纵即逝。

（六）生意与生计

在绝大多数大肖鲁克人看来，不做生意就无法生活，做生意或者经商已经成为人们最重要的生计类型。正如肖鲁克村村支书 Uxu·S 所说，不做生意，很多村民的生存都成问题。在大肖鲁克村，根据一年中经营时间的长短，商人可分为常年的商人和临时的商人，前者是专职，后者则是兼职。无论是专职还是兼职，村里绝大部分家庭都有做生意的人。那些常年在外的商

① 被访谈人：Haj·M1，男，26 岁，亚喀巴格村人；访谈时间：2016 年 8 月 25 日上午；访谈地点：吉尔吉斯斯坦比什凯克市"玛蒂娜巴扎"A–36 店面。

② 新疆当地的一种俚语，意思是傻子，傻瓜。

人一般生意做的比较大，这些人多以跨国商人为主。兼职的商人家庭中，有三分之二的家庭其主业依然是种地，在特殊时节会在本地或周边地区做个小本生意以贴补家用，如在农闲时间贩卖瓜果、牛羊肉等，因此具有季节性。在大肖鲁克村，经济一般的家庭占大多数，经济情况最不好的贫困家庭也已经实现了精准脱贫。在经济一般的家庭中，做生意依然是人们生存与发展的主要力量。对于这些人来说，生意就是生计。正如肖鲁克村村支书 Uxu·S 所说，没有生意，就没有生活。在生意的选择上，大肖鲁克村的商人同其他村的商人略有区别。同属松他克乡的买谢提村人，他们喜欢冒险，一般不太喜欢随波逐流，如该村有一群在乌兹别克斯坦首都塔什干做生意的人，自2014 年以来回流国内的比较多，他们并没有像大肖鲁克村已归国的有钱人那样，在当地大力进军房地产行业，而是选择了在村里创业，如兴办葡萄和无花果加工基地等。大肖鲁克村的商人在这方面比较保守，他们喜欢稳赚的行业，有钱人将大量资金投入房地产。实际上，好多人从来没有涉足过此行业，都是在当地朋友的游说下才投资房地产。事实上，阿图什当地的房地产业并不红火，商品房库存积压比较多，主要因为阿图什当地经济发展缓慢，城市化水平不高，人口基数较小，潜在的购房需求并不明显。在这种情况下，向房地产行业投资，利润空间并不很大。部分在国外打拼多年的人回到家乡来，雄心勃勃地想在当地干一番事业，但由于他们只看中高大上的光鲜行业，而没有认真做调查，便把大量资金投入自己并不了解的行业，一时收不回来投资，捆住了做其他生意的手脚。据作者 2019 年 8 月份的调查，在大肖鲁克的三个村，至少有 20 个最有钱的人在投资房地产，这些人大都从中亚国家的布料和服装市场打拼多年积攒了一定的资本，在当地朋友的劝说下，将资金投入了自己不了解的领域，很多人因此而失利。

存有积蓄的布料商人在亲朋好友的介绍和怂恿下，将多年积攒的积蓄投入对其来说陌生的行业。这种投资行为可能会减少布料生意的机动资金，从而影响其安身立命的布料经营。此类商人主要以 35—45 岁之间的中年人为主，投资房地产有可能使商人的"本职"布料生意陷入困境，从而影响了其当下的生计可持续。

二、环境因素

商业环境是经商活动得以进行的基本条件，是商人们生存与发展的基础。如果说文化因素是影响商人的生意如何做，怎么做的问题，环境因素则是影响商人们生意能不能做的问题。经作者调查，影响商人生意或导致商人生意陷于困境的因素主要有：世界经济贸易增速减缓、吉尔吉斯斯坦货币索姆与美元的汇率变化、吉尔吉斯斯坦国内安全和政府廉洁状况、来自同行业内部和不同国家商人之间的竞争、"玛蒂娜巴扎"老板出台的"新政"、客户的变化（从一口价到纠缠性的讨价还价）、供货商的变化（货源的稳定性问题）等等。

（一）国际经贸

全球化的今天，世界经济联系在进一步加深的同时，国际贸易却越来越面临着传统和非传统贸易壁垒在内的贸易保护主义的影响和制约。就中吉贸易而言，由于吉尔吉斯斯坦的服装业发展遇到困境，作为该产业之上游产业的纺织品市场也呈现出疲软态势。吉尔吉斯斯坦由于国内设备老化、人才缺乏，该国服装业面临着严重的危机。同时，吉尔吉斯斯坦加入俄白哈三国关税同盟以及后来的欧亚经济同盟后，对纺织产品的质量要求全面提高。纺织产品进入该国市场，需要出示相应的证明，以证明该产品符合海关同盟的规定。在这种背景下，吉尔吉斯斯坦赖以生存的进口中国纺织品就必须接受比以前更加严格的品质检查。总之，吉尔吉斯斯坦的国内服装业困境导致了中国对吉纺织品出口的下降。另外，吉尔吉斯斯坦拟制定本国纺织业保护机制，严格进口纺织品清关程序，推动本国纺织业的发展。① 凡此种种，进一步影响了中吉纺织品贸易。

---

① 吉尔吉斯斯坦每年纺织品进口约 3.7 亿美元，是同类商品出口额的 3 倍，主要原因是该国内服装缝纫业的原料严重缺乏，需要大量进口。资料来源：中华人民共和国驻吉尔吉斯斯坦共和国大使馆经济商务参赞处《吉尔吉斯希大力推动建立本国纺织产业链条》，2016 年 6 月 12 日，见 http://kg.mofcom.gov.cn/article/jmxw/201601/20160101240677.shtml。

（二）吉尔吉斯斯坦

吉尔吉斯斯坦位于中亚地区中部，北与哈萨克斯坦共和国接壤，南与塔吉克斯坦相邻，西与乌兹别克斯坦相连，东南与中国为界。吉尔吉斯斯坦自古就是文化汇集之地，波斯文化、蒙古文化、俄罗斯文化等东西方文化曾在此传播。在清朝中期以前的众多历史时期，吉尔吉斯斯坦大部隶属中国管辖，如在唐朝时被称为"黠戛斯"的吉尔吉斯人所游牧的漠北地区，唐朝中央政府在此设立坚昆都督府，隶属于燕然都护府，因此，黠戛斯地区正式进入唐朝的行政管辖。① 元朝时，为四大汗国之一察合台汗国的属地。15 世纪上半叶，该国的主体民族吉尔吉斯族基本形成，到 18 世纪初，游牧在叶尼塞河流域的布鲁特人最后一批西迁至吉尔吉斯斯坦和我国的新疆地区。清末以前，吉尔吉斯斯坦以东以南属于中国新疆管辖，以西则属于清朝属国浩罕汗国管辖。19 世纪 60 年代初，沙俄通过与清政府签订的不平等条约《中俄勘分西北界约记》强行割走中国新疆 44 万平方公里的土地，其中包括今吉尔吉斯斯坦大部。1876 年，沙俄又吞并浩罕汗国。至此，中国的部分吉尔吉斯土地和浩罕的吉尔吉斯土地全部被俄国强占。1917 年 11 月，俄国十月革命以后，吉尔吉斯斯坦也建立了苏维埃政权。1924 年 10 月，吉尔吉斯斯坦成为苏俄的一个自治州，名为"卡拉—吉尔吉斯自治州"。1925 年 5 月，自治州改名为吉尔吉斯自治州。1926 年 2 月，吉尔吉斯自治州改为苏俄的一个自治共和国。1936 年 12 月，吉尔吉斯斯坦作为加盟共和国并入苏维埃社会主义共和国联盟。1991 年 8 月 31 日，苏联的几个共和国通过独立宣言，成为独立的主权国家，吉尔吉斯加盟共和国改名为吉尔吉斯斯坦共和国，同年 12 月加入独立国家联合体（简称"独联体"）。目前的吉尔吉斯斯坦国土面积为 19.99 万平方公里，全国行政区域划分为 7 个州、2 个市，7 个州分别是楚河州、塔拉斯州、奥什州、贾拉拉巴德州、纳伦州、伊塞克湖州、巴特肯州；2 市分别是比什凯克市和奥什市。首都为比什凯克市。

独立后的吉尔吉斯斯坦人口 570 多万，主要民族为吉尔吉斯族，419 万

---

① 巴大正、冯锡时：《中亚五国史纲》，新疆人民出版社 2005 年版，第 106 页。

人，占全国总人口的 70% 以上；其次为乌兹别克族，83 万，占 14%；俄罗斯族，36.9 万，占 6.4%；东干族，6.11 万人，占 1.1%，此外还有哈萨克族、维吾尔族、阿塞拜疆族、土耳其族、朝鲜族、塔塔尔族、德意志族等，大小民族达 80 多个。

吉尔吉斯斯坦的主要经济类型为农牧业，工业体系不健全，工业基础薄弱，工业产品自给能力弱。自宣布独立后，与苏联加盟共和国的传统经济联系断裂，再加上吉尔吉斯斯坦中央实行了类似于俄罗斯的激进式改革，经济出现大幅度的下滑。新世纪以来，吉尔吉斯斯坦政府开始了渐进式的私有化和非国有化改革，经济保持了一段时间的低速增长，通货膨胀也有所抑制，经济水平恢复到了独立之前的水平。

就吉尔吉斯斯坦而言，该国的汇率变化、安全状况和腐败等问题是影响大肖鲁克布料商人经营的主要环境因素。

1. 汇率变化

汇率是指两个国家货币之间的比率，汇率的变化影响一个国家进出口贸易。一般来说，汇率降低，对本国的出口有促进作用，而对进口则有抑制作用；反之，不利于本国的出口，有利于增进本国的进口。目前，中亚国家的汇率变化极其不稳定，尤其是吉尔吉斯斯坦的本位币索姆同美元的汇率近几年一直走低。20 世纪 90 年代初，刚获独立的吉尔吉斯斯坦共和国为了摆脱经济和财政危机，规避俄罗斯一旦提高能源价格对本国经济的巨大冲击，开始考虑使用本国独立的货币。另外，以美国为首的西方国家为了进一步增加在中亚地区的影响力，操纵国际货币基金组织给吉尔吉斯斯坦提供贷款，前提条件之一是必须发行本国货币。在内外交困下，为了早日走出危机，吉尔吉斯斯坦最高当局弃用了使用 70 多年的卢布。1993 年 5 月 3 日，吉尔吉斯斯坦最高苏维埃决定退出卢布区，启用本国货币索姆。同年 5 月 7 日，正式发行本国货币索姆。

美元与索姆的汇率。吉尔吉斯斯坦独立之初，美元同索姆的汇率在 1∶4 左右，后来，索姆持续贬值，1993 年底，1 美元兑换 12—13 索姆。2004 年，1 美元兑换 43 索姆。2010 年 5 月 22 日，1 美元兑换 45 索姆。2016 年，1

美元兑换 69 索姆。2019 年，1 美元兑换 70 索姆。20 多年的时间，索姆贬值了近 15 倍。

索姆与人民币的汇率。人民币和索姆之间的汇率一般采用的是套算汇率，根据美元与索姆的汇率情况和美元与人民币的汇率变化，来计算出人民币与索姆之间的汇率。在国际贸易实践中，一般把美元作为关键货币，用本国货币同关键货币来计算出基本汇率，再通过各自的基本汇率来计算出同美元以外的其他国家货币之间的汇率。2016 年，人民币与索姆的汇率是 1∶10。2019 年，人民币与索姆的汇率是 1∶10.1。一般情况下，索姆同美元的汇率变化会引起索姆与人民币的汇率变化。

吉尔吉斯斯坦本位币的汇率降低，意味着本国货币的贬值，从理论上来讲，这对本国的出口极为有利。但实际上，吉尔吉斯斯坦的工业生产体系不够健全，工业生产能力较低，国家的出口能力并不高。索姆汇率的持续走低，在对自身的产业出口没有产生明显促进作用的同时，对本国商品的进口形成了一定程度的抑制。在这种经济环境下，国内的商品自给率下降，货币贬值引起通货膨胀，居民的购买力明显降低。

作为进出口贸易的组成部分，跨国布料商贸群体在吉尔吉斯斯坦的生意受到汇率变化的影响较大。一方面，由于该国的进口壁垒增加，增加了商人们出口的困难，最终使得在吉尔吉斯斯坦的商品销售价格的提高；另一方面，前文提到的各种"老赖"，长时间的赊账，使得商人们的应收货款持续缩水，损失增大。

2. 国内政局和安全状况

吉尔吉斯斯坦因为地处中亚内陆，无论是地缘政治，还是地缘经济，都处于非常重要的地位。冷战结束后，该国是各域外大国争夺的主要对象。从地缘经济的视角上看，该国是中国商品向西集散的重要中转地。首先，吉尔吉斯斯坦和中国早在沙俄时期就开通了两个口岸，即吐尔尕特口岸和伊尔克什坦口岸，经过百年的变迁，这两个口岸已经成为国家一类陆路口岸。目前，中国的商品通过伊尔克什坦口岸到达吉尔吉斯斯坦南部最大城市奥什，该市不仅是吉尔吉斯斯坦南部重镇，它与乌兹别克斯坦、巴基斯坦相邻，是向这两个国家集散的重要基地。而通过吐尔尕特口岸则首先到达吉尔吉斯斯坦东南部城市纳伦，从纳伦向西可以到达贾拉拉巴德州，向北可到吉尔吉斯斯坦首都比什凯克。而比什凯克的中国商品可以辐射到吉尔吉斯斯坦以北的哈萨克斯坦。从陆上跨国贸易的角度看，吉尔吉斯斯坦的作用和地缘位置不容小觑。

除了吉尔吉斯斯坦，整个中亚地区都是中国商品向西流通的集散地，是中国目前提倡的"一带一路"倡议体系中极其重要的一环。其他中亚四国的情况同吉尔吉斯斯坦大同小异，都曾是苏联的加盟共和国，并都在1991年宣布独立。所不同的是，中亚最大的国家哈萨克斯坦和土库曼斯坦以储藏丰富的石油、天然气等资源而著称，吉尔吉斯斯坦和乌兹别克斯坦在现代工业所依赖的煤、汽、油三大资源的拥有上，无法与前者相比，尤其是吉尔吉斯斯坦是一个资源贫穷的国家。

中亚五国虽然独立已有30多年，但其政治、经济的发展依然存在诸多问题。近几年，吉尔吉斯斯坦的国内政治局势屡发动荡，尤其是2010年的吉尔吉斯斯坦骚乱，更让该国的政治和经济发展遭受很大影响。整体上说，由于自身的工农业生产水平和资源蕴藏情况，吉尔吉斯斯坦是一个对外严重依赖的国家。另外，吉尔吉斯斯坦与周边国家的关系也比较敏感，尤其是与乌兹别克斯坦的领土争议更成为两国频繁爆发冲突的主要原因。

就吉尔吉斯斯坦而言，由于政府财力有限，无法组织更多安保力量来维持国内的稳定；再加上该国国内政治形势、民族问题复杂多变，暴力犯罪活动频发，国内安全形势比较脆弱。在吉尔吉斯斯坦，从2000年5月的"吐尔巴扎"火灾，到2005年的"郁金香革命"，再到2010年的奥什骚乱，每次事件都对中国商人的商铺造成了冲击。中国驻吉使馆也于2016年8月30日遭到恐袭，在吉华人安全状况更加令人担忧。新世纪以来，针对中国商人的暴力犯罪屡见报端，吉尔吉斯斯坦和其他中亚国家糟糕的治安状况成为影响大肖鲁克村跨国布料商人在中亚国家正常工作与生活的隐患之一。在比什凯克，几乎所有的大肖鲁克村商人都曾有过被抢劫、讹诈、恐吓甚至殴打等经历。作者在比什凯克调研时，也曾遭遇抢劫和讹诈。吉尔吉斯斯坦安全形势,不利于包括中国跨国布料生意在内的跨国商贸活动的进行。

Mij·T,亚喀巴格村人,4 号商人 Tur·H 的第四个儿子,40 岁,初中毕业,有此方面的经历。

> 我在比什凯克也遇到好几次抢劫,一般都是我们下午 6 点(北京时间晚上 8 点)下班要往住地回去的路上发生的。最让人恐惧的是不仅有社会人员来抢劫我们,连那些执法的警察也变着法地勒索。有一次,我刚从巴扎出来,想去超市买日用品,在走到莫斯科大街①时,就被便衣警察拦住,对方要检查我的护照和工作卡,我正好那天没有带护照,只带了劳动卡,他们就问我为什么不带护照,要把我带回警察局去。我给他们解释有劳动卡,而且劳动卡的效力也同护照一样。但他们不听我的解释,其中有一个警察用手势暗示我掏钱。我把身上仅有的 500索姆给了那个给我暗示的警察,其中一个还骂骂咧咧地说,怎么就只有 500,还让我打电话给朋友,让他们把钱送过来。在已经磨了一个多小时的情况下,我再不叫人把钱送来,我就无法回去。最后,我让我的室友又带来了 1000 索姆来,给了钱之后,警察才将我的劳动卡还给我。还有一次,我开车经过一个十字路口时,刚启动车辆,有一过马路的行人脚就伸出来,旁边的交警立即过来扣了我的驾照,说我没有给行人让路,立刻罚我款 500 索姆。后来听朋友说,这种事情太多见了,那个横穿马路的行人很有可能就是警察的"托儿",这点像"钓鱼执法"。不知道是我们真的"犯事"了嘛,还是比什凯克的执法和治安环境糟糕,老是遭遇到这样的事情。②

3.“公开”的潜规则

腐败是人类社会发展进程中的共生现象,尤其是在以私有制经济为主

---

① 吉尔吉斯斯坦首都比什凯克市的一条街道。

② 被访谈人:Mij·T,男,40 岁,亚喀巴格村人;访谈时间:2016 年 6 月 6 日上午;访谈地点:阿图什市"阿秀热"饭店。

的社会，腐败是社会进步的一颗毒瘤。据联合国有关组织认定，吉尔吉斯斯坦是全球 20 个最腐败的国家之一。据中华人民共和国商务部驻吉尔吉斯经济商务参赞处援引吉尔吉斯斯坦国内的网站（www.tazabek.kg）2016 年 11 月 17 日的消息称，《2016 年世界腐败晴雨表》调查显示，吉尔吉斯斯坦的受贿指数为 38%，哈萨克斯坦的受贿指数为 29%，俄罗斯为 -34%，乌兹别克斯坦为 -18%，塔吉克斯坦为 -50%，阿塞拜疆为 -38%，乌克兰为 -38%，摩尔多瓦为 -42%。在独联体国家中，吉尔吉斯斯坦的受贿系数排名靠前。① 2018 年世界经济论坛发布的《全球竞争力年度报告》显示，吉尔吉斯斯坦的腐败指数得分仅为 29 分，进入全球最腐败国家行列。

关于吉尔吉斯斯坦的腐败，在吉的华人对此亦有切身体会。据大肖鲁克村的跨国布料商人反映，比什凯克的公职人员，或者但凡手中有点权力的人，都在想尽办法捞取外快。给他们的感觉是，如果吉尔吉斯斯坦的警察遇到不会说俄语或者吉尔吉斯语的人，一般就认定是中国人或韩国、日本人。不管证件齐全与否，他们总是要找出理由来让你掏钱。只要是中国人，当地的警察和社会人员就认定是有钱人，每次虽然要的不多，但如果频繁地被索要，也招架不住。吉尔吉斯执法人员的公开"潜规则"已经渗入到该国的机体。温吐萨克村的 Sim·E 对此有着自己的认识。

44 号商人：Sim·E，男，58 岁，温吐萨克村人，已婚，小学文化。在比什凯克从事布料生意 8 年。在重点调查的 100 个样本中，此人是唯一的一个 50 岁以后才出国经商的大肖鲁克人。在不到 10 年的跨国商贸生涯中，他因为在吉尔吉斯斯坦有亲戚交流，对比什凯克的某些情况了解较多。笔者对他进行了采访，其结果也是触目惊心！

在中亚几个国家里，哈萨克斯坦作为综合实力最强的国家，近几年经济发展较快，同中国的贸易额也逐年上升，霍尔果斯口岸已成为中国对中亚国家最大的通货关口。随着哈萨克斯坦国内外经济环境的好转，该国承担了

---

① 中华人民共和国驻吉尔吉斯斯坦共和国大使馆经济商务参赞处：《吉尔吉斯斯坦受贿系数在独联体国家中排名靠前》，2016 年 11 月 23 日，见 http://kg.mofcom.gov.cn/article/jmxw/201611/20161101884355..shtml。

一部分中国商品向西中转地的功能，从而使得原来吉尔吉斯斯坦的中国商品集散中心的地位逐渐削弱，吉尔吉斯斯坦的"中亚最大的商品集散地"之地位面临挑战。

（三）俄罗斯经济

在中亚国家，无论在政治领域还是在经济领域，俄罗斯一直以来都是一个非常重要的影响因子。近代以来，中亚地区逐渐被俄罗斯兼并，一直到苏联时期，中亚五国更成为其加盟共和国，成为全苏联国土的重要组成部分。即便在 20 世纪 90 年代初苏联解体后，俄罗斯也并没有放弃中亚地区，一直视后者为其后花园和传统势力范围。虽然中亚五国已是独立的主权国家，但因为历史和现实的因素，俄罗斯在中亚的巨大影响一直存在。这就使得两国看上去对等，实质上双方的关系极不平衡，这种不平衡依然体现在政治、经济、文化领域。以经济为例，自宣布独立后，中亚国家也跟随俄罗斯的步伐，采取了激进的改革措施，全面私有化。千禧年之后，又都采取了比较温和的改革。所以在经济领域的改革方面，双方有共同之处。另外，在中亚国家和俄罗斯之间的双边贸易方面，前者的很多生产与生活品主要依靠后者来提供，所以，中亚国家对俄罗斯形成了较严重的贸易逆差。由于特殊的地缘和文化关系，中亚国家和俄罗斯之间的跨国人员往来比较频繁，双方不少国民会跨国务工或经商，这尤为表现在中亚国家的民众前往俄罗斯打工和做生意。如吉尔吉斯斯坦部分富余劳动力，经常选择去俄罗斯打工，这一生计方式已经成为不少吉尔吉斯斯坦家庭收入的主要途径。然而，俄罗斯经济虽然近些年来取得了较大发展，但该国的经济发展是以不可再生资源为基础的，是典型的资源型国家，以出口三大资源为经济发展的支撑，容易受到国际政治、经济和金融环境的影响。如为了削弱俄罗斯的政治影响力，以美国为首的西方国家经常对俄罗斯给予经济制裁，使出口资源为主的俄罗斯经济发展出现诸多不确定性。经济一旦有困境，就业机会就会减少，中亚国家公民去俄国打工就受到影响，用工需求降低，收入减少。这一变化最大的结果就是中亚国家百姓手中可自由支配的货币减少，购买力下降，最终影响到吉尔吉斯斯坦对中国商品进口需求。

俄罗斯经济的变化对中亚国家的影响不是可有可无的，这种影响立竿见影。据"玛蒂娜巴扎"的大肖鲁克村商人介绍，本世纪的第二个十年开始时，俄罗斯经济发展较快，当地人逛巴扎很频繁，而且购买布料很多，欠账也相对少。2015年，以俄罗斯为主导成立了"欧亚经济联盟"，只是方便了俄罗斯向几个成员国的出口，并没有增加相应的用工需求，反而劳务人员的工资收入进一步降低。所以，这两年，到"玛蒂娜巴扎"的人越来越少，以前的老客户进货的频率也越来越低。俄罗斯经济的不稳定引起了中亚国家经济变化的连锁反应。

（四）商业竞争

关于此点，作者以"多尔多伊巴扎"为例说明。据当地人称，"多尔多伊"为"综合""全面"之意，"多尔多伊巴扎"是比什凯克最大的、商品种类最多的综合性市场。它位于比什凯克市郊以西，距离比什凯克市区10公里。该巴扎主要包括三大区域，"克里宾巴扎"（女装区）、"中海市场"（鞋区）和"服装市场"。经营者来自吉尔吉斯斯坦、俄罗斯、土耳其、韩国、哈萨克斯坦、日本以及中国，是典型的国际市场。服装区主要销售各类服饰和布料。在"多尔多伊巴扎"的布料市场，有260家铺面，经营者主要是当地人和土耳其人，也有零星的中国人。在此卖布的中国人则主要是阿图什和喀什人，其中有10个大肖鲁克村人。

"多尔多伊巴扎"对"玛蒂娜巴扎"的影响主要表现在前者同类布匹的销售单价要比后者低。低的原因有二：一是"多尔多伊巴扎"布料商人的运费成本低。"多尔多伊巴扎"的商户们可以自由选择托运公司，各托运部之间存在激烈竞争，这使得商人们单位货物的运输费用比"玛蒂娜巴扎"的运费低。而"玛蒂娜巴扎"布料商的货物运输皆被该巴扎管理方的托运部垄断，商人们没有自由选择托运部的权利，单位货物的运输费用之变化完全由巴扎管理方来决定，因此运费高。二是"多尔多伊巴扎"的店面租金和巴扎管理费低。由于"多尔多伊巴扎"在比什凯克市郊区，巴扎的店面租金和管理费要比处于市区中心的"玛蒂娜巴扎"费用低。在这种情况下，"多尔多伊巴扎"同类布匹的销价要低于"玛蒂娜巴扎"。这也是目前"玛蒂娜巴扎"

的客人逐渐转移到"多尔多伊巴扎"的原因。

在未去比什凯克之前，作者听大肖鲁克村的跨国布料商人说，比什凯克除了有一个"玛蒂娜巴扎"，还有一个"多尔多伊巴扎"。在白克力·吐尔地的引荐下，作者前往"多尔多伊巴扎"调查。

"多尔多伊巴扎"是比什凯克最大的综合性市场。"多尔多伊巴扎"于2005年开建，2008年建成并开始运营，占地200亩。为了了解"多尔多伊巴扎"的布料生意情况，作者走进一家大肖鲁克村的布料店里，店主很亲热地用汉语向作者打招呼，当听到作者自我介绍说也是阿图什人时，老板显得比较激动，并愉快地接受了作者的访谈。

40号商人：Erk·A，男，58岁，亚喀巴格村人，小学毕业，比什凯克做布料生意22年。

"多尔多伊巴扎"是比什凯克最大的市场，这个市场是真正的国际化市场。商人几乎来自吉尔吉斯斯坦所有的周边国家。除了本地人之外，俄罗斯人、中国人和土耳其人的影响最大。就我们所在的布料区来说，中国人卖的主要是传统的棉布等布种，土耳其人则主要卖的是丝绸和地毯，俄罗斯人经营的多是纤维性的布种。这只是整体情况，也有不同国家的人卖多种布料的店面。我旁边的就是土耳其人开的店面，他们也卖棉布。我们同类布料的售价差不多。但是，现在有一个现象让我很反感，客人们更倾向于土耳其的东西，说我们中国人的布料质量不好。说实话，如果在五年前他们这样认为我真的无话可说，本来我们的东西质量不高。近几年，中国的纺织品质量也不断提高，现在我们从柯桥进的布料同土耳其人的东西，在质量上基本没什么区别。所以，当他们说我们的东西质量不好的时候，我心里很不舒服。我后来也想了想，人家对我们的布料有这样的看法，主要还是我们的东西价格提高了，尤其是在"欧亚经济联盟"时代，俄罗斯等联盟成员国的商品进出口关税政策比我们非成员国向吉尔吉斯斯坦进出口更有优势，为了不赔本，只有提升销售价格。所以，客人们以前买中国货就是因为便宜，价格优势就将布料品质的瑕疵忽略不计。如今，在先入为主的观念下，他们还是认为我们的布匹质量不够好，但价格却提高了，同俄罗斯和土耳其人的商品价格不相上下。在既有的刻板印象和价格变化的刺激下，客人们就不太愿意选择中国货了。当然，"多尔多伊巴扎"上的中国布料商人的情况还好一点，至少我们能够自由选择托运部，而且托运费也比"玛蒂娜巴扎"的低。还有一点，"多尔多伊巴扎"位于城市郊区，店面租金便宜。所以，总体上我们的销售成本要低于"玛蒂娜巴扎"，最终的销售价格也略低于他们。

其实，我是2013年从"玛蒂娜巴扎"搬出来的。当时因为管理费和租金等方面的事情，同巴扎的"小老板"Tur·J闹翻，他在大庭广众之下要我搬出"玛蒂娜巴扎"。我们阿图什人很注重面子的，让人家那么一说，心中顿时来了火气。第二天，我就托人在"多尔多伊巴扎"找了一个铺面和仓库，将"玛蒂娜巴扎"的货物搬到"多尔多伊巴扎"现在的店面里。说真的，我感觉在这比以前在"玛蒂娜巴扎"还得心应手，因为"多尔多伊巴扎"是一个综合性的大巴扎，虽然地处郊区，但现在的人都有汽车，从市区到"多尔多伊巴扎"几分钟就到了。尽管我们这边的布料区规模比不上"玛蒂娜巴扎"，然而客人们可选择的货物品种较多，人们也愿意来逛。①

在同Erk·A交谈的过程中，有几个客人进店里挑选布匹。作者问他们："玛蒂娜巴扎"是一个专业性的布料大巴扎，为何不去那边买布而是选择城郊的"多尔多伊巴扎"。对方的回复是，"多尔多伊巴扎"的东西便宜，另外商品种类多，买布的同时，还可以选购其他东西。

商人们还表示，中亚市场上出现了很多汉族布料商人，他们货源充足，销售价格一般较低。另外，在布匹的种类和质量的选择上，汉族商人也明显

---

① 被访谈人：Erk·A，男，58岁，亚喀巴格村人；访谈时间：2016年8月10日上午；访谈地点：吉尔吉斯斯坦比什凯克"玛蒂娜巴扎"餐饮区。

占有优势，因为他们很多是由厂家派出，对布匹的理解和熟悉度要比维吾尔族商人更深刻、到位。再者，汉族商人可以赊账，而且货品的供应也很及时，他们的资金回笼压力要低于阿图什的维吾尔族商人。2009 年以前，柯桥的供货商还能给阿图什人赊账，他们可以将货物运到中亚去卖，完了再打回货款。2010 年以来，赊账的情况很少，有多少货款供应多少货物，等真正有了足够的货款去进某类布料时，可能这一款布料已经不再流行，没有多少市场。此外，货款打的不及时也会影响正常供货。由于阿图什的商人在中亚市场上，他们卖给客户商品，主要方式是赊账，而自己进货时却难以赊账。因此，他们的资金流转压力非常大，部分商人因为此问题而中止了跨国经商。

（五）巴扎的所有者

巴扎作为商人生活和做买卖的最主要场所，大肖鲁克村的跨国布料商群体的主要活动也依然在巴扎中进行。通过巴扎，他们维持生计，实现梦想。目前，商人们在吉尔吉斯斯坦最重要的巴扎就是"玛蒂娜巴扎"。据作者调查，近两年，该巴扎出台了一些"新政"，它们对商人的影响较大。

> "玛蒂娜巴扎"的拥有者是吉尔吉斯斯坦维吾尔族人吐尔逊塔伊，该巴扎是吐尔逊塔伊以其女儿"Мадина"（Madina）的名字命名的。我虽然被大家叫小老板，但我其实不是老板，只不过是替吐尔逊塔伊来管理巴扎里的中国维吾尔族同胞。在这个巴扎，有上千号中国人做生意，光阿图什人就有好几百。吐尔逊塔伊的生意遍及皮毛、钢材、布料等很多方面。吐尔逊塔伊因为在商业领域的突出贡献，说白了就是因为有钱，在本世纪初被选为国会议员。我和吐尔逊塔伊是在 2000 年 2 月认识的，当时我还在"吐尔巴扎"上卖布，吐尔逊塔伊经常过来转，问市场和生意的情况。人家是国会议员，我们这些在异国做生意的人肯定得热情地介绍。一来二去，我们就这样认识了。后来，当知道他的祖籍在伊犁后，我对他就更加崇敬了。因为，在吉尔吉斯斯坦，维吾尔族是少数民族，能被选为国会议员，这是非常了不起的事

情。2000 年 5 月，"吐尔巴扎"无故起火，烧毁了我们的店面，我的损失也很惨重。当时，我们很多人在吉尔吉斯斯坦做了 10 年的生意，那么多年的积累全部在"吐尔巴扎"，然而一场大火让我们倾家荡产。州上（克州）也派人到比什凯克调查此事，商谈商人们在比什凯克另选地界重开布料巴扎的事宜。但不知什么原因，吉尔吉斯斯坦的中央政府好像当时不同意再在比什凯克建造专营布料的巴扎，他们认为我们巴扎上的大都是中国人，事情多，不好管理，所以当时没有答应重开巴扎的要求。一年后，应该是在 2001 年下半年，吐尔逊塔伊找我说要建一个巴扎，专门来经营布料。说已经选好地方了，就在"吐尔巴扎"以西的 5 公里处。他让我帮他，主要是联系那些因火灾受损严重的经营商，劝他们不要灰心丧气，继续留在比什凯克，在他的新巴扎里做生意，他会给留下的商人们租金上的优惠。这件事说起来容易，做起来难。我用了好长时间给自己认识的商人做工作，然后再请求那些已经被我说动的人劝他们的朋友。就这样，我最终拉回来了 100 多号人。半年后，新的巴扎就建起来了，就是用简陋的铁皮来打造的大房子，有300 多个店面。由于吐尔逊塔伊给商人们兑现了租金优惠的承诺，2002年年底的时候，巴扎的入驻率达到 60%，在塔什干和杜尚别的一些做布料生意的阿图什人也被吸引了过来。直到 2008 年，由于发展的需要，巴扎又重新翻修和扩大，形成了现在的巴扎，包括 900 个店面、300 多个仓库（集装箱）、1 个大仓库、2 个托运部、12 家饭馆、40 家缝纫部于一体的综合市场。所以，现在的"玛蒂娜巴扎"是比什凯克的一个地标，而且还是餐饮、旅游的好去处。就拿餐饮来说，巴扎旁边的饭馆基本上都是阿图什人开的，有 4 家还是大肖鲁克村人开的，当初之所以要建餐饮区，主要还是为了我们商人们自己吃饭方便。因为要看店，中午不能回家去吃饭，只能在外面吃，饭馆太远了也不方便。所以，我们在 2008 年改造的时候，就特意在巴扎周边建了一排餐饮区。现在这个地方已经是比什凯克的美食一条街。

巴扎改造意味着租金的上涨，但是商户们不理解，他们就觉得巴扎的老板不能动不动涨租金。为了安抚商户，吐尔逊塔伊依然让我去做工作。虽然，经过我的三寸不烂之舌，大家基本上接受了涨租金的理由和事实，但也有一些"顽固派"依然我行我素，对涨租金不配合。在我第二次去做工作的时候，还被一个年轻人打了，看在他父亲和我同是阿图什人的份上，我当时没有过多计较。事后，吐尔逊塔伊为了"保护"我，确保我不会再发生类似的事情，给我配了两个保安，从此，我身后就有了两个寸步不离的彪形大汉。

2013年上半年，吐尔逊塔伊决定让巴扎自己的两个托运部来完全承担商户的货物运输，不再允许其他的托运部来染指。说是巴扎的托运部，其实最大的股东就是吐尔逊塔伊本人，可以说就是他的私人托运部。商人们虽然对这一规定不理解，但因市场的托运部和外面的托运部收费标准基本一致，所以，当时并没有引起多大的异议。直到2014年下半年，应该是吉尔吉斯斯坦国庆节刚过，吐尔逊塔伊就决定要上涨运费。涨幅在每公斤的货物运输费用上增加1美元。涨运费的规定发出去后，一下炸开了锅。大家议论纷纷，无非是涨幅太高。另外，很多人认为在生意不太好的时候涨运费，是落井下石的行为。有不少的人直接来找我，问为什么涨运费，是不是我的主意。因为他们知道我在两个托运部也有一定的股份，所以，商户们就认定是我在后面鼓动。我解释说是老板的决定，自己也很无奈。无论我怎么解释，大家都不听。商人们一致认为，我每天要在巴扎转悠很多遍，对里面的一切都看在眼里，对所有的情况一清二楚，所以，为了在托运上多搞些钱，就怂恿吐尔逊塔伊来涨运费。他们在我背后还用很难听的话来形容我，说我是"叛徒""财奴""走狗"等等。我觉得自己在这件事上很冤枉，但不能向大老板抱怨，怕引起他的猜疑和误会，所以，苦水只有自己咽下。

说实话，自巴扎的托运新规实施以后，有些人是真的不想干了，还是因为成本升高干不下去了而回国，这没法一概而论。有个别的几家店面，距租期届满还有半年，但还是离开了"玛蒂娜巴扎"。继续留在巴扎做生意的人，依然牢骚满腹，有时候我去跟他们说个什么事，虽然说话都很客气，但话中有话，不是抱怨，就是挖苦。我将最近发生的这些现象告诉过吐尔逊塔伊好几回，也向他请辞，老板什么也不说，每次都是让我来搞定，说因为我是中国人，还是阿图什人，又是他最信任的朋友，只有我才能收拾局面。被称为"军师"的我，也是一个普通的跨国商人，这几年来，我因为和老板在一起，再加上这些事情，我同老乡的关系越来越淡。大家都叫我"小老板"，虽然我也有时候默认，但实际上，我就是吐尔逊塔伊老板一个比较信任的雇佣人员，本质上还是出来赚钱的生意人，不是什么巴扎的"二老板"。只有在自己的店面和生意跟前，我才是老板，而不是巴扎的什么老板。话又说回来，已经有一些老乡们被我得罪了，我也再不能得罪吐尔逊塔伊老板啊，那样我就真的在比什凯克没法混了。①

对于 Tur·J 的话，巴扎的很多商户表示不能认同。他们认为，两个"吐尔逊"垄断了巴扎的所有货物运输，并声称如果有人用外面的托运部，巴扎管理方坚决不让运输车辆入内。大老板吐尔逊塔伊更是通过他人带话给众人，说如果有人不想在巴扎里做买卖，就请早点离开，把地儿腾开，有很多人想进来都没位置。关于老板为什么突然要提高托运费，商户们说法不一。据亚喀巴格村的 Exm·ü 说，是因为吐尔逊塔伊的一个女儿在俄罗斯做生意赔了，为了帮女儿还债，吐尔逊塔伊就打巴扎的主意。还有人说，吐尔逊塔伊想要垄断维吾尔族业主运往吉尔吉斯斯坦的货物运输。对于这一种说法，很多人表示有可能。在年轻的 Haj·M1 看来，吐尔逊塔伊就是一个目光短浅的人，因为他这样接二连三地胡折腾，最终会把巴扎整垮，商户对他的认同会越来越低，一个充满怨气的巴扎还如何求发展，能运营下去就已经不错了。

---

① 被访谈人：Tur·J，男，62 岁；访谈时间：2016 年 8 月 16 日上午；访谈地点："玛蒂娜巴扎"管理办公室。

（六）客户的变化

据多年观察研究吉尔吉斯民众经济类型的克州外办驻吉尔吉斯斯坦商务代表处的干部 Y 看来，吉尔吉斯斯坦人数最多的民族吉尔吉斯族主要的经济活动是牧业，农业也占有一定的比例，但放牧是主体生计方式。由于吉尔吉斯族的经济特性使得该族群的商业禀赋并不明显，甚至在吉尔吉斯文化中还存在对商业的轻视。虽然在苏联时期，该国的经济社会发展有了明显的进步，但作为国民主体的吉尔吉斯族，他们以游牧为主业的经济特性并没有改变，以至于这一民族在同其他擅长商业经营的族群的经济交往中处于明显的被动。进入新世纪以来，随着吉尔吉斯斯坦对外开放政策的实施，吉尔吉斯人在同其他族群的交往中出现了一些变化，尤其是在经济交换中，开始"与时俱进"。这一点，在中国克孜勒苏柯尔克孜自治州的柯尔克孜族聚居地也有体现。Y 的看法同很多大肖鲁克村人的认识一样。他们认为，20 世纪的吉尔吉斯人很纯朴，同他们的生意往来很好开展，而随着这些客户的变化越来越大，同他们打交道得有很大耐性才行，因为他们也"学会"了讨价还价。在此方面，已在国外做了 25 年生意的 Eli·M 有自己的看法。

65 号商人：Eli·M，男，50 岁，亚喀巴格村人，小学文化，"玛蒂娜巴扎"的店面号 B-69。

我刚到比什凯克的时候，这边的人买东西很爽快，一般不会讨价还价。其实，在来比什凯克之前，我就知道柯尔克孜人不太善于讲价钱，想不到到比什凯克后，吉尔吉斯人也一样很"大方"。当时，一双鞋我们要高出国内三四倍的价格都能卖出去，那个时候的确赚了不少钱。有时候，吉尔吉斯人没有现金，他们还拿着羊皮子或者酸奶疙瘩来换东西，我们又把这些东西运回国内，卖出了比较高的价钱。不管现钱买，还是物品换，我们都能接受。后来，比什凯克政府出了一个什么规定，禁止公民用东西换取其他东西（以物易物），慢慢地这种现象才逐渐消失了。

进入新世纪以后，吉尔吉斯人的购买习惯逐渐改变，他们也开始同我们讲价钱，有些客户在这方面还很难缠，慢慢地成为讨价还价的"溜子"。现在，没有一个人会说吉尔吉斯人的生意好做，他们从不还价的主儿变成现在费力地讨价还价的主儿，不仅如此，很多人还成了"老赖"，变成拿走我们的货物却不按期付钱的主儿。①

在商人们看来，跟他们打交道的客户在过去十年里发生了很大变化，特别是吉尔吉斯斯坦的本国人越来越有经济头脑，商人们也因此不得不付出更多的时间和精力来接待他们的这些客户。

（七）进货之恼

大肖鲁克村的布料商人，无论在国内做生意，还是在国外做，其货源无一不来自内地，主要包括三个地方：浙江柯桥、江苏常州、广东广州。其中，浙江柯桥是商人们最重要的货源地。

据大肖鲁克村的商人讲，自2010年以来，柯桥布料市场上的供货商们对他们越来越不信任。2010年之前，赊账是比较平常的事情，2010年之后，这种情况愈来愈少见。不仅如此，商人们去柯桥提货，合作方时不时地提价，态度也较之以前有很大改变，双方之间的合作没有以前爽快。为了能同供货商搞好关系，确保货源供应的稳定，商人们要在家庭中选择一人专门去柯桥进货。选人的基本条件是要会说汉语，交际能力要强，还得会算账。即便这样，合作多年的供货商还是给他们"穿小鞋"。已经在柯桥进货15年的Abi·M阿布都外力对此深有体会。

18号商人：Abi·M，男，51，肖鲁克村人，小学文化，从事跨国布料生意18年。

我刚开始进货的地方是上海，因为我是1985年开始做服装和布料生意的，最初主要做服装，直到1987年前后才开始做布匹。上海纺织

---

① 被访谈人：Eli·M，男，50岁，亚喀巴格村人；访谈时间：2016年8月24日上午；访谈地点：吉尔吉斯斯坦比什凯克市"玛蒂娜巴扎"B–69号店面。

品市场当时发展的最好，那边服装和布料货源都很多，而且上海人对我们做生意的人看得起，愿意跟我们打交道。大概是1990年的时候，我被朋友拽上去了一趟浙江，才听人说绍兴有个布料城，我们去参观了一下。那个纺织城很大，而且布种很多，在当时就显得很专业。当初我们先是买了一小批布料，带回阿图什后，客人们都喜欢我们布料的花纹和图案，柯桥的货很畅销。慢慢地，我们就在柯桥进布料了。

我刚去柯桥布料市场的时候，规模跟现在比起来很小，经过十几年的发展，现在成为全国第一的纺织品市场。在整个20世纪90年代和之后的10年，我同柯桥的布料老板合作很愉快，曾经同一个姓陈的柯桥当地人合作，还成为好哥们。他到过阿图什好几次，当时"香港巴扎"还在，他考察过好几次"香港巴扎"，做了几番调查。后来，根据巴扎的布种畅销情况，专门给我和几个阿图什人设计生产布种。大家合作得好，生意也好。2009上半年，老陈（我经常叫他老陈）因为金融危机，流动资金链断裂，自己压力太大，突发脑血栓而去世。老陈的二儿子小陈继承了其生意，但是同我们的合作慢慢也出现了裂痕。小陈不再给我们赊账，就是小批量的货物也不会赊给我们。另外，对于我们提出的花色图案要求，小陈也不太积极配合。后来，我听说小陈是因为和女朋友去乌鲁木齐时被盗窃，从此就对新疆人产生了不好的印象。以前老陈在世时，小陈虽然知道他们家同新疆人有生意往来，但当时他好像在读什么中专学校，同客户接触的不多，我也很少见过他，还是在老陈有一次请我们去他们家做客，我在他家里见到刚成年的小陈。小伙子家境殷实，喜欢玩，不太想做生意。老陈的长子去国外读什么企业管理了，无法及时回来继承生意，所以家里就让二儿子小陈来顶上。有一次，我让小儿子去找他，让他先把30000块钱的布料发到比什凯克，但小陈没有答应。慢慢地，我感觉到同小陈的合作将无法继续下去了，就换了一个合作对象。新的合作伙伴是杭州人，姓张，因为个高，人们叫他"大个子"，比我小十几岁，我叫他小张。小张人感觉还不错，就是货款催得紧，也不给我们赊账。但凡对我们的设计要求，他都认真对待，而且每次都基本上按我们的要求提供货源。不过，与老陈不同的是，小张不搞生产，他也是中间商，把我们的产品要求提供给和他有合作关系的厂家，让后者来生产。通过经销商来进货肯定比直接在生产厂家进货价格要高，但现在没办法，人家当地人基本上垄断了厂家的业务，我们外地人只有通过这些"二倒贩子"才能弄到货，这也是无奈之举。令人发愁的是，我们有些老乡从经销商那里都不好弄到货，他们往往都要比其他商人出更高的价钱才能进到货。①

商人们反映，2010 年前，阿图什的布料商人基本上不会常年在柯桥驻守，那个时候的年轻人大都在各个托运部赚钱。后来，尤其是 2012 年以来，随着大型的物流企业进驻喀什，以前那种小规模的各自为战的托运部生存空间都被挤压。而大型物流企业的用人要求要比小托运部的高，所以，当地的很多年轻人因此而失业。本世纪的第二个十年开始以来，由于货源的不稳定，大肖鲁克村的布料商人为了确保及时进到布匹，一般派遣一个男性家庭成员去柯桥蹲守，他们的主要任务就是同那边的布料商保持密切联系。在这种情况下，布料商人们要抽出一个劳力去柯桥专门负责发货，无疑增加了生意成本。虽然，部分在柯桥的发货人也在当地市场干一些零活，但没有在自己老家搞托运方便，而且挣钱也没有在喀什的托运部时多。为了了解发货人的情况，2016 年 12 月，作者前往柯桥"中国轻纺城"调研，在经过多方探寻后，在"北市场"找到了 37 号商人的表哥、在柯桥已经驻守了 6 年的 Abd·R1，这个当时即将 30 岁的年轻人才接受了作者的访谈。

85 号商人：Abd·R1，男，29 岁，肖鲁克村人，已婚，初中文化。

发货也不是每天都进行，我给哥哥一月发一次货，有时候一个季度发两次。现在这边的合作伙伴是个女的，姓杜，40 多岁，她去过新

---

① 被访谈人：Abi·M，男，50 岁，肖鲁克村人；访谈时间：2016 年 9 月 12 日下午；访谈地点：浙江省绍兴市柯桥区"中国轻纺城"北联市场一楼。

疆多次，对新疆比较熟。我的名字因为很长，内地人一般都叫不上来，为了方便，杜老板和其他朋友都叫我小杜。2010 年，我被大哥派往柯桥，以前在喀什市的一家托运部上班，主要负责计件和称重等工作。那个时候，工作也比较轻松，每天早上从家里出发，晚上又从喀什回到阿图什，天天都可以回家，非常方便。直到后来，喀什出现了一家物流公司，自此，我所在的托运部业务越来越少，最后就直接关门了。这时，正好哥哥与供货商的合作出了问题，他让我亲自来柯桥看看，这一看就看到了现在。

在柯桥，只要努力就能赚到钱。我有一个朋友，是阿克陶①的，在市场上给别人转运货物，两公里之内一架子车 10 块，两公里以上一车 15 块。一般不去 3 公里以外的地方。这个活虽然很累，但一天也能赚不少钱。我曾观察过，只要身体吃得消，一天 300 块钱的收入不成问题。由于报酬可观，很多人都想加入这个行当，但因市场管理部门担心车子多了会影响市场内的交通，所以对车夫总量进行控制。我这个朋友也是通过熟人帮忙才干此行。负责市场内运输的管理人员为了照顾新疆的少数民族朋友，特意开了先例，还以优惠的价格租车给我的朋友。然而，朋友干了不到一个礼拜，就因我们这些熟人或朋友的嘲笑而"辞职"。为什么我们笑他，这其实是我们阿图什人的一种"自我优越感"在作祟。在我们阿图什人看来，我们天生就是做生意的，东奔西跑来养家糊口的，一般没人选择干苦力。我这个朋友虽然不是阿图什人，但也是我们克州的，所以，我们笑他找不上营生，丢我们阿图什人的脸。在我们的冷嘲热讽下，那位阿克陶的朋友收车停工了，他后来去市场上一家由喀什人开办的托运部工作。

我刚来的时候，主要是负责联系厂家，连这边的生活费都是家里人出的。当时同买谢提村②的一个朋友挤在一个小房子里。三个月后，

---

① 新疆克孜勒苏柯尔克孜自治州的一个县，位于该州南部。
② 阿图什市松他克乡的一个行政村，著名的苏里唐麻扎就位于该村。

经人介绍去"依再提托运部"上班。这个托运部的老板是亚喀巴格村人开办的，已经有多年的历史。我去的时候，在托运部干活的人很多。后来，据那位介绍人说，托运部老板刚开始不答应招人，因为人都饱和了。另外，他要招进一个人就要承担一份责任，要负责后者的食宿和安全。凡是在托运部工作的人，在空闲时期，一般不允许乱跑，在宿舍睡大觉也行，就是不允许随意外出。介绍人跟他说我是肖鲁克人时（访谈人说的肖鲁克，就是大肖鲁克），老板马上同意了，并当即表示让我快点来上班。我们在老家的时候，三个"肖鲁克"的人彼此之间划得还是很清的，但走出肖鲁克（大肖鲁克村）后，我们三个村的人又成为一个村的人了，不知道我们肖鲁克（大肖鲁克村）历史的人，他们是很难理解我们这种情感的。

在"依再提托运部"上班，工资不高，一个月下来也就两千多块钱，还没我在喀什那个托运部干活时的工资高。没办法，如果我们的货源稳定，谁会来到这个人生地不熟的地方，而且还热得要命，刚来几年，每个夏季我都会得湿疹。

现在，我长期驻守在这边，每年只有在古尔邦节或肉孜节时回家。家里的三个孩子由老婆和母亲照料，最小的孩子出生时，我都不在老婆身边，有时候想起来，都觉得很内疚。但是，想了又能怎么样呢？这是我们阿图什人的命，每一个人要成为生意人都要承受这些，为了养家户口必须得赚钱，这些别离之苦对我们这些人来说，就是最基本的考验。如果连这个都忍受不了，对不起，你就不能成为一个称职的商人。①

Abd·R1 是作者所有访谈对象中第一个对妻子表达内疚之情的人，他的这种情感不仅仅源于自己无法与妻儿共享天伦的遗憾，还同自己作为一个

---

① 被访谈人：Abd·R1，男，29 岁，肖鲁克村人；访谈时间：2016 年 9 月 13 日下午；访谈地点：浙江省绍兴市柯桥区"中国轻纺城"北联市场三楼。

生意人却没法赚更多的钱以养家之苦恼有关。Abd·R1坦言，在柯桥驻守就是浪费生命，缺乏成就感，他的目标是成为真正的生意人。Abd·R1感觉自己跟民工没有什么区别，他在"依再提托运部"的工作，除了拿着发货单联系货主并做些记录工作外，还要根据情况，帮货主搬运布料。另外，从访谈中作者能感觉到，Abd·R1很不满意目前的工作状态，他向作者表达了对白天睡觉、晚上开工的作息安排之厌烦。

对于大肖鲁克村的跨国布料商来说，他们同作为其"上线"的供货商也是一种买卖关系。双方的生意合作中出现这些变化，作为供货商一方他们如何看待其合作伙伴，如何认识目前的双方关系现状呢？作者走访了几个同大肖鲁克村商人有密切合作的供货商。经过对双方关系状态的比较分析，作者根据合作关系的亲疏程度将这些供货商分为三类：一是亲密无间型，二是普通关系型，三是变化多样型。第一类是双方都向往的类型，这种类型所占比重较小，在10年前比较普遍。第二类则是主流，合作双方之间就是纯买卖的关系。第三种则是近几年出现的类型，发展比较快。51号商人"莫合烟先生"Enw·Y的合作伙伴刘某就是第一种类型的代表。经Enw·Y的推荐和联系，作者找到了在轻纺城北市场开店的刘某，同他做了访谈。

刘某：男，63岁，浙江省绍兴市柯桥区人，小学毕业，经营布料生意30年。

我的祖上就是纺织起家的，到我这一代已经是第六代了。现在，我们弟兄三人都在做纺织。大哥和二哥都有自己的纺织作坊。我以前也有一个小厂子，五年前厂房失火，就不再做生产了，开始专搞经营（经销）。按理说，我两个兄长搞生产，我搞销售，兄弟之间应该合作才好。但在我们这边，兄弟之间的合作是很难持久的，而且纠纷很多，所以，基本上没有几个人会选择和自己的兄弟合作。俗话说，亲兄弟明算账，久而久之就把兄弟之情给算计进去了。最后生意没合作好，还伤了手足之情。这一点，我们同维吾尔族人明显不同，他们是兄弟多了才有力量，生意才能做大做好。

我记得 1980 年时还没有柯桥的轻纺城，我把父亲他们做的布料带到上海去卖，在那个时候，就有新疆人来光顾。这些人当时说什么我们听不懂，我们说什么他们也不懂，语言方面基本上就是零交流。然而，这并不影响我们的买卖，他们的手势很灵活（用现在的话来说就是肢体语言），比画一阵子之后，基本上大家心里都明白了。介绍你来的 Enw·Y（对作者说）就是我在上海的时候认识的，因为我比他大几岁，我叫他"小瓦"。小瓦刚开始汉语交流非常困难。即便如此，这个人还是挺能讨价还价的，每次都用仅会的数字用语和我纠缠好一阵子。后来，慢慢地，Enw·Y 的汉语会说的越来越多，我们的合作越来越顺利。2015 年，Enw·Y 来过一次柯桥，他还在用手机看汉字的新闻，还同我讨论一些时事。柯桥的本地商场起来之后，我就不再去上海了。当时在棚屋式的市场里搞了个摊位，专门销售父亲他们生产的布料。应该是 20 世纪 80 年代末的某一天，我正在很专注地给客人介绍布匹，突然身后有人喊我，使用生涩的汉语叫我"朋友"，我转身一看，是已经好几年没见的 Enw·Y。我问他怎么到柯桥来了，我用新疆人特有的幽默问他是不是想我来找我了。Enw·Y 狡黠地笑道："朋友是一辈子的嘛，既然是朋友，就不会忘记的。"听 Enw·Y 介绍，他们家乡也有一个市场，他在那边有个店面，那个市场的生意非常火爆，他也经常来上海进货。自柯桥本土的市场建立起来后，他和几个阿图什人也曾来过两次，考察了一番后觉得以后要在这边进货。想不到第三次来居然碰上了老熟人。寒暄过后，我把 Enw·Y 带到父亲的作坊去参观。在当时已经有了同行竞争和商业机密保护意识的纺织领域，带一个生意伙伴去参观厂房是要有勇气的。主要考虑到 Enw·Y 汉语水平一般，对我们的生产构不成潜在的威胁，没必要对其设防，所以就带他去了。通过这一次的实地参观，Enw·Y 当即就表示要进我们的布料，从此，我和 Enw·Y 真正的生意往来开始，这一合作一直持续到现在。

后来，Enw·Y 出国做生意，他来柯桥的次数也少了。Enw·Y 这几年，应该有六七年了，他不再亲自过来进货了，而是派他的儿子

Kur·E 来进货，每两个月发一批货。10 年前，我和 Enw·Y 的沟通方式主要是电话，他在比什凯克那边打电话给我，然后我给他发货，先发到喀什，然后 Enw·Y 在喀什安排人提货报关。一年四季也见不上 Enw·Y 几回。因为那时我们的合作很顺，不需要有一个人在柯桥蹲守，而且我那个时候也有作坊，他想要什么种类的布，我就想办法给他做什么样的。现在，他把儿子打发过来，实际上还是担心我这边的货源问题。我听说，喀什、阿图什那边的商人都派一个人专门在柯桥发货。我个人认为，这个完全没有必要，只要双边建立了一定的合作基础，可以节省出一个劳力来干些别的事情。当然，我同 Enw·Y 家的生意往来，并不都是一帆风顺，前些时候，我同他微信联系货物时，他让我先发货值 3 万块钱的网布，说那边的网布卖得还不错，等这些货物卖完之后再给我返回货款。我当时表示要先付一半货款，另一半可以先吊着。Enw·Y 听了之后貌似有点不愉快，他说那边的市场最近不太景气，机动资金不够，所以才让我给他先赊欠着。Kur·E 那几天也跟着我，缠着让我给他们发一批网布。说实话，这几年国内的纺织业发展的并不好，我们这些人作为布料的经销商，也积压了一批货，就是缺乏机动资金，市场里的店租也年年攀升。我也把自己的难处给 Enw·Y 说了，最后，我们彼此都做了妥协，我先发货，Enw·Y 答应在一周内将三分之一的货款打过来，剩下的货款可以先赊着。我知道，他是想等货物签收后才打款。这笔买卖成交的不太容易，前后我们纠结了半个月，就是因为现在的布料生意不好做，大家都心知肚明，彼此能够理解。好在 Enw·Y 是一个信守承诺的人，他在发货后的第六天就给我将第一批货款打到了账上。这笔生意是我同 Enw·Y 做得最不痛快的一次。以前，他想要多少货，我给他发多少，而且资金周转不开的话可以欠一段时间，等有钱了再汇。这么多年以来，我给 Enw·Y 也赊欠了不少的货，但他一般都是两个月内打过来，从没有超过三个月的。这次，Enw·Y 估计也是没有办法了，才提出先卖货，然后根据售货情况再打款。如果 Enw·Y 在他们老家做生意，这些布料卖得不好，他可以给我再返回来，这么多年的交情，这个面子和诚信还是有的。但他在外国，还能再返回来吗？所以，我们现在不给他们赊账，那也是情势所逼，没有办法，大家都想清库存变现。宁可价格上低一点，也要用现钱交易。

近 30 年来，我同不少维吾尔族人打交道，维吾尔族商人给我的印象是，这些人还是挺诚信的，他们在讨价还价的时候，不像我们有些汉族商人，计较得非常厉害。他们只要认准了你的货和你这个人，在分厘之利的争取上，还是比较灵活的。我个人很喜欢他们的幽默，尤其是见了人不管认识还是不认识的，就喊"朋友"，可能当时还不自在，慢慢地还挺习惯的，以至于我们现在遇到陌生人，也同他们一样喊"朋友"。

作为生意人，哪怕再好的朋友，在遇到难题的时候，一般情况下也会自己顾自己。我在柯桥这边的货物卖不出去，手中缺流动资金，但又不能像以前那样把货先赊出去。Enw·Y 他们在国外的布料生意听说也越来越不如以前，他们也没有资金来进货，只能请求我们给他们先赊账。这种矛盾已经持续好几年了。我认为出现这种状况的原因有两个，一是我们国内的产能过剩。现在所有行业的产能好像都过剩，库存积压很严重。然而，即便如此，价格却没有因为存货过多而下降。第二个因素是金融危机。没有人愿意背上沉重的债务，也没有人愿意去讨债。因为现在的情况同以往大不一样，现在，债务人是"爷"，债权人是"孙子"。对于我们这些商人来说，苦口婆心地向欠债人讨债是件极度令人头疼的事情。因此，现在能变现就变现，利润降一点也是值得的。①

在刘某看来，他与 Enw·Y 的生意往来，属于关系稳固型的合作。他

---

① 被访谈人：刘某某，男，63 岁，浙江省绍兴市柯桥区人；访谈时间：2016 年 9 月 15 日上午；访谈地点：浙江省绍兴市柯桥区"中国轻纺城"北市场被访谈人店面。

们彼此都视对方为朋友，而不仅仅是纯粹的商业合作者。用刘某的话说，他与 Enw·Y 相识在青年，合作在中年和壮年。刘某苦笑着说，他们都已经或即将 60 岁，已鬓发斑白，所以，他们的合作是"白头到老"一辈子。在作者同刘某结束访谈的第二天，刘某给作者发微信说，Enw·Y 又给转了一笔 5000 元的货款。刘某觉得给 Enw·Y 的那批网布看来卖得不错，他打算联系一下 Enw·Y，如果行情好的话，他可以无条件给后者赊一批网布，还款期限可以延长至半年。刘某还有一个打算，他想让 Enw·Y 把儿子调回去，不要为了同他维持往来关系而浪费一个成年劳力。

Enw·Y 的儿子 Kur·E 是一个 20 出头的年轻人，他被其父派往柯桥联系刘某发货，对他们父子来说实属无奈之举。作者在比什凯克"玛蒂娜巴扎"调研时，Enw·Y 就曾明言 Kur·E 本人不想在柯桥耗着，他也想去"玛蒂娜巴扎"干。Kur·E 曾建议让其父回国养老，他去比什凯克接替。但已上年纪的 Enw·Y 并没有同意儿子的提议，他有两个担心之处：一是虽然与刘某的合作还比较稳固，但说不准哪天刘某就不干此行了，毕竟后者不实际搞生产，库尔班江可以在市场上寻觅新的合作伙伴。另外，刘某已是 60 多岁的人，他的身体还能坚持几年谁也说不上。所以，Enw·Y 想让儿子同刘某的继任者提前搞好关系，这样，他和刘某的合作还可以在他们的下一代身上延续。二是 Enw·Y 有一个难言之隐，他在比什凯克所生的儿子已经在"玛蒂娜巴扎"上帮他，如果让 Kur·E 过去，两个儿子可能相处不来，从而影响生意，这是他最为担心的事情。

像 Enw·Y 与刘某合作持久且"白头到老"的案例，在作者的调查中并不多见，绝大多数的大肖鲁克村跨国布料商人曾同两个或两个以上的供货商合作。80% 的受访者表示，自 2010 年以来，更换供货商比较频繁，很多人同时有三个或三个以上的供货商。商人们表示，这种现象在 2010 年之前很少见。被同行称为"鬼头"的 Süp·S 就换了三个供货商，且同时与两个供货商合作的商人。访谈是在"玛蒂娜巴扎"Süp·S 的 A-49 号店面中进行的。

11 号商人：Süp·S，男，48 岁，肖鲁克村人，小学毕业。

我同供货商的合作很随便，这种状态不是最近这几年才发生的，而是自我开始做布料生意以来就秉行的一个原则。我的经验告诉我，你要同内地商人打交道，就必须多长一个心眼。最初同我合作的是一个杭州的商人，姓仇，他比我小几岁，是一个很抠的人，用汉族人的话就是一个"铁公鸡"。很不幸的是，他遇到了我，我在朋友中间有一个绰号叫"鬼头"。我们两个算是针尖遇麦芒。每次为了一笔生意，都是掐得不可开交。但最后每每都是他妥协。后来，应该是2005年的时候，我又经人介绍同一个柯桥本地人合作，是一个姓张的中年人，因为比我年长，我叫他老张。老张同姓仇的那个人不一样，做买卖原则之一是不赊账，价格上可以活动。小仇则是价钱上一分不让，但可以适当地赊账。跟老张合作的那几年，正是布料生意最好的时期，因为销售很好，我很少要求老张赊货。2008年以来，干我们这一行的日子不好过了，布料越来越卖不动了。那时，我的流动资金也越来越缺乏，不赊账生意定然做不下去。在这种情况下，我就又联系了现在姓吴的供货商。吴是一个年轻的布料经销商，他自己的货也是在柯桥当地厂家联系的，但和其他人不同的是，吴可以赊账，而且他对我们阿图什人好像还比较信任。从2012年开始，我和吴一直合作，我们之间的交易就如同我和"玛蒂娜巴扎"的客户之间的交易一样，也是债务贸易，就是进新货，还旧账。每次在进货的时候，才把前次的货款还付。尽管吴可以给我赊账，但布匹的价格比别人高一点，这一点我也认了，毕竟现在找一个能给你赊账的主儿还是不容易。我的好多朋友都说我是"鬼头"，其实我也不是什么便宜都能占。去年，我在朋友的介绍下，又联系到了一个杨姓供货商，杨的布料价格大家公认为是最低的，其实一米也就比别人低一毛多钱。价格低，那就意味着不赊账。之所以我要和杨发生交往，主要是想给自己留一手，也就是说，当自己有一定的资金时，可以从杨那里进货。上个月，本来要给吴付货款没有付，而是从杨那里进了一批"玛蒂娜巴扎"比较受欢迎的新式棉布，打算将这批新布卖出去之后，再偿还欠吴的货款。

　　我的这些手段其他人也在用，只不过大家心照不宣罢了。因为，每个人的进价都是极端保密的，没有人愿意公开自己的进价，即便是同在开店的亲兄弟之间，也都相互设防。为了能同时与吴和杨建立联系，五年前，我就派自己最小的儿子阿布都去柯桥驻守。阿布都当时在克州二中读高一，但学习成绩不好，他自己也不怎么想上学了。由于在州二中上学，汉语交流肯定没问题，这也是我派他去柯桥的原因之一。儿子并没有同其他人一样，在发完货的同时还在柯桥由阿图什人开办的托运部上班，而是给吴和杨两位老板帮忙。因为他的汉语很精通，两位老板的客户有很多是新疆维吾尔族人，吴、杨二位雇佣他给他们做翻译。现在的老板不像以前，为了追求效率，雇佣一个专业的翻译对他们来说很有必要。阿布都既能每月在吴、杨店里各获得1000元的劳务报酬，还能确保他们给我发的货价位最低，确保我的货源之稳定。所以，派儿子去柯桥，对我来说是很划算的。等过几年我实在干不动了，我就让阿布都接我的班。虽然他前面还有两个兄长，但我还是看好小儿子，因为他精通汉语，又会算账，再加上在柯桥那边的历练，以后做我的接班人肯定没问题。当时我周围的人都没想过孩子在汉语学校上学，而我极力主张让阿布都上汉语学校，虽然儿子没有考上大学，但学了汉语，现在派上用场了，说明我的投资是有价值的嘛，哈哈……（自豪地笑）。①

　　Süp·S 表示，当初坚持让儿子阿布都去学汉语，就是觉得汉语以后只会越来越重要。在他看来，不懂汉语寸步难行。实际上，在同作者的交流时，Süp·S 一会用汉语，一会用维吾尔语，其汉语比其他受访对象略好。

　　除了上述两种类型外，还有变化多样型的供货商。这类供货商近两年越来越多，大都从普通关系型演变而来。作者观察得知，一般年纪在 30 岁

---

① 被访谈人：Süp·S，男，48 岁，肖鲁克村人；访谈时间：2016 年 8 月 25 日上午；访谈地点：吉尔吉斯斯坦比什凯克市"玛蒂娜巴扎"A–49 号店面。

左右且起步比较晚的商人，他们的货源稳定性比较差，因为这部分商人大都在布料生意辉煌时期加入到这一行列。所以，他们与那些已经摸爬滚打二三十年的老生意人相比，他们同供货商之间的信任度比较低，以至于年轻的商人们大都选择不固定的供货商。Abl·T 就是这样一个案例。作者在柯桥调查时，Abl·T 刚到柯桥不久。原先是其弟 Ërj·ü 在柯桥，兄弟俩对调了一下，他到柯桥负责发货并继续寻找合适的供货商。作者同 Abl·T 的采访在柯桥的一家由翁艾日克村①人开的饭店里进行。为了说话方便，Abl·T 要求作者必须在非饭点时去，因为饭点时人多，且大都是柯桥纺织市场上发货的阿图什人，说起话来多有不便。为了满足 Abl·T 的要求，打消其顾虑，作者在同 Abl·T 见面后的第二天下午 4 点，在饭店的二楼要了一个包厢，以吃饭的名义开始了同 Abl·T 的"闭门会谈"。

50 号商人：Abl·T，男，33 岁，亚喀巴格村人，小学文化，已婚。

　　我初中毕业后跟着父亲贩卖了几年的皮子，当时的皮毛生意还是挺不错的，直到 2006 年，做皮子生意的人太多了，利润越来少，再加上父亲得了脑血栓，我们家就不再做皮子生意了。大哥在市里跑出租，两年后去了阿图什人开办的一家进出口贸易有限公司去开车。小弟在一家餐厅当学徒，我则在政府的组织下，去江苏昆山的一家制鞋厂上班。因为受不了鞋厂里刺鼻的气味，我只干了半年就回来了。2007 年春，一个叔叔的儿子叫我去比什凯克给他帮忙看店。当年下半年，我办理了护照和签证就去了比什凯克。一年之后，我也在"玛蒂娜巴扎"有了自己的店面。

　　我的供货商不是固定的，一般我亲自去柯桥，店面让朋友帮忙看着。去柯桥不超过一个礼拜，一般就是三天左右，很快速地把货定下来就返回比什凯克。因为我的流动资金严重不足，一般是谁给我赊货，我就跟谁合作。而且，我很少在既定的还款期限内给对方将款项还上，

---

① 克孜勒苏柯尔克孜自治州阿图什市阿扎克乡的一个行政村。

因为我自己都不知道一个月能卖多少，一个季度又能卖多少。所以，很多供我货的老板都不会和我合作第二次。他们说我是"老赖"。说实话，我也想给他们及时把欠款打过去，没办法，我这边也是给人家赊账，那些吉尔吉斯人给我的货款有时候一拖欠就大半年，没有现钱，我无法给我的供货商还款。这种恶性循环最终受伤害的还是我自己。因为，最后发展下去的后果是没有人愿意再给我供货。

刚到比什凯克时，那时的布料生意很好做，虽然客户欠款现象很普遍，但对方都能在商定期限内还上。这几年，不知道是怎么了，各行各业的生意都不正常，客户一个个来赊货，但十有八九无法及时还款。我们的生意也一落千丈。再加上我的布料生意起步较晚，无论在"玛蒂娜巴扎"，还是在柯桥布料市场，都还未积攒到一定的人气和信任度。在别人的介绍下，就像打游击一样，一会儿在同这家合作，一会儿又同那家谈生意，缺乏稳定的供货商。我也想过，目前面临的这种窘境，原因也不完全在我，还是同宏观的布料业市场近几年持续萎缩有关，大环境如此，我们作为一个小小的商人又能怎么样呢？今天这儿打一枪，明天那儿放一炮，没有稳定的货源，真的害人不浅。①

货源不稳是目前困扰大肖鲁克村跨国布料商人的一个重要难题，有些人将供货商的变化归结为内地人对新疆阿图什人的另眼相待。持这一认识的人大多是刚进入布料行业的年轻人。也有一部分人认为目前困境的出现是大环境的使然，50 岁以上的布料商大都有此认识。此外，布料业本身的萎缩、阿图什商人经商习惯中的不合时宜之处以及债务贸易的弊端，也是商人们认为同供货商关系紧张或不稳定的原因。Exm·W 就是一个认为内地人对阿图什人有偏见的商人，在其家里，他向作者讲述了其在内地的某些遭遇。

43 号商人：Exm·W，男，27 岁，温吐萨克村人，高中毕业，未婚。

---

① 被访谈人：Abl·T，男，33 岁，亚喀巴格村人；访谈时间：2016 年 9 月 11 日下午；访谈地点：浙江省绍兴市柯桥区"中国轻纺城"附近的"艾孜海尔"饭店 1 号包间。

曾在"卡拉苏巴扎"经商一年。

　　我的家准确地说是一个干部家庭，父亲是乡镇干部，母亲是小学教师，两个哥哥也都是吃公粮的，一个是警察，一个是银行职员。作为家里最小的儿子，可能是从小父母太溺爱了，我贪玩、任性，在学校里经常惹事，学习成绩一直不好。中考的时候，差点连高中都没考上。在市一中上到高二，便心生退学的念头。父亲气得差点打了我一顿，母亲则是连哄带骗地让我一定将高中读完。2012年参加高考，报了几个志愿，一个都没录取。父亲无奈之下，让我去学手艺，但我对做生意非常感兴趣，而且坚持要去比什凯克做布料生意。父母不同意我的想法，说家里没有人做生意，没有人能帮上忙，生意肯定做不成。父母经不住我的死缠烂打，同意我先去市里的"玛拉洪阿吉巴扎"①做点小生意积累经验再说。

　　做生意要进货，当时的我很倔，不想让人给我带货，想自己出去闯闯。因为20岁的我，只去过一回内地，而且就是新疆的近邻甘肃兰州。当时，一个好朋友在西北民族大学上学，他邀请我到兰州玩。吃了几天的牛肉面就回来了，没怎么转，这是我第一次去内地。仗着自己的汉语水平好，真的，我的汉语不错（向作者强调），虽然在市一中上学，但家人也经常在家里说汉语，耳濡目染下，我的汉语水平很过关（自豪地笑）。应该是2013年2月中旬，好像春节刚过，我坐火车到乌鲁木齐，再到杭州。因为是第一次到内地发达城市，有点头晕目眩。去杭州之前联系过的朋友答应要在杭州接我，但打电话一直不通，没办法了，只能打车到柯桥，一下子花了好几百块钱的车费。第二天一早，我就去轻纺城，市场的确很大，布种很多，逛市场的人也很多。我毫无目的地边走边看。来柯桥之前，我已经在"玛拉洪阿吉巴扎"

---

①　阿图什市城区的一个由个体户玛拉洪阿吉·土尔地开办的私人巴扎，主要经营布料和服装。

做了一番调查，知道哪种布料卖得快，哪种利润空间大。但同类产品的店面太多了，令人眼花缭乱。进去好几家店里询问相关信息，相同布种的价格基本上一致。转了整整一天也没有什么结果，关键是东西太多了，没法选择。第二天上午我又去市场，并最终同一个姓胡的当地老板谈好了生意，不过这个胡老板刚开始时对我极度不信任，特别是知道了我是来自阿图什之后，就认为我们阿图什人都变得很狡猾，不仅把价格压得低，而且还喜欢欠账。最后我还是找了同在柯桥驻守的一个朋友好话说尽之后，胡老板才答应给我发货。我事后一直在想，我们也不想欠人家货款，但我们的下线老是赊账，我们没办法。看来，柯桥的老板们很显然对我们阿图什商人已经产生了集体性的偏见，照这样下去，我们想保有一个稳定的货源就难上加难了。①

为了"一带一路"倡议的实施，扩大对外开放的水平，方便全疆各族人民出入国境的需要，2015 年 5 月，新疆维吾尔自治区公安厅报请公安部和中央批准，落实公安部出台《新疆维吾尔自治区普通护照政策签发管理工作的意见》，新疆维吾尔自治区公安厅在石河子、克拉玛依和克孜勒苏柯尔克孜自治州进行护照办理程序改革试点，两个月后在三个地州市正式实施。新的护照办理程序得到进一步简化，除了公职人员有限制政策外，任何公民只要符合政策都可以办理，而且办理手续和时间相比以前简化了很多。Exm·W 在 2015 年 9 月办理了护照和签证，并最终如愿去了比什凯克。给他人当了三个月的学徒后，在"玛蒂娜巴扎"租赁一间店面和仓库，开始了他的跨国商贸事业。Exm·W 坦言，他的性格比较火暴，在同供货商谈判时，容不得对方对他一丁点的不敬。这种性格使得他同所有的供货商的关系都不那么稳固。2016 年 9 月，在作者前往柯桥调研期间，Exm·W 通过微信告诉作者，说他在柯桥进货，并邀请作者同他一起去找合适的老板。第

---

① 被访谈人：Exm·W，男，27 岁，温吐萨克村人；访谈时间：2016 年 4 月 22 日上午；访谈地点：被访谈人家里。

二天，作者与Exm·W在饭店吃完早餐后，跟着他从北联市场转到南联市场，接着又转了北一区、北二区、北三区、北四区、北五区、北六区和北七区7个专业市场。同其他大肖鲁克村的商人认准某种布料后就直接奔它而去不一样，Exm·W像一个久未进城的"乡下人"，东张西望，走走停停，也不知道他到底要选哪个布种。最后，作者转得实在有些累，便问他到底要哪个布种，对方的回答让人哭笑不得，他竟然说就是随便转转，看上哪个就选哪个。快到午饭时，Exm·W终于同一家巴厘纱店老板谈拢了一笔生意。黄色的巴厘纱每米6元，但老板一听Exm·W要赊账后，便坚决不跟后者做此笔生意。Exm·W也有些着急，几乎是吼着来同老板谈判，说只要能赊账，价格上每米可以上浮一毛钱。由于Exm·W说话声音有点高，一下就聚集了不少人。任凭Exm·W如何说，老板依然不依不饶。最后作者也加入进来，替Exm·W说话，给他打包票说一定在规定的期限内还款。在Exm·W和作者两人的死缠烂磨之下，老板终于同意同Exm·W做生意，条件是单价必须要上浮一毛五分钱，而且要Exm·W和作者二人留下相关信息，尤其是要求Exm·W留下真实的家庭住址及其成员信息，并开出货款欠条。最后，Exm·W预付了2000元的定金，以6.15元的价格进到了三种颜色的巴厘纱，白色的1000米，黄色的1000米，花色的500米。在返回的路上，作者半开玩笑地跟Exm·W说："阿图什人做生意比较文明啊，你那么大声地喊，会把对方吓住的，你这生意就是'讹'成的。""你要好好卖布，把人家的货款给还上，欠条上我也签字了，要不然那个老板会找我麻烦的。"Exm·W则回复道："这些老板不唬他一下，他们会欺负你的。""哈哈，你是我的朋友，不会让你为难的，让你过来看看我们是怎么谈生意的。"作者默然点头。

　　按照Exm·W的逻辑，目前的经济形势不好，按照传统的交易方式很难做生意，只有采取非传统的手段才能生存。作者问其非传统的手段所指哪些，是否可以理解为"坑蒙拐骗"。对方听罢摇头否定并表示，阿图什人尤其是肖鲁克人（指大肖鲁克村人）字典里从来没有"坑蒙拐骗"这个词汇，他建议作者好好观察了解，尤其是在进货时，要多加注意。Exm·W是作者遇到的最"胆大"的布料商人。事后，作者曾做了分析，Exm·W 所倚靠的并非是他的胆气真的比别人大，而是其背后有一个稳定的后方——家庭。在同供货商洽谈生意时，偿还货款的压力并没有让他表现出一定的谨慎。因为他知道，如果布匹销量不佳而无法及时偿还货款，且对方催款不紧，他可以在其他的老板那里进货。如果对方催得紧，父母会替他偿付。这也是 Exm·W 在同供货商谈判时"有恃无恐"之底气所在。Exm·W 也承认，在巴扎里，很多人对他有看法，认为他的家庭条件很好，没必要来比什凯克受罪，大家都把他视为"纨绔子弟"。有些人认为 Exm·W 做事过于张扬，而做生意应该是件谨慎的事情，无须太高调。就连以"不按套路出牌"的"莫合烟先生"Enw·Y 也认为，Exm·W 应该收敛一些，年轻气盛不是件好事。

大肖鲁克村的跨国布料商人遇到的货源问题制约着他们对布料生意的认知，尤其是与供货商之间"关系普通型"的商人，他们的压力较大，很多人认为其货源很不稳固，这种不稳是多种原因造成的，赊账是进货和供货双方都提及的原因。因货源问题而引发的制约生意持续问题，成为大多数商人的忧虑之一。

另外，目前的进货方式影响了大肖鲁克商人的经营，主要是增加了他们的经营成本。在柯桥市场上留守一个人，其主要任务是发货，如果商人们都能熟练地运用现代商务模式，发货人完全可以腾出手来干别的事情。在中亚国家的汉族布料商人没有此问题，他们一般通过 QQ、微信等新媒体就直接可以同生产厂家联系，不需要派人在柯桥驻留。由于多方面的困难和顾虑，使得大肖鲁克的商人们要派一个"常驻货源地代表"来亲自负责进货发货之事宜。厂商不给大肖鲁克商人赊账还有其他原因：第一，当前的跨国商人逐渐年轻化，老一代商人已经回家，这些年轻群体在信誉、责任、交流方式等方面可能同老一代还有差距，所以一时难以赢得对方的信任。第二，大肖鲁克的商人们属于个体商户，在自身的现代企业制度还未健全的情况下，包括厂商、个体户在内，大家合作主要出于个人品性，而当前很多供货商采用的是比较正规的现代企业模式，一切都要以利润最大化和风险最低为目标，故孤立的且缺乏保障体系的个体商户和追求规避风险的生产企业之间出现了一条鸿沟，后者对前者的不信任感逐渐增加，他们更愿意选择与同样是企业形式的单位合作，即便利润小一点，但风险却比同个体商户做买卖少很多。赊账给企业，后者至少是法人实体，追债的困难要较小于向个体户追债。

前文提到的持续多年关注阿图什跨国布料商人的某领导 A 向作者说："我们商人的经商模式还是很传统，很多人还是不习惯用现代的电子商务模式，因此，可能在样式、品种、价格等方面的信息掌握就略显滞后。比方说，某款在土耳其非常走俏的花布，可以用微信的方式拍发给厂家，不到 10 天的时间就可以纺印出来，最多 20 天的时间就可以运到目的地，这种便捷的交流方式极大地促进了商业发展。然而，我们的不少商人由于语言等方面的原因，还是不习惯这种方式，依然采用的是人力发货模式，即让自己的兄弟或者父亲到货源地实时了解并发运货物。此外，内地的厂商跟过去相比也有很大的变化。以前，厂商与客户的关系比较固定，也就是客户和厂家建立了比较稳定的合作关系，即便客户的货款汇寄不及时，也不大影响双方的合作。现在的情况则不同以往，现在的人做生意都比较谨慎，供货商为了规避不必要的风险，一般是哪个客户货款到位及时，或者哪个客户的订单多，就会给他（她）供货。这也是阿图什的商人大都在柯桥市场上留有兄弟或者父亲以专门负责同供货商沟通并发货的主要原因，他们最惧怕供货商中途变卦而影响货源。"①

对阿图什市跨国商人而言，能不能找到一个能够长期稳定的供货渠道，事关跨国商贸整个经营过程能不能继续，毕竟这是商人们做生意的首要环节。如果连货物都进不到或者时不时断供，那对他们的经商生计的可持续无疑是一个致命打击。

---

① 被访谈人：阿图什市某领导 A；访谈时间：2016 年 4 月 22 日下午；访谈地点：阿图什市广场。

三、制度因素

跨国商贸所涉及的制度，不外乎来自货源国和销售国两类。具体来说来自三个方面：一是市场准入制度，二是收益结转制度，三是汇率变化。前者主要指影响商人们出入境的签证制度和到国外后的劳动制度，后者主要是指商人们如何结转收益汇转至国内的制度。目前，影响商人跨国布料生意的制度方面因素主要有：吉尔吉斯斯坦国内经济政策、签证制度、劳动卡制度、结汇制度等。

（一）吉尔吉斯斯坦经济政策

吉尔吉斯斯坦的主要经济类型为农牧业，工业体系不健全，工业基础薄弱。自宣布独立后，吉尔吉斯斯坦与苏联加盟共和国的传统经济联系断裂，加上激进式改革造成的经济大幅度下滑，产品自给能力很低。为了应对产品短缺困境而大力发展外贸，吉尔吉斯斯坦海关在一段时间内默认了自损本国相关产业的"灰色清关"①。低廉的进口关税②是大肖鲁克村布料商人到比什凯克经营的原因之一。后来，吉尔吉斯斯坦政府开始调整政策，不断优化本国贸易环境。1998 年，吉尔吉斯斯坦成功加入世界贸易组织（WTO），成为独联体中最早的世贸组织成员国。吉尔吉斯斯坦的"灰色清关"现象

---

① 灰色清关（Grey Customs Clearance），是相对于白色清关（正常）而说的，它是介于白色清关（正常清关）和黑色清关（走私）之间的一种非法清关方式，走私是直接不交关税，灰色清关是交税，但没有达到法定的限度。20 世纪 90 年代初，苏联解体后，俄罗斯经济衰败，商品自给率降低，俄罗斯政府为了鼓励进口，丰富国内商品市场，对进口商品实行一种不正常征收关税的默许。关于"灰色清关"的研究，具体参见王玉芬、刘碧云《中俄贸易中的灰色清关及其对策》，《国际贸易问题》2005 年第 4 期。

② 苏联解体后，吉尔吉斯斯坦取消了国家对外贸的垄断。1994 年后，吉逐步取消了出口关税，减少贸易壁垒，对进口商品实行 10% 的统一进口关税。1998 年吉加入"世贸组织"，并根据后者的要求对贸易管理体制进行了调整，使其经济更加开放，总体关税水平降到 10% 以下。1999 年进口商品平均关税水平进一步降至 9.18%，2000 年达到 5.2%。数据来源：中华人民共和国驻吉尔吉斯斯坦共和国大使馆经济商务参赞处：《吉尔吉斯共和国外贸管理制度·吉尔吉斯投资指南之四》，2004 年 6 月 2 日，见 http://kg.mofcom.gov.cn/article/ztdy/200408/20040800261310.shtml。

也得到治理。在加入"欧亚经济联盟"之前，吉尔吉斯斯坦纺织品进口关税税率在10%以下①，依然比盟内成员国的同类商品关税税率要低。世纪之交，吉尔吉斯斯坦根据自身地缘优势和国内较为发达的缝纫业，一方面继续对外发展经贸，尤其是转口贸易；另一方面对内发展服装产业。服装加工业的上游产业原材料主要来自中国，这也是"玛蒂娜巴扎"能生存下来的主要原因。然而，自加入"欧亚经济联盟"后，吉尔吉斯斯坦纺织品的进口关税税率提高，从中国进口面料将应用10%以上的关税。这将导致生产成本上升，以及最终的产品价格上升，因此降低了吉尔吉斯斯坦服装部门在关税联盟国家的可比竞争优势。在这种背景下，大肖鲁克村的商人经营成本升高不少。62岁的83号商人Imi·A给作者算了一笔账："在吉尔吉斯斯坦加入联盟（指'欧亚经济联盟'）之前，我的网布销价平均每米8块钱，现在15块钱，除去这两年上涨了的运费（每公斤上涨1美元），因关税的升高而使得我每米布的成本增加了5—6块钱。销售成本一高，商品的单位售价就要上涨，我们也不敢把增加的成本全部追加到单价中，这样一来，不管是老客户还是新客户，人家就不会来我这里，他们会选择土耳其、俄罗斯商品。这两个国家同类商品的质量比我们好，以前价格比我们高，如果我们大幅度涨价，那我们就没有价格优势，客户肯定会选择同等价位的质量更好的东西。现在我的部分客户也不选我的东西了，可能他们去'多尔多伊巴扎'的土耳其布店了。"②

吉尔吉斯斯坦是中亚五国中加入世界贸易组织最早的国家，也经常自诩为制度最透明的经济体。事实上，吉尔吉斯斯坦的国内经济政策经常受到域外大国的影响，如自从加入"欧亚经济联盟"之后，该国对进口来自中国等其他国家的商品，关税税率出现了明显的升高。关税税率即便是提高一个

---

① 数据来源：中华人民共和国驻吉尔吉斯斯坦共和国大使馆经济商务参赞处：《吉尔吉斯共和国外贸管理制度·吉尔吉斯投资指南之四》，2004年6月2日，见 http://kg.mofcom.gov.cn/article/ztdy/200408/20040800261310.shtml。

② 被访谈人：Imi·A，男，62岁，肖鲁克村人；访谈时间：2016年8月28日上午；访谈地点：吉国比什凯克"玛蒂娜巴扎"A–79号店面。

百分点，这对阿图什市跨国商人来说都是会明显增加他们的总成本，毫无疑问地缩小其利润空间。

（二）签证

跨国经商和务工是当今区域一体化和经济全球化（以下简称"两化"）的一个重要表现，人类的活动突破了政治边界的藩篱，跨地区跨国家流动。虽然"两化"的发展趋势难以阻挡，但就目前情况来看，主权国家依然是国际社会体系中最重要的行为体。为了在国际社会中宣示主权和确保主权的行使，各国家行为体势必要在其领土和主权的主要媒介上设置诸多障碍，阻止或规避过多生产要素的跨国流动对其主权的冲击。作为规范人的跨国流动自由的主要措施，签证制度被各国所实施。签证与护照是一组对立统一的法律制度，前者是一国对外国公民出入本国国境时所给予的管辖措施，后者则是一国对本国公民出入本国国境由本国发给的合法证件。签证权是一国对外行使主权的主要形式之一。签证制度的实质是对本国主权的宣示和行使，是对绝对跨国迁徙自由的限制。签证制度的建立和实施，是基于一国政治经济发展的需要，基于国家对外交往的需要而设定。签证制度既保证对国际法赋予的外国人迁徙之自由的享有，又对其进行限制。它的设立和实施的原则主要在于两个方面，一是遵循国际法关于维护人道主义和保障人权的原则，二是基于国内法制和国内实际需要的实用主义原则。换言之，签证制度以国家利益的最大化为根本原则。

1991 年 12 月 21 日，11 个苏联加盟共和国在中亚城市阿拉木图发表独立宣言，宣布加盟共和国主权独立和苏联的停止存在。中亚五国独立后，开启了政治、经济、社会发展自主的发展历程。五国独立后，中国第一时间宣布承认其独立，1992 年 1 月上旬，中国相继与乌兹别克斯坦、哈萨克斯坦、塔吉克斯坦、吉尔吉斯斯坦、土库曼斯坦联合发表建交公报，成为最早与五国建立外交关系的国家之一。建交后，中国与中亚五国随即开展了双边人员的跨国往来。

上文提到，2003 年 6 月 14 日之前，中吉两国之间的公民往来还使用苏联与中国签署的相关协定。当时，中华人民共和国的护照分四类：外交护照、公务护照、因公普通护照和普通护照。2003 年 6 月 14 日生效的协议之前的规定是，持有中国的外交护照、公务护照和因公普通护照的公民，持有吉尔吉斯斯坦的"因公"标记的护照的公民，两国之间实行互免签证。

2003 年 6 月 14 日，中吉新协议生效。大肖鲁克村的跨国布料商人开始办理签证。2011 年 6 月 16 日，克州外办的网站消息称："针对克州出国经商人员数量逐年递增的情况，为支持和鼓励更多的人员出国经商办企，克州外办充分把握外交部对公务普通护照颁发对象调整放宽的有利时机，转变机关作风，改进工作方式，简化办事程序，降低行政运行成本，进一步完善因公出国（境）任务审批和护照签证同时受理、同步办理的工作程序，本着'急事急办、特事特办'的原则，在严格把关的基础上努力压缩出国（境）手续办理时限，真正做到'成本最低、效率最高、服务最优'，确保从事边境贸易人员在第一时间出国经商。"① 从 1992 年到 2012 年的 20 年间，克州对申请因公普通护照办理的政策是，经贸人员从宽，党政干部从严。② 政府对出国经商人员提供了政策上的倾斜和便利，此类申请人员多为阿图什人，从而促使了阿图什市数量庞大的跨国商贸群体的形成。在这一群体中，大肖鲁克村人占据了半壁江山。

1992 年 1 月 5 日，中国同吉尔吉斯斯坦建立大使级外交关系。两国沿用了苏联时期关于签证适用的相关制度。即持因公普通护照的中国公民到吉尔吉斯斯坦，可以免除签证。中国新疆维吾尔自治区党委和政府为了鼓励对外贸易，给予克州等边境城市的商贸人员护照办理方面的优惠，即个体商户在加入正规进出口贸易公司的前提下，可以办理因公普通护照。这是包括大肖鲁克村在内的阿图什市跨国商人曾一度能够自由往来于吉尔吉斯斯坦、哈

---

① 克孜勒苏柯尔克孜自治州外侨办：《克州外办深化效能建设突出"服务"主题》，2011 年 6 月 16 日，见 http://www.xjkz.gov.cn/admin/PageLike.aspx? DocID=253501&ColumnID=000002930007&ChannelID=293&Sum=1。

② 新疆克孜勒苏柯尔克孜自治州政府门户网站——"帕米尔之窗"：《克孜勒苏柯尔克孜自治州人民政府〈关于审批办理因公护照及出境证明的有关规定〉》，2007 年 10 月 10 日，见 http://www.xjkz.gov.cn/b86c5b76-b6b1-4ab3-a779-bc3375befff4_1.html。

萨克斯坦、土耳其等免签国家之间的原因。2002 年 6 月 24 日，中、吉两国政府在北京签署了《中华人民共和国和吉尔吉斯共和国睦邻友好合作条约》，在此条约框架内还签署了关于两国公民互访的新协议，该协议 2003 年 6 月 14 日生效。新的协议规定，无论因公与否，只要是普通护照都要办理签证。也就是说，从 2003 年 6 月 14 日开始，持中国的因公普通护照者与持普通护照的公民一样，去吉尔吉斯斯坦都要办理签证。

从 2003 年 6 月 14 日中吉新的互访协议生效起，大肖鲁克村的跨国布料商人虽然持有因公普通护照，但依然要办理签证。据商人们介绍，这一时期的签证办理也相对比较简单。2012 年夏，出于对因公普通护照的总量控制和出入国境的有效管理，克州外办停止了对个体商贸人员的因公普通护照的办理。自此，跨国商贸人员就只能办理普通护照（又称因私普通护照）。与此同时，吉尔吉斯斯坦对持中国普通护照公民的签证办理也增设了诸多规定，最重要的一条是持普通护照的中国公民办理商务签证，必须要有吉尔吉斯斯坦境内企事业单位出具的邀请函方可。另外，由于中吉两国在反恐方面有合作协议，吉方在给予从事个体商贸人员的邀请函时较为谨慎。因此，有出国经商需要的阿图什商人申请签证时较之以前就困难很多。

（三）劳动卡

劳动卡（Разрешение наработу/Razreshenije na rabotu）是吉尔吉斯斯坦移民局为外国人在当地工作所办的许可证。期限一年，一年仅办理一次。大肖鲁克村的跨国布料商人在吉尔吉斯斯坦工作，也必须要在当地办理劳动卡。在办理费用方面，个体工商户办理一张劳动卡和签证的费用在 2000 美元左右。劳动卡快要到期时，持卡人需要提前申请办理新的劳动卡，如果没有按时办理，被警察或者其他执法部门发现后会被记入"红名单"①，罚款的同时还会被驱逐出境。

在"玛蒂娜巴扎"，大肖鲁克村的布料商人们虽然每年只办理一次劳动

---

① 在吉尔吉斯斯坦，黑色是比较忌讳的颜色。吉尔吉斯斯坦各级政府所盖公章，一般为蓝色。

卡，但每次的办理费用对于他们来说，是一笔数额不菲的支出。有些人因办劳动卡而影响到其正常的资金流动。另外，劳动卡遗失补办非常麻烦。在吉尔吉斯斯坦，虽然有报刊或者电视台可以进行挂失，但效率非常慢，如果在有效期内没有办理出新的劳动卡，就面临着被列入"红名单"的风险。因此，商人们无论何时何地，都要随身携带劳动卡并妥善保存。据作者调查，在比什凯克通过中介办理劳动卡，一般只需要 600—800 美元，最多 1000 美元。但通过中介办理需要 6 个月时间，这对持普通护照的大肖鲁克村商人来说，显然时间过长，因为护照只能续签 3 个月。为了能尽快办好劳动卡，商人们不得不多交费用。2000 多美元的办理费对于加入布商行列时间不长的商人来说，显然负担沉重。

当事人如果属于初次到比什凯克，那只能办理 1 个月的有效期签证，当事人在比什凯克之后马上要申请办理劳动卡。一般情况下，劳动卡的办理期限在 50 天左右。因此，当事人需要在比什凯克外交部申请 3 个月的展期（续签）。劳动卡在当事人合法有效的停留期内办理成功后，吉尔吉斯斯坦外交部根据当事人的劳动卡为当事人续签一年的签证。如此，当事人方能在比什凯克工作生活一年（实际上是 11 个月的时间。因为劳动卡办下来后才给予签证续签，等到真正拿到劳动卡时，时效已经减了一个月。实际的情况是，虽然签证获得了一年的续签，但劳动卡的实际利用时间只有 11 个月）。个体工商户办理一张劳动卡和签证的费用在 2000 美元左右，企业或工厂属于大额纳税单位，集体办理劳动卡只需 300 多美元，前提是为移民局提供公司执照、税收登记等相关的手续或证明。等劳动卡快要到期时，持卡人需要提前申请办理新的劳动卡，如果没有按时办理，被警察或者执法部门发现后会被记入"红名单"，在罚款的同时还会被驱逐出境。因此，劳动卡是跨国商人在比什凯克必须担负的一大笔费用。

2016 年 8 月，作者刚到"玛蒂娜巴扎"时，听人说有个叫 Bek·H 的商人，劳动卡丢失较长时间，正在等着办理新的劳动卡。为了了解劳动卡的办理程序，作者找到 Bek·H 的 B–71 号店，同其攀谈。Bek·H 经营着一个长 6 米、宽 2.5 米的店面，因为此店在 AB 街的西段，人流量较小。Bek·H

认为，他的店风水不好，因此生意也没有东段那边的好。他15平方米的店面，一年的租金500美元，一月的定额税130美元，市场管理费每月200美元，一年的签证费和劳动卡办理费用在2000美元。Bek·H的店面一年共产生经营成本6360美元。目前，Bek·H是单人独租住房，每月300美元的房租，其在比什凯克的经营与生活总成本达到9960美元。此次劳动卡丢失补办成为Bek·H的一大心病，因为去移民局好多次，对方以各种理由推脱。为了了解劳动卡的办理情况，作者同Bek·H到比什凯克移民局。在移民局大厅排队等候时，Bek·H接受了作者的访谈。

99号商人：Bek·H，男，40岁，温吐萨克村人，初中毕业，"玛蒂娜巴扎"的店铺号：B–71。

　　我是2015年10月份到比什凯克做生意的，以前在乌鲁木齐的小西门卖童装。一直想到比什凯克来，但护照一直办不下来。去年，政府将护照办理放开之后，我才在去年9月初拿到护照。又找了一个旅行社，花了3000多块钱办了一个商务签证。一到比什凯克，就立马到吉尔吉斯斯坦外交部申请了两个月的续签。把护照和2000美元交给了Tur·J，三个月后才拿到了劳动卡。这边的警察几乎每天都要来巴扎检查这个，看看那个，有时候检查同样的东西，一天要来好几拨。在这方面，我经历过的最夸张的事是，我的劳动卡和护照同一天居然被检查了5次。在你正忙活的时候，他们会突然出现在你跟前，吆五喝六地向你要东西看，而且不容你有一点推诿或者迟疑。如果他们检查的时候，劳动卡正好不在，那你完蛋了，直接"享受"罚款的待遇。我旁边的朋友，就是72号的老哥，有一次警察检查的时候劳动卡没在，其实也在，就是在他儿子身上，小伙子去库房卸货了。便衣警察毫无征兆地出现在他面前，要他出示劳动卡，老哥摸了一下腿肚子，可能心有点慌，说给儿子打电话让他送过来，可那天也不知是怎么回事，儿子平时都24小时开机的电话就是打不通。警察耐不住性子，要罚他3000索姆。老哥不愿给，就跟警察理论，双方不知怎么就打起来了，结果当然是邻居老哥被胖揍了一顿，而且还被罚 5000 索姆，其中，3000 是对"没有"劳动卡的罚款，2000 是对"袭警"的罚款。说也奇怪，平时我们肖鲁克人内部有事时，大家马上聚拢过来，七嘴八舌地起哄。警察和我们老乡起冲突，没有一个人从店里出来解围。我本来想冲出去看看到底是怎么回事，但被另外一个朋友拦住了，劝我不要去拉架，要不然会有麻烦。事后，劝我的那个朋友说我幸亏没去拉架，要不然我也会躺在地上。因为这种纠纷天天会发生，所以大家都习惯了，没有人愿意趟这浑水。他又说，"那些警察如果不经常到市场上来，他们吃什么，喝什么？一月只有 10000 多索姆的工资，没有我们这些人供着，他们怎么生活？"说真的，还是我们阿图什的警察好，他们都很有礼貌，而且素质也很高，不会冲你大声嚷嚷。从邻居老哥被打那天起，我更加注意劳动卡是否随身携带。

这次丢失劳动卡全怪我一时疏忽大意。本来这个东西一直都塞在袜筒里的，因为巴扎的管理人员和警察要随时检查，我们只能将它放在贴身的袜筒里，那里比什么地方都安全。但两个月前，两个警察例行过来检查，我把东西展示完后，不知道是警察没有还给我，还是我没有及时塞进袜筒里，随便撇在什么地方了。在下午快下班的时候，摸了一下袜筒，袜子里面空空的，才发现劳动卡不见了。我当时直接就傻了。因为朋友曾一再嘱咐我，一定要将劳动卡拿好，补办是件非常麻烦的事情。我将店面翻了个底朝天也没有找到。心想：可能是警察没还给我，但这只是猜测，没有真凭实据，也没法向人家索要。如果贸然去求证，对方肯定会认为是我在诬陷他们，那我可能会被修理一顿，可能还会上"红名单"，那意味着我会被列为不受欢迎的人而被驱逐出境，如此，我在吉尔吉斯斯坦做生意就再也不可能了。所以，我只能胡思乱想，却不敢去向他们求证和追索。因为我们每年要办的劳动卡都是巴扎管理处统一给我们代办。第二天，我就去找 Tur·J，一则他是巴扎的主要管理人员，另外他也是我们阿图什人。面谈的结果是，Tur·J 要我给他 2300 美元，可以到移民局替我办理补办手续，还可以搞加急。我听了有些生气，因为重新办一个才 2000 美元，补办居然要收我 2300 美元，我认为 Tur·J 简直就是讹诈。我找了个在巴扎里也卖布的吉尔吉斯朋友，让他帮我申请了挂失。现在挂失期已经过了好久了，去了几次移民局，工作人员说我的签证也有问题，还让我重办签证。我彻底被搞混了。如果加上签证的话，这又得 1000 多美元。我到这个巴扎才不到一年时间，就发生这事，简直太糟心了。

在这个巴扎做买卖不到一年的时间里，我已经回了 3 次家。去年刚到比什凯克安顿下来，父亲因急性心脏病去世。2016 年 4 月份，妹妹因癫痫病发作入院，我又回去照看了一段时间。我这几年过得很不顺，尤其是在母亲三年前去世后，家里的光景一天不如一天。父亲因思念母亲太甚而突发心脏不适，到最后也随她而去。不到 4 年的时间里，父母去世。我既有年幼的孩子，还有一个患病的妹妹，照顾他们以及干家务基本上由妻子来完成。我必须出去赚钱，如果待在家里，一家 6 口人的生活会难以为继。

每次回家都会花不菲的车费。从比什凯克到阿图什，坐汽车需要 200 美元的费用。坐飞机还要在乌鲁木齐转机，下来的费用差不多要 400 美元。但这些都没亲人重要，有事了无论如何都要回去，因为没有见上父亲最后一面而到现在都无法原谅自己。妹妹、老婆和孩子是我最牵挂的，他们有任何事，只要我能回去，我肯定要去处理，我不想再给自己留下什么遗憾。

店里的货不是我亲自去柯桥进的，我把巴扎里其他商人的货低价买进后在我的店里销售，因为这些货大多是积压多年的东西，时尚度和鲜艳度都不够，光顾的客人不是很多。一般只有那些年龄较大的或者经济水平低下的客户到我的店里来买。我没有充足的资金去柯桥购新货，只能接受别人转手的。①

---

① 被访谈人：Bek·H，男，40 岁，温吐萨克村人；访谈时间：2016 年 8 月 28 日下午；访谈地点：吉尔吉斯斯坦比什凯克"玛蒂娜巴扎"B—71 号店面。

在比什凯克移民局的办事大厅，Bek·H 前面也就四五个人在排队，不知是工作效率的原因，还是办事人所办事务比较复杂，作者同 Bek·H 等了一个多小时才轮到。Bek·H 将申请表递过去后，一位女性工作人员用俄语说了半天，可能是感觉对方无法听懂，又改用吉尔吉斯语（柯尔克孜语），作者在跟前也粗略听懂了一些。大意是：补办劳动卡的话要重新办理签证，这样要额外掏 300 美元。作者问 Bek·H，补办劳动卡是否真的要连签证也一起补办，对方表示肯定是这些工作人员要吃回扣。Bek·H 因不想多掏钱，当天的劳动卡补办又无功而返。

回到"玛蒂娜巴扎"时已是午饭时分，感觉 Bek·H 心情比较低落，作者请他在巴扎附近由阿图什买谢提村人开办的饭馆里吃拌面。吃饭期间，作者建议 Bek·H 妥协一下，毕竟在国外，有些事情还是要妥协，早点交钱把劳动卡补办出来，要不然也不心安。他貌似对作者的话不以为然，说再等等看，说不定找个人能便宜一些。

在作者返回乌鲁木齐的前一天，Bek·H 发来微信说，他不想再找什么人了，决定要交钱补办，并约作者第二天早上再去移民局。那天，Bek·H 将 1800 美元交给移民局时，工作人员的服务态度发生了 180 度的大转弯，满脸堆笑。尽管有时候对方会说俄语，也不知道到底在说什么，但高兴写在他们的脸上。听巴扎的商人介绍，劳动卡的办理费用近几年逐年攀升，2001年，劳动卡办理费不到 200 美元，2005 年就涨到 400 美元，2008 年直接涨到 900 美元，2012 年达到 1400 美元，2016 年 9 月就涨到 2000 美元。

中午，办完劳动卡，Bek·H 接了一个来自国内的电话，电话是他妻子打来的，说妹妹病情又加重，让他回去一趟。作者请 Bek·H 在巴扎的饭馆里吃了两个烤包子和一份凉粉，可能是担心妹妹的病情，Bek·H 显得很急切。他匆匆忙忙地收拾东西，关闭店门，准备回家。在巴扎大仓库的一个角落里，停了一辆比什凯克开往阿图什的国际长途客车，此车挂着中国牌照，始发和终点站的车牌皆用汉字和维吾尔文字书写。车旁围了不少扛着行李的乘客。据 Bek·H 介绍，巴扎的这趟车基本上拉的都是阿图什布料商人，也有一些结束在比什凯克的旅游而要回国的克州柯尔克孜人。从比什凯克到阿图什，大致有 3400 公里的路程，Bek·H 要支付 230 美元的费用，而且这辆车的运营商只收取美元和人民币，不收索姆。作者返回乌鲁木齐的第三天，接到了 Bek·H 的电话，他妹妹病情比较重，让作者在新疆医科大学附属医院联系一个治疗癫痫病的大夫。在乌鲁木齐一切办理妥当后，作者开玩笑地问："劳动卡是不是还在袜筒？"Bek·H 下意识地摸了一下左小腿，苦笑着说："在，还在，这次如果再丢了就不去比什凯克了。"

（四）结汇之困

对于跨国布料商人来说，把在吉尔吉斯斯坦赚取的收入带回国或者存到国内的账户上，收入才算真正属于自己所有。然而，在商人们看来，此乃并非易事。据作者调查，跨国商人的结汇方式有两种：一是将索姆兑换成美元转入国内账户。商人们收到的货款大多是索姆，他们会选择美元与索姆的汇率走高时，在当地银行将索姆兑换成美元加以保存。还有人直接在比什凯克当地银行里开办账户，将索姆存入账户，等到需要美元的时再到银行进行兑换，然后再把美元通过国际核算的方式，最终转到国内的账户上。二是直接将美元装入一个大铁箱，把钱箱委托给某进出口贸易公司，通过航运送到乌鲁木齐，安排国内的亲朋到乌鲁木齐指定地点交接钱箱。就第一种方式而言，商人们一般通过当地人来开设户头，或者选择"地下钱庄"帮忙，当地执法人员往往突击检查钱庄，一旦被发现，商人的财产就会被查没。关于后一种，因吉尔吉斯斯坦政府对于外国人所持外汇的政策持续性不高，钱箱时不时被当地海关稽查或扣留。结汇问题令商人们深为焦虑。

对于大肖鲁克村的布料商人来说，他们在国外打拼多年所赚取的收入，怎么带回国内，怎么存入自己在国内的账户上，这些问题一直困扰着他们。为了能将这些"外汇"转回国内，有些人走上了类似"洗黑钱"的道路。就上文提到的两种"汇钱"方式而言，第一种方式，年轻人运用较多，年纪大的人则主要用第二种方式。目前，两种方式都具有较大风险。在"莫合烟先生"的介绍下，作者找到了巴扎上 B-12 号的店主，55 岁的 Yaq·T，此人自到比什凯克经商以来，一直委托他人将钱箱运回国内。

97 号商人：Yaq·T，男，肖鲁克村人，52 岁，小学毕业。"玛蒂娜巴扎"

店号：B–12。

　　我们在这方面的确有难处，赚了钱带不回去，这是怎么回事啊？我为了将钱带回去，在这20多年里，光被吉尔吉斯斯坦海关没收的就不止5万美元了。1996年刚来比什凯克的时候，"吐尔巴扎"很红火，我也赚了点钱。当时带美元回国比较方便，吉尔吉斯斯坦海关也没有什么限制。我那个时候基本上乘坐的是大巴车，从比什凯克到土尔尕特口岸，因为当时路况不好，一路上要走好几天。所携带的铁皮箱子可以装5万美元以下。进我们的海关时，查的也比较松。把美元带回阿图什后，赶紧要到喀什的银行去把美元兑换成人民币存入自己的户头。我们当时唯一担心的就是在大巴车行驶的路途中被不法分子打劫。因为，从那个时候起，尤其是在吉尔吉斯斯坦境内，乱七八糟的人很多，他们时不时地会冲到我们的车上来抢东西。所以，一般我们回国的时候，约十几个人一起坐车回。1997年，我就被一伙人抢走过1万多美元。我们在"吐尔巴扎"的生意好，歹人早就盯着我们呢，所以，一旦我们的班车停下来，他们就冲上车来抢，不给钱就受皮肉之苦。我们的"吐尔巴扎"之所以被烧，我觉得主要原因还是当时的生意太火爆，有些人看了眼红，因嫉妒而心里有极大的不平衡，他们就一把火给烧了。当时，我们心里也非常害怕，大家都觉得生意做不下去了。后来听说中国政府和吉尔吉斯斯坦政府通过谈判，又把布料巴扎给搞起来了，这就是现在的"玛蒂娜巴扎"。

　　自从我被抢走1万多美元之后，我坐车回国的时候，不再携带大额美元，开始通过空运将装有美元的箱子运回乌鲁木齐。然后委托我在乌鲁木齐一家学校当老师的弟弟去"边疆宾馆"交接东西。最初，通过这种方式运钱，被委托公司每托运1万美元就收取5美元的手续费，现在，这个手续费涨到20美元。我一般积攒到5万美元的时候再去办理托运。即便这样，也有时候出问题，因为吉尔吉斯斯坦的政治局势很不稳定，随时就会发生变化。相应地，有关海关方面的政策也频繁变化。比如这次能够运 5 万美元出去，下次可能就不允许，也许就 3 万美元或者更少。所以，我们每次运钱回国的时候，都得事先将海关的新规定打听清楚，要不然，钱箱说没收就被没收了，一点回旋的余地都没有，因为海关认为，这种行为属于走私。

现在，很多年轻人用什么国际转移结汇将钱汇入国内的账户上，这个太复杂了，我们这代人没有几个能够搞懂。所以，大家还是选择用老办法。我现在的愿望是，我们国家的银行能够发展到比什凯克来，这样我们就可以直接将所赚取的美元存到自己国家的银行，省得我们整天提心吊胆，这个是我最大的愿望。①

Yaq·T 的担心和愿望几乎是每一个"玛蒂娜巴扎"的大肖鲁克村商人所共有的。采用上述第一种方法的年轻人也不例外。在比什凯克，Til·E 一直以来通过结汇的形式来向国内汇款。在 Yaq·T 的推介下，作者来到 Til·E 的 A–60 号店里。Til·E 的布店位于人气较高的东段，顾客接连不断，为了不影响其正常经营，作者同他约到了某天下午下班后在巴扎旁边的饭馆进行访谈。

90 号商人：Til·E，男，46 岁，亚喀巴格村人，小学毕业，已婚。"玛蒂娜巴扎"店号：A–60。

毫不夸张地说，10 年前，我每天的营业额要这个数（向作者伸出了五个指头），是 5000 美元，现在平均下来能有个 1000 美元都已经不错了。那个时候，货款的确很多，赚得也多，但是我一般不会选择让别人把钱给我捎带回国，而是选择通过俄罗斯的一家银行转移结汇。这个词我也不知道怎么用，反正就是一个银行转到另一个银行，最后，转移到我国内的账户上。具体是怎么操作的，我不知道，我只是把钱

---

① 被访谈人：Yaq·T，男，52 岁，肖鲁克村人；访谈时间：2016 年 8 月 20 日下午；访谈地点：吉尔吉斯斯坦比什凯克"玛蒂娜巴扎"B–12 号店面。

给比什凯克一个类似于钱庄的机构，再提供我在国内银行的账户信息，他们负责给我转。1 万美元我给他们付 30 美元的手续费。当然，通过这种方式来转钱也并不保险，风险也很大，我也受过损失。2012 年 5 月，我按惯例将 50 万美元打到"钱庄"的账户上，20 天后，这个机构就被比什凯克的警察查封了，说是洗黑钱。我那 50 万彻底打了水漂。但是我们不这样做，又能怎么办呢？用铁皮箱子装钱委托公司运回国内，也有很大风险，海关随时会核查。要么是人家的政策变了，在集中整治，不事先搞清楚就撞到枪口上了；要么就是海关人员突然之间哪根神经不对了，东西就给扣留下来，不仅将你的资金给冻结掉，还罚你款。虽然我用的这种方式风险大，但出事的概率没有空运转钱的方式大。然而，国际结汇的方式一旦出了事，一般都是大损失。现在最大的愿望就是中国的银行赶快到比什凯克开展业务，我们再也不会担心挣的钱带不回去了。①

据克州驻吉尔吉斯斯坦的商务代表处 Y 干部认为，商人们转钱回国还有一种方式，那就是他们通过同在比什凯克投资的中资企业合作。据 Y 介绍，中国与吉尔吉斯斯坦的双边关系发展得很快，有不少中资企业到比什凯克投资，而这些企业到比什凯克定然要用到美元，所以，商人们就通过私人关系联系到企业的负责人，把手里的美元抛售给他们。中资企业则在国内将等额的人民币汇到布料巴扎商人的国内银行账户上。一般情况下，要有一个中间人来牵线搭桥，此人在两边都要吃一定的回扣，最终促成双方的合作。"莫合烟先生"Enw·Y 就是通过这种方式来将所挣的钱款转回至国内的。另外，由于常年做这一行，Enw·Y 还是一个很多人都信赖的中间人。作者曾问一个与 Enw·Y 在比什凯克合作过的生产电线的中国企业负责人，如何对 Enw·Y 产生信任，对方讲了一则故事：同 Enw·Y 第一次见面是在

---

① 被访谈人：Til·E，男，46 岁，亚喀巴格村人；访谈时间：2016 年 8 月 21 日下午；访谈地点：吉尔吉斯斯坦比什凯克市"玛蒂娜巴扎"附近的饭店。

厂子的办公室门口，因为当时这位负责人不在，Enw·Y 就在门口等。当负责人回来看见一个穿着西服的人在聚精会神地看手机，负责人上前瞄了一下，发现此人正在看中文版的新疆新闻。他就随便问对方最近新疆有什么新闻，对方脱口而出回答说，是关于中央一个领导到新疆视察工作以及新疆即将进一步优化护照的办理程序。两人是在这种情况下见面，企业负责人对 Enw·Y 产生了好感。第一次合作也很愉快，慢慢地两人成了朋友。作者也曾多次见到 Enw·Y 能毫无障碍地查看汉语新闻，还能给别人讲解。此人虽然只上到小学，但汉语掌握得很好，听说读都没有多大问题。手机上全用的中文软件，时刻关注国内外时事与政治。有商人曾开玩笑说，"莫合烟先生"就是巴扎的书记。

中国商人在国外所挣的钱款难以转入国内，这一问题具有普遍性。中国金融机构在海外的业务还不足以解决这一问题。因此，如何将钱转存到国内账户，成为商人们关注了多年的难题。

（五）交易货币

索姆作为吉尔吉斯斯坦的货币始于 1992 年，自投入流通以来，索姆的币值一直处于不断变化的动态过程。因此，该货币同国际储蓄货币美元的汇率也一直上下大幅波动。

在比什凯克"玛蒂娜巴扎"经营布匹生意的大肖鲁克村商人，他们把货款在当地银行兑换成美元，再转汇至国内。因此，对于他们来说，客户如果能用美元支付是再好不过之事。然而，事实上，到底用美元还是用索姆，商人们和客户之间在认知上存在一定差异，差异主要源自于客户支付币种的随意性。本来双方口头协议说好，货款要用美元来支付，最终可能就会用索姆来支付。反之亦然。在"玛蒂娜巴扎"的清真寺门口，在抽烟休息之际，卖了 10 年布的 Abd·A 向作者爆料了他被客户们"戏耍"的经历。

96 号商人：Abd·A，男，48 岁，肖鲁克村人，初小，已婚。"玛蒂娜巴扎"店号：B–83。

　　说起这事就让人生气，我就觉得这边的人真的缺乏教育，而且毫无诚信可言。一切得按照他们的意愿进行。自 10 年前到比什凯克来，我和那帮人就没有顺顺利利地合作过一笔生意，一点规矩都没有。因为我们基本上都是债务交易，就是人家先把你的货拉走，按照他们说的卖完了再给你货款。因为毕竟都是老熟人了，而且大都是搞批发的，这样我也接受。我最不能接受的就是，他们在真正付款的时候，没有按照事先约定的币种来。比方说，我和一个吉尔吉斯人谈拢了一笔生意，双方约定要用美元来支付。无论汇率变化如何。但是，对方会在美元和索姆汇率走高的时候，用索姆来支付，因汇率变化而形成的损失就会让我一人承担。反过来也是一样，说好用索姆来偿还，但人家会在汇率走低的时候拿美元来支付货款。反正，过来过去，不管用哪种币种来支付，对方肯定要占便宜，吃亏的始终是我们这些巴扎的卖家。我曾粗略地估算了一下，因为对随意更换支付货币的种类，我一年下来的损失得好几千美元，甚至上万。这都已经足够我的店铺租金了。2014 年，我曾因为这方面的原因，还同一个客户起了争执，两个人打了起来。对方在我的店门口，将我用来支布用的铁杆抢起来，在我膝盖上狠狠地砸了一下，我当时就栽倒在地上。膝盖骨因此而受伤，落下了后遗症，走起路来有点瘸。打我的人只掏了 2000 索姆的医疗费就扬长而去了。幸亏我已有了吉尔吉斯斯坦的"绿卡"，医疗费也不太贵，要不然就区区 2000 索姆啥都干不了。在医院躺了三天后，我就打着石膏回来上班了。朋友们都以为我最起码也要在医院住上半个多月，都说我很坚强，并给我起了一个外号，叫"钢铁战士"。其实我的名字就是钢铁的意思，我也挺喜欢这个绰号。因为，你在这里不坚强，没有人来可怜你，你只有让自己变得坚强，变得强大，别人才会尊重你。在这个游牧民族为主的国家，依然崇尚用个人实力来解决问题，说白了就是用武力来解决纠纷。小孩们打架，打得再怎么狠，一般都不报警，如果被打的人报警，这个人就会被其他人视为胆小如鼠，不是一个男子汉，没人再愿意跟他玩了。成年的男人之间也是这样，能用个人单挑解决问题的，就不准让其他人参与，尤其不能报警，这是他们的潜规矩。一个人，如果被打了但没有选择报警，即便被打输了，也能赢得对方和别人的尊重，下次就不会再来找麻烦。如果选择报警，那就经常被欺负。后来，那个和我打架的人还和我成为朋友，自那次冲突之后，他也尽量地按照约定的币种来支付。其他的客户还是那样，我总不能和他们都去打架来解决这个问题吧（苦笑）。我自己念书不多，小学都没毕业，但我们阿图什人有一个好的习惯，我个人认为是个好习惯，那就是说一不二，哪怕自己吃亏也要按照事先协议约定的内容来执行。如果你出尔反尔，那对不起，这个生意圈子会将你除名，大家没有一个人愿意和你合作。但是，在这里不行，我们身处他人的地方，人家想怎么来就怎么来，这都可以理解。但我想不通的是，已经到现在这个年代了，这些人的思想怎么都没有多大改变呢？我的客户，他们也是做买卖的，他们将我们的货物批发走以后，同其买家的交易采用的也是和我们一样的交易模式吗？如果不是，那就只能说我们中国阿图什的这些商人被人家视为弱小而随意欺负。总之，有些当地人真让人头疼，不过，俄罗斯人的信誉还稍微好一些。①

对于比什凯克的中国商人来说，并不是所有的客户都会随意选择或更换款项的支付币种，不同的市场，情况也不尽相同。支付币种选择的随意性主要集中在中亚最大的布料批发市场——"玛蒂娜巴扎"。在比什凯克市另外一个大规模的综合市场"多尔多伊巴扎"，有数量不多的大肖鲁克村商人也在卖布，他们的情况同"玛蒂娜巴扎"的同行们不尽相同。在"多尔多伊巴扎"，因为巴扎的商品种类繁多，新旧商品陈列在市，所以它更像一个综合性的"跳蚤市场"。这个巴扎因为位于市郊区，商品价格相对比较便宜。但它有一个特征，那就是债务交易现象较少，商人与客户之间的互动更多地集中在巴扎的正常营业时间内，营业时间之外的后续联系则较少，因为是

---

① 被访谈人：Abd·A，男，48 岁，肖鲁克村人；访谈时间：2016 年 8 月 19 日下午；访谈地点：吉尔吉斯斯坦比什凯克市"玛蒂娜巴扎"清真寺门口。

现钱交易，规避了买方随意选择支付币种而使卖方受损的风险。尽管如此，"玛蒂娜巴扎"的大肖鲁克村商人们还是愿意选择在市中心的这个市场上做生意，用商人们的话来说，"玛蒂娜巴扎"毕竟是专业性的，地理位置好，人气比"多尔多伊巴扎"的布料区旺盛很多。

在比什凯克市中心，有另外一个名为"国英"的市场。最初，该市场有专门的布料经营区。商户除中国的汉族商人外，还有新疆自治区维吾尔族商人，其中有 10 个阿图什人，6 个人来自松他克乡的大肖鲁克村。在同客户的交易方式方面，他们同"玛蒂娜巴扎"的商人情况大同小异，依然有上述现象的存在。

除了不同的市场，币种选择的随意性不同之外，不同种类的客户，这种现象的严重程度也不尽相同。在"玛蒂娜巴扎"调研期间，作者也曾亲历商人们同当地吉尔吉斯人以外的客户之间的交易过程。观察后发现，俄罗斯人、土耳其人同布料商人之间的交易方式更能让后者满意。从接受调查的 100 个商户的反映来看，商人们对俄罗斯客户的满意度最高，其次是土耳其、阿塞拜疆等国的客户。为何商人们对俄罗斯的客户满意度高？针对这个问题，作者采访了在比什凯克卖布 24 年的 Sem·M，他向作者解释了为什么大家都觉得俄罗斯人比较好打交道的原因。

39 号商人：Sem·M，男，46 岁，亚喀巴格村人，初中毕业。"玛蒂娜巴扎"店号：B-50。

> 俄罗斯虽然被认为是"战斗民族"，但人家在信誉方面比其他民族好，至少我觉得是这样。我的客户中，有好几个是俄罗斯人，他们把我的窗帘布进回他们国内加工成成品窗帘来卖，我们已经合作近 10 年了，赖账的现象不多，随意更换支付币种的情况也比较少。欠账数额最多、时间最长的一次是 2008 年的冬季那次。当时，金融危机已经出现端倪，我那位俄罗斯客户将本来应该按照约定当年冬天支付的货款要求推迟两个月，直到第二年的 2 月份都没有任何音信。我有点着急，以为那家伙不会还我的钱，但我还是抱有希望，觉得以前此人从未有

过长时间欠款不还的情况。但直到 2009 年的 5 月份，还是联系不上那个俄罗斯客户，心里开始真着急，心想 1 万美元的货款可能要打水漂。然而，在 2009 年 7 月初，俄罗斯客户带着一包美元来给我付款，并向我表达了歉意。原来，当时俄罗斯的金融危机也比较严重，客户与别人合作投资的服装厂宣告破产，在财产清算时，他想方设法争取了一部分资金，给我和另外一个土耳其商人偿还货款。我记得客户当时说过一句话特别令我感动。他说，俄罗斯有一句谚语，意思是一个生意人的诚信出现问题了，那就意味着他的商业生命也就快要结束了。本来对俄罗斯商人并不抱存恶感的我，顿时又增加了对他们的好感。其实，早在 20 世纪 90 年代初，在比什凯克"阿拉米丁巴扎"卖布时，由于当时吉尔吉斯斯坦国内的"卢布"还没有完全退出交易①，卢布和索姆都可以交易，但汇率不太稳定。在卢布已经被吉尔吉斯斯坦政府弃用的情况下，购买我的货的俄罗斯客户依然用卢布来支付货款，我当时也照收不误，事后通过熟人再将卢布兑换成索姆后，再兑换成美元，折算下来有点小损失。俄罗斯客户对我的做法很感激，从此以后，我们合作了近 20 年。

和我合作的俄罗斯客户，从来没有在交易方式方面同我产生过纠纷，一般我们事先约定好用哪种货币支付货款，就用哪种货币支付，这一点是我最欣赏的。

除了俄罗斯人以外，我觉得土耳其人也不错，他们同我们一样，很多人也以经商为生，也懂得商业诚信的重要性。土耳其人因为处在亚欧结合部，可能同形形色色的人打过交道，我个人觉得他们脑子转得快，有点猾，但也不缺失诚信。②

如果说阿图什市跨国商人在进货环节与其供货商需要处理好关系是保

---

① 1993 年 5 月 3 日，吉尔吉斯斯坦最高当局决定发行本国货币索姆，并退出卢布区。

② 被访谈人：Sem·M，男，46 岁，亚喀巴格村人；访谈时间：2016 年 8 月 23 日下午；访谈地点：吉尔吉斯斯坦比什凯克市"玛蒂娜巴扎"B–50 号店面。

证期生意过程的首要条件外，那么在被商人们视为"实现价值"的销货环节遇到的各种各样的客户对他们来说挑战性更大。在比什凯克经营布匹的大肖鲁克村商人所面临的制度性挑战不仅仅来自以上几个方面，只不过上述方面较其他更为典型。对于商人们来说，这些制度性因素对其商业活动的持续产生很大的负面影响。

第三节　个案调查

一、Mus·A 家族

Mus·A，1958 年出生，阿图什市松他克乡亚喀巴格村，初中毕业，系 37 号商人的父亲。Mus·A 父亲 Abu·Abl 曾跟随阿图什的 Mus·A 巴依兄弟在伊宁做过皮革生意，后来在后者所创建的皮革厂工作。Mus·A 的祖父 Abl·K 是当地一个有影响的伊玛目，平时也倒腾羊毛等小本生意。Mus 家族真正做生意，是从 Abl·K 开始，历经三代。虽然该家族的经商历史并非很长，但影响力却很大。在大肖鲁克村，但凡经商做生意之人，无人不知。Mus·A 兄 6 人，其中 5 人经商，一人在乌鲁木齐一家事业单位工作。Mus·A 在众兄弟中排行老五，是唯一一个读完高中的人，这在大肖鲁克村也是比较少见的。1976 年，Mus·A 高中毕业，成为肖鲁克大队的一名会计，并同本公社巴格拉村的一个姑娘结婚，生有二子一女。

24 岁的 Mus·A，看到身边朋友的兄长外出闯生活，他也辞去了村干部的工作，加入了经商大军。1983 年，Mus·A 和其他四个兄弟开始在"香港巴扎"做布料生意。到 20 世纪 90 年代初，Mus·A 和一个兄弟去吉尔吉斯斯坦，其他三个兄弟中有两个去了杜尚别，一个去了阿拉木图。在亚喀巴格村，Mus·A 五兄弟出国做生意在当时成为十里八乡的人茶前饭后讨论的话题。虽然大肖鲁克村出国经商的人较多，但一家能出去兄弟 5 人的家庭，仅 Mus·A 一家。直至 2019 年底，也没有任何一个家庭能够打破这一记录。

虽然 Mus·A 兄弟于 20 世纪 90 年代成为跨国商人，成为一时佳话。在过去的 10 年中，Mus·A 家族的跨国布料生意发生了很大变迁。从事商业经营的兄弟五人中，一直坚持下来的只剩两人。去杜尚别的两个兄长 10 年前就已离世，一个被人暗杀，另外一个则是因为肺气肿而病逝。同 Mus·A 一起在比什凯克经商的哥哥三年前因生意不好停止了跨国生意而回国。在阿拉木图的弟弟做生意赚了钱，获得了绿卡，娶了一个当地的土耳其族妻子，并于 2013 年去哈萨克斯坦首都阿斯塔纳定居，将阿拉木图的布料生意转移到了阿斯塔纳。20 多年的跨国布料生涯，对于 Mus·A 家族来说，前 10 年风光无限，后 10 年萧条变迁。

　　Mus·A 本人当初为了做生意，家庭也曾发生变故。因为 Mus·A 作为高中毕业生极有可能被招干，从巴格拉村娶的妻子当时并不同意 Mus·A 辞掉村干部做生意。妻子的反对并没能阻拦住 Mus·A 经商的决心。从 1983 年下半年开始，Mus·A 经常往返于内地和阿图什之间。由于两人性格方面的原因，Mus·A 同其妻子离婚。第二年，经人介绍，Mus·A 又同上阿图什镇卡伊拉克村的一个姑娘结婚，二人生有 2 子 2 女。加上同前妻所生 2 子 1 女，Mus·A 共有 4 子 3 女，共 7 个孩子。同前妻所生的两个儿子，在初中毕业后就去比什凯克，在 Mus·A 的帮助下，两个儿子也拥有了独立的店面。同现任妻子所生的两个儿子，老大叫 Haj·M1，老二叫 Bil·M。Haj·M1 大学毕业后，去比什凯克接替父亲的班，Bil·M 则在柯桥负责发货，同时还去比什凯克参加俄语培训班，专门学习俄语。

　　由于各种原因，Mus·A 的前两个儿子同后两个儿子的关系并不融洽，虽然 4 个儿子都在"玛蒂娜巴扎"，但相互往来的并不频繁。在四子当中，Mus·A 唯独对三子 Haj·M1 心有愧疚。三年前，Haj·M1 从新疆财经大学毕业后，正常情况下，他可以在阿图什或者喀什找一个机关事业单位性质的工作，可以同其他大学毕业生一样，当一个老师或者干部。然而，正是因为 Mus·A 的健康状况越来越差，他没有让儿子在家乡考稳定工作，而是直接将后者叫到比什凯克接替自己。他之所以坚持让儿子也做生意，主要出于养家的考虑。同现任妻子所生的两个女儿，都患有先天性的小儿麻痹症，再加上 Mus·A 本人患有肺病，家里仅有两亩地，即便儿子找到正式工作，也难以养活一家人。幼子 Bil·M 当时年龄太小，不足以扛起这一重任，在万般无奈之下，Mus·A 选择了读过大学的儿子接班经商养家。目前，Haj·M1 也已成家，并拥有两个孩子。

自 2014 年初中毕业开始，Bil·M 利用其读过汉语小学和初中的汉语优势，在柯桥负责发货，2015 年下半年，也办理了出国手续到了比什凯克，同其兄长 Haj·M1 一边看店，一边在一个语言学校学习俄语和土耳其语，为将来开展生意打好语言基础。Bil·M 的婚事是 Mus·A 全家最关注的事情。虽然只有 18 岁，在比什凯克也仅一年，但 Bil·M 已经同好几个当地姑娘谈恋爱，其中有一个比什凯克的土耳其族姑娘明确表示要嫁给 Bil·M，后者也有在比什凯克生活的打算。Mus·A 和其妻子吐尔逊阿依原则上并不反对 Bil·M 找一个外国妻子，但二人绝对不允许幼子做"上门女婿"。他们认为幼子如果真是那样，别人会将他们笑死。

如果是正常的跨国婚姻，吐尔逊阿依也会接受。此次肉孜节，Bil·M 回国时，征求其母的意见，但吐尔逊阿依并没有明确说同意或不同意，她让儿子再好好考虑。如果 Bil·M 下次再征求他们夫妇的意见，就打算把自己心中的顾虑讲给他听。说起跨国婚姻，Mus·A 的一个叫买合木提的朋友在 20 年前同吉尔吉斯比什凯克的一个姑娘结婚，买合木提的父母一直没见过外国媳妇长得什么模样，因为前者一直反对跨国婚姻，而且也不允许买合木提将妻子带回家里，直到 2019 年底，双方的关系还未缓和。在吐尔逊阿依看来，在儿子 Bil·M 的跨国恋爱发生之前，觉得跨国婚姻也可以接受。只要大家合得来，能相亲相爱就可以在一起过，对买合木提家里人的执拗很不以为然。但等到同样的事发生在她自己身上之后，这个读过高中的女人又理解了买合木提家人对跨国婚姻的决绝态度。事实上，吐尔逊阿依和同样高中毕业的丈夫也试图去理解现代人的一些思想，他们不想像买合木提的父母那样对儿子的跨国婚姻那么决绝。对他们来说，最要紧的是将自己的想法和担忧说给儿子听，至于他最终的决定是什么，夫妇俩也不会毫无感情地反对。

Mus·A 的唯一心愿就是，长子、次子同三子、幼子的关系能够缓和一些，彼此能够多多来往，毕竟是血缘兄弟。长子 Ebi·M、次子 Tal·M 比

Haj·M1 和 Bil·M 大出十多岁，他们之间基本上没有共同交流的话题，而且 Ebi·M 和 Tal·M 同其现任妻子的关系也一直不好，两个儿子婚后另起炉灶，他们同家里其他人的关系也越来越淡。在 Mus·A 看来，四兄弟如果能团结齐心，在"玛蒂娜巴扎"相互照顾，别人也不敢欺负。Mus·A 希望布料生意能尽快好起来，到时候 Mus·A 家族的跨国布料生意说不定还能重振当年之雄风。因为，毕竟 Mus·A 家族又有 4 个巴郎（孩子）在中亚经商。[①]

二、莫合烟先生

Enw·Y，男，52 岁，亚喀巴格村人，小学毕业。"玛蒂娜巴扎"A–57 号老板。

Enw·Y 出生于阿图什市大肖鲁克的亚喀巴格村传统的商人家庭。其祖父做皮毛生意，父亲贩卖土布。Enw·Y 兄弟 6 人，他排行老四。小学毕业后，同其他兄弟一样，Enw·Y 在父亲的调教下卖汽水、干果等小食品。20 世纪 70 年代中期，个别阿图什维吾尔族人开始去内地。1978 年初，Enw·Y 也加入了闯内地的队伍。

Enw·Y 到内地的第一站是广东汕头，在汕头共待了 5 年，他把当地的面料贩运到阿图什。1983 年，Enw·Y 去了海南海口，开始贩运香蕉，因忍受不了当地炎热的气候，一年后，Enw·Y 又去福建泉州、石狮做布料生意。1986 年，Enw·Y 又去上海，20 世纪 80 年代末，Enw·Y 在上海认识了前文提到的柯桥布料商刘某，从 90 年代初，Enw·Y 开始在柯桥进货。在 1990—1992 年，在做布料生意的同时，Enw·Y 还与他人合伙到广州做电器生意。

1992 年年底，Enw·Y 开始前往中亚国家经商。1993 年秋天，他去了哈萨克斯坦城市阿拉木图。三个月后又转到比什凯克的"吐尔巴扎"。当时，在整个巴扎，中国阿图什的商人不到 40 个，但生意很好，Enw·Y 赚到了

---

① 材料来源：Mus·A 夫妇口述，作者整理。

跨国生意的第一桶金。2000 年 5 月，"吐尔巴扎"起火时，Enw·Y 去塔什干出差，其店面烧毁严重，损失很大。当年年底，Enw·Y 将生意重心放在了塔什干。"玛蒂娜巴扎"建立后的第三年，Enw·Y 从塔什干再次来到比什凯克，从此便在"玛蒂娜巴扎"卖布至今。

目前，Enw·Y 的儿子在内地发货。Enw·Y 既在阿图什有家，在比什凯克亦有一个临时的家。在阿图什，Enw·Y 有 3 子 3 女，长子在柯桥负责发货，次子和三子则在阿图什本地的布料巴扎卖布。在比什凯克，Enw·Y 同当地的一个女子于 1994 年结婚，两年后生得一子。按照 Enw·Y 的说法，当时之所以要在比什凯克成家，主要是想在异国他乡有个依靠或者说真正生根。Enw·Y 在比什凯克的儿子 Sait 也已从比什凯克人文大学毕业，目前在"玛蒂娜巴扎"帮助其父经营生意。虽然在比什凯克多年，但 Enw·Y 依然在距离"玛蒂娜巴扎"不足 3 公里的地方每月花 100 美元租房居住。他在比什凯克的女人在 2010 年离开吉尔吉斯斯坦到土耳其。目前，Enw·Y 和其子 Sait 共同生活。

与其他阿图什商人晚上大门不出不同，Enw·Y 同当地人一样，无论白天或晚上，他敢在比什凯克随意走动。下班后，Enw·Y 经常出去和朋友吃饭、喝茶、喝咖啡、看电影、去舞厅。2012 年夏天，Enw·Y 被人抢劫，即便这样，其在比什凯克依然"我行我素"。

Enw·Y 整个家族有 31 口人，8 亩地。他自己这一支系全家共有人口 13 人，有 2 亩地。做生意是唯一生存之道。一般在每年的 5 月、6 月，9 月、10 月、11 月份 Enw·Y 的生意最好。整个冬季属于淡季。每次回国，有时坐飞机，但多数情况坐汽车。从比什凯克到中国吐尔尕特口岸需要 8 小时的车程。

Enw·Y 生意最好的时期是 2006 年至 2009 年，自 2011 年开始，生意逐渐下滑。Enw·Y 很多有钱朋友回国去做投资，阿图什市"博格拉巴扎"老板 Imi 是其中之一。无论生意好坏，Enw·Y 都要每月交税 15000 索姆。

2014 年，一个俄罗斯客户欠 Enw·Y3 万美元的货款，说好三个月之内还付。一年过去了，并未收到对方的货款。这笔欠款在 Enw·Y 看来能不能还上是个未知数。Enw·Y 在"吐尔巴扎"时，给客户赊账较少。生意规模一般的商人基本上都有几万索姆的欠账。Enw·Y 对自己的客户了解很多，基本上不同"老赖"做生意。自 2012 年以来，他的营业额一直在降。2016 年的营业额只有 80 万美元，而其生意规模近 120 万美元，库存率达到35% 左右。2016 年的纯收入高于大肖鲁克村跨国布料商户年平均收入 3 万美元。2012—2016 年 Enw·Y 的营业额和纯收入变化情况见表 6–1：

表 6–1　Enw·Y2012—2016 年营业额和纯收入情况

	2012 年	2013 年	2014 年	2015 年	2016 年
营业额（万美元）	200	170	155	126	80
纯收入（万美元）	20	15	12	11	6

数据来源：Enw·Y 向作者提供。

　　Enw·Y 给作者算了一笔账，其 6 万美元的纯收入，除去在比什凯克自己和儿子的衣食住行等生活费用近 2 万美元，每年回国的各项花费近 1万美元，真正所剩的用于家庭生活开销的钱不足 3 万美元。因为是家族生意，Enw·Y 的几个已经成家立室的儿子都要在 3 万美元中分得一杯羹。Enw·Y 以前回国很积极，每年要回两次或两次以上。这几年因为生意越来越差，每年回家的次数减少。最让他揪心的是，收入一年比一年少，但随着家庭人口规模的增长，开支需求却越来越大。在跨国布料生意中挣得的收入越来越难以满足家庭逐年增长的开支需要，因此他从 2013 年开始，每年只回一次家。

　　Enw·Y 是"玛蒂娜巴扎"里公认的"大嗓门"，也是商人们眼中的"包打听"，还是个"语言通"。小学毕业的他不仅能流利讲汉语和吉尔吉斯语言，还能用俄语交流。他是整个 40 岁以上的商人群体中语言能力最高的商人。不仅如此，Enw·Y 在"玛蒂娜巴扎"是有名的"牛人"。他可以同巴扎老板"大吐尔逊"（吐尔逊塔伊）和"小吐尔逊"（Tur·J）当面理论。据其他商人讲，在巴扎决定不再允许商户们私自运用巴扎外的托运部时，Enw·Y 曾冲到巴扎管理办公室，同两个吐尔逊理论。这在其他人看来，是不敢想象的事情。2010 年吉尔吉斯斯坦骚乱时，"玛蒂娜巴扎"也被冲击，有暴徒冲进巴扎抢劫商铺时，Enw·Y 率先出来制止，并呵斥退了来人。据商人们说，巴扎领导决定安装取暖设备，主要还是 Enw·Y 带头去同吐尔逊塔伊交涉，后者最终答应在 2016 年冬天来临之前，一定安装好设备为商人们供暖。由于在很多事情上发挥着领导者的作用，因此，Enw·Y 在商人们中很有威信。

在进货方面，Enw·Y 基本上没有困难，他和刘某一直合作得很好，最大的问题依然是债务交易和结汇。截至作者调查结束，Enw·Y 共有未收回账款 25 万美元。虽然不是全巴扎里最大的债权人，但其应收账款数额也较大。以前，Enw·Y 通过找当地"中介"来转汇款项，但随着吉尔吉斯斯坦在外汇领域的政策越来越严，原来的老方法承受的风险也越来越大。2014 年，Enw·Y 帮他人通过"钱庄"或"知情人"来汇款，被比什凯克警察查获，5000 美元被没收。为此，他本人给对方支付了 2000 美元的赔偿金。

在作者同 Enw·Y 聊起"玛蒂娜巴扎"商人的布料运费问题时，Enw·Y 显得比较激动，他表示，吐尔逊塔伊以前是国会议员，在比什凯克产业很多，很有钱，也很有势力。Tur·J 也在"玛蒂娜巴扎"有好几个店面，还有饭店、菜巴扎、足球场以及一个托运部。其他托运公司不能进"玛蒂娜巴扎"，要进来就需要每天缴纳 2000 美元的"租金"。据 Enw·Y 介绍，"多尔多伊巴扎"的一车货需要 1000 美元托运费，"玛蒂娜巴扎"的托运部每车货就要收 1400 美元的运费。有时候"玛蒂娜巴扎"的运费要比"多尔多伊巴扎"的运费贵 30%。2016 年以前，"玛蒂娜巴扎"的货物托运，商人随便可以选择托运部，2016 年之后，巴扎老板将此项业务完全垄断。如果有托运部想染指"玛蒂娜巴扎"，那将会招惹很多麻烦。

第七章 改善阿图什市跨国商人经营状况的三重视角

通过对 100 位样本商人的参与式跟踪调查，发现商人们对解决目前的困境所持有的期望主要有：中吉关系进一步发展；全球经济尽快复苏；"欧亚经济联盟"将纺织品进口关税税率降至合理水平；中资银行能在吉尔吉斯斯坦开展实际业务；出入境措施便利化；中国驻吉机构能发挥更大功能；回国后能接受国家通用语言文字培训；在吉的中国商会进一步扩大服务半径；与供货商建立稳定的合作；家庭平安幸福。

商人们的期望比较多，整体上看，在全球和双边、国内和国外、国家（政府）和个人等不同的层次和方面都有不同的涉及。跨国商贸活动涉及的利益主体较多，牵扯的面较广。作者认为，要改善阿图什商人的跨国布料生意现状，破解商人们的商贸困境，至少需要加强以下方面的工作：

首先，在国家层面上，要加强中吉两国在"丝绸之路经济带"框架中的合作，消除影响两国商贸健康发展的障碍。综合起来看，要着重解决关税、安全、结汇等三方面的问题。

其次，在当地政府与社会层面，要充分挖掘并运用阿图什人善商和精商的传统文化，支持并推动当地跨国商贸的发展。

再次，在跨国商人自身层面，要全面提高自身的商贸能力。

第一节　国家视角

改革开放以来，我国对外贸易实现了跨越式发展，对外贸易促进了国家经济的增长，积累了数以万亿计的外汇。当前，我国成为世界上最主要的进出口贸易体之一。在贸易结构体系中，货物贸易一直以来是最主要的贸易形式。近几年，随着全球经济增速减弱和各种贸易保护主义抬头，对外货物贸易受到了较大影响，突出表现在贸易结构、形式、效益等各个方面。如何在新形势下开辟出一条促进贸易进一步发展的路径，是包括中国在内的许多国家面临的重要任务。

自 20 世纪 90 年代初中亚各国独立以来，我国就与之开展了双边经贸往来。双边在农产品、钢铁、黄金、服装及纺织品等领域进行了卓有成效的交流。最初，中国同中亚国家双边陆续制定出了一系列发展边境贸易的政策，鼓励和刺激个体与企业参与边贸活动。自 1992 年以来，中国同中亚国家的进出口贸易一直呈现出增长态势。从数字上看，中国同中亚的贸易成绩和未来发展令人鼓舞。然而，双边经贸往来中并非没有问题，如中亚同相关国家的贸易逆差问题，中亚国家对在其境内的中国商贸企业和人员的待遇问题，中亚国家的贸易政策的稳定性问题等等。这些问题的解决，需要中国同中亚国家从两国关系的大局出发，加强顶层设计，优化双边经贸体制，为双方经贸交流扫清制度性障碍。

一、关税问题

对于从事跨国商贸的大肖鲁克人来说，关税税率的变化是个重要问题。因为它直接同其生意效益有莫大关联。在中亚五国中，吉尔吉斯斯坦早在 1998 年就已加入世界贸易组织（WTO）。"入世"后的吉尔吉斯斯坦在两大方面做了改革：一是全面整顿不正常的清关现象；二是进一步降低进口商品的关税税率。这两大措施与大肖鲁克跨国布料商人的生意发展都息息相关。关于第一个措施，"灰色清关"现象比较频繁，这同吉尔吉斯斯坦国内经济具有严重的对外依赖性有关。自独立以来,吉尔吉斯斯坦经济严重下滑,国内商品极度短缺,为此,国家放开了对外贸的控制,个体人员和私人企业只需向有关部门注册登记便可取得外贸资格。为了加快外贸发展以解决燃眉之急,吉尔吉斯斯坦取消了商品出口关税的同时,还对不正常清关的现象睁一只眼闭一只眼。在此情况下,中国商人将中国制造源源不断地输入吉尔吉斯斯坦,这是大肖鲁克跨国布料商人利用吉尔吉斯斯坦当时的经贸政策而使生意发展壮大的条件之一。第二个措施也是吉尔吉斯斯坦促进商贸的主要举措。早在苏联时期,吉尔吉斯斯坦就是苏联最重要的服装和纺织品以及缝纫业基地。在高度的计划经济体制下,吉尔吉斯斯坦的纺织品行业受到联盟中央的控制,没有获得自由发展。苏联解体后,吉尔吉斯斯坦的纺织企业濒临倒闭和破产,吉尔吉斯斯坦自身无力推动该产业的发展。但该国政府却看到了自身的优势:独特的地缘经济优势和巨大的缝纫业市场。吉尔吉斯斯坦同哈萨克斯坦、乌兹别克斯坦和塔吉克斯坦接壤,又同中国拥有两个重要的陆路边境口岸,对发展纺织品转口贸易具有得天独厚的条件。苏联时期培育的缝纫业市场依然存在,通过缝纫加工促进本国服装业的发展成为吉尔吉斯斯坦历届政府的战略决策。在缺乏原材料的情况下,吉尔吉斯斯坦为了同中国开展纺织品贸易,特意允许在其国内建立由中国商人主导的布料市场,并将纺织品进口关税降低至进口商品平均关税水平以下。上述两大改革措施是包括大肖鲁克商人在内的中国在吉布料商人生存与发展的基本条件。然而,加入“欧亚经济联盟”以后,吉尔吉斯斯坦的关税税率采用盟内成员国统一的关税税率,而统一关税税率在很大程度上受俄罗斯的影响较大,统一的纺织品关税税率高于吉尔吉斯斯坦入盟前的水平。关税政策的变化对中国布料商人带来了直接影响:经营成本升高,利润空间进一步缩小。关税问题是国家经济政策的核心问题之一,任何个人和团体都无法自行解决,需要国家通过外交谈判和协商才能解决。因此,中国政府要同“欧亚经济联盟”各成员国加强谈判,将“丝绸之路经济带”同“欧亚经济联盟”良性对接,还可通过谈判促使盟内各方把从中国进口商品的关税降低至一个合理的、各方均可接受的水平。另外,在协商不成的情况下,中国可以考虑给从事出口中亚或

"欧亚经济联盟"成员国的纺织品企业或者个人予以补贴，减轻商人们因进口国关税政策变化而出现的压力。这是包括大肖鲁克村跨国布料商人在内的所有中国在中亚国家商人的共同希望。

二、安全问题

安全问题无小事。在整个 20 世纪 90 年代，中亚国家的国内社会稳定性较低，中国商人被袭击事件屡屡发生。新世纪以来，虽然各个国家都采取了一系列政策来维护社会稳定，但因财力受限，国家安保力量和体制不够健全，社会安全问题依然没有得到有效治理。商人们认为，作为外国人，华商频繁被袭的主要原因之一，在于当地社会对中国人存有明显的偏见。为此，国家外交部门出面，同中亚国家谈判，着重解决华商在上述国家的日常出行安全问题，确保他们在中亚国家的生命与财产安全。在吉尔吉斯斯坦，每次发生的安全事件都会波及华商及其经营的铺面，"玛蒂娜巴扎"每每首当其冲。此外，在平时的生活中，被各种势力讹诈也让商人们头疼不已。故在中亚国家打拼的中国商人希望政府在此方面继续努力，通过外交途径督促吉国政府加强对华人群体的保护，增强其安全感。

三、结汇问题

阿图什大肖鲁克跨国布料商人的身份依然是农民，虽然在国外闯荡多年，但就知识层次和认知能力而言还较低，目前尚不能通过较复杂的正规程序将款项汇入国内账户。因此，如何把在国外拼搏所赚取的收入带回国内几乎成为所有商人最头疼的问题。人民币在中亚结算渠道缺乏，相关配套制度还不完善，这些因素限制了人民币在该地区的发展。虽然吉尔吉斯斯坦"入世"多年，但该国的金融领域自由度并不高，银行业的发展水平较低。中吉两国在经贸、人文、安全等领域的合作已经有目共睹，但双方在金融领域的合作尚未达到一定的层次。在吉尔吉斯斯坦的大肖鲁克商人所普遍采用的两种转汇方式皆有巨大风险。而该问题的解决涉及两国的利益，需要两国通过谈判加强金融领域的合作。对商人们来说，最理想的转汇方式是人民币在中亚国家的自由结算，只有中国银行和中国工商银行在哈萨克斯坦城市阿拉木图建有分支机构，开展跨境人民币结算。据在吉的华商称，在吉尔吉斯斯坦比什凯克也有一家中国银行的分支机构，但一直没有开展相关业务。商人们表示，如果比什凯克的中国金融机构能办理结汇业务，他们可以随时将款项存入中资银行，从而规避了风险，也更加凝聚了华商对国家的向心力。总之，通过加强两国间金融领域的谈判和协商，加快中资银行在中亚国家的落地和结汇办理，可以"一揽子"解决商人们挣了钱难以带回国的难题。

上述三个方面，并非代表了从国家视角改善商人现状的所有举措，而只是对跨国商人来说在国家层面上急需解决的主要问题。随着跨国商贸经营的推进，可能还会出现其他的问题，需要从国家视角来予以解决。

第二节　地方视角

大肖鲁克村的跨国布料商人的活动是跨越两国的活动，也是跨越两国次级区域的活动。因此，其商业活动不可避免地受到所跨地区的直接影响。就跨出国或跨出地而言，存在对跨国商贸群体如何认识和施动的问题。在当前"丝绸之路经济带"大背景下，当地政府与社会要充分挖掘并运用维吾尔族善商和精商的传统，支持并推动当地跨国商贸的发展。

一、对跨国商人群体的认识

阿图什市地方政府要客观看待本市维吾尔族跨国布料商贸群体。这里涉及看问题的基本视角：实事求是和与时俱进。维吾尔族在历史上就穿梭于古丝绸之路，往来于东西大通道上。悠久的商贸历史实践所积淀的以勤劳、勇敢、诚信、担当为基本特征的经商传统已经融入这一族群的血液里，并代代相传。今天，国家大力推动实施"一带一路"倡议，作为曾经古丝绸要道的主角之一，维吾尔族跨国商人更应该也必能发挥自身传统优势，在维系自身生计的同时，为"一带一路"的推进贡献自己的力量。阿图什市维吾尔族商人是"商人中的商人"。他们的跨国商贸活动早在一百多年前就已经大量出现。改革开放后，阿图什维吾尔族人响应国家的号召，利用自身善于经营的优势，到国外开创了一片新天地，不仅养活了人口规模不断扩张的家庭，而且还促进了两国之间的经济交流，其作用和意义非同小可。因此，地方政府要全面认识跨国商人在维持自身生计、推进构建人类命运共同体中的独特作用，努力为该群体的发展提供各类保障。

二、对跨国商人群体的服务

地方政府要进一步优化制度安排，为跨国商贸事业的发展服好务。首先要创新出入境管理与服务。跨国商人的活动涉及跨出和跨入不同国家，是一个持续的动态过程。能和平并相对自由地在所跨国之间往来，是商人们开展商贸活动的基本条件。作为地方政府，怎么认识和对待本辖区民众的这类跨国行为，是评价当地开放程度的重要指标之一。在已经明确认识到跨国布料商人的重大贡献和意义的情况下，地方政府就要在施政理念和方法上作出相应的创新和变革。最根本的一点是，在"一带一路"大背景下，要转变旨在"堵"的边境管理理念，在"疏"上多做文章，为各族人民出入境提供更多便利，真正让新疆各边境地区成为"丝绸之路经济带"核心区的桥头堡。具体而言，一是简化繁冗的出境签章和担保制度，在制度和机制方面进行创新和改革。大肖鲁克村的商人虽然大部分时间在国外活动，但其根在家乡，许多人依然关注国内的建设与发展。另外，上了年纪的商人在后辈成长起来的情况下，他们大都回国安度晚年。所以，父带子、子带孙的生计模式已经成为很多家庭最重要，甚至是唯一的生活来源。他们频繁地跨出国门，如果设置过多的条条框框，势必对其生计模式的持续产生影响。因此，要在诸如出入境和相关的审查机制上进行创新，改变以前重管理、轻服务的工作理念，向以人为本和服务为主的理念转变。二是发展同外国某地方的关系，推动两地的人文交流，夯实共建"丝绸之路经济带"的社会基础[①]，促进对方

---

① 韦进深：《合作性地缘经济战略与丝绸之路经济带建设》，《广西民族大学学报》（哲学社会科学版）2016 年第 1 期。

更好地接纳我跨国商贸群体。阿图什市是自治州的首府，本辖区也有众多柯尔克孜族群众，因此，克州和阿图什市两级政府充分发挥自身优势，积极主动地同吉尔吉斯斯坦相关地、州、市开展友好交往，如克州和吉尔吉斯斯坦的奥什州就开展并建立了"友好州"的合作与交流，阿图什市也可以采取类似方法，与吉尔吉斯斯坦某城市结成"兄弟或者姐妹型"的友好城市。这样做的益处在于，能减少或者降低双方的民众在对方国家生活和工作的不适感，促进其尽快融入当地生活，最终在本国人与外国人、当地人与外地人、本民族与他民族之间形成和谐的、紧密的合作与交流关系。

三、阿图什市政府的努力

在克州政府外事办干部 L 看来，20 世纪 90 年代，政府为跨国商人做了很多努力。90 年代初，商人要出国经商，克州外办给商人办理的是因公护照，这是政府为了方便商人们出入境，特意向自治区政府和外交部提交申请，并最终获得批准。据作者调查，20 世纪 90 年代初，自治州人民政府协同自治区人民政府外办向自治区人民政府说明阿图什人出国经商的情况，自治区请示报送国务院后，同意克州给阿图什的出国经商人员办理因公护照，以便利商人的出入境往来。这种护照有限期虽然只有三年，但含金量明显高于因私普通护照，商人们拿的这类护照在中亚国家是免签证的，因此商人们可以去吉尔吉斯斯坦，也可以去哈萨克斯坦等国。正是这一阶段的阿图什商人享受到了出入境的优惠政策后，阿图什商人才纷纷出国经商，最终形成了海外阿图什商贸群体。商人们拿着因公护照出境非常方便，这一特惠政策一直持续到 2012 年。

对于目前布料商人面临的困境，阿图什市当地政府采取各种措施为回流商人提供再就业和创业的机会和条件，如以优惠条件吸收商人在阿图什市工业产业园区创业等。对继续在国外坚守的商人，政府部门也在调查摸底的基础上，竭力为商人争取出入境方面的更多便利。前文提到的阿图什市某领导 A 认为：

回流的跨国商人，阿图什市政府也正在帮他们找事情做，如工业园区和小微企业园区等，也能吸收一些有一定实力的想在家乡做点事的商人来投资兴业。前一段时间，有个从比什凯克回来的商人，在市政府的支持下兴办了一家塑料袋厂，下个月有一家餐桌布加工厂要开业，老板就是"玛蒂娜巴扎"回来的商人，是肖鲁克村的，叫 Tur·Q。他自己投资了 30 万，政府给予 5 万的补贴。因此，只要想干事，还是有机会和优惠条件。目前这些回国想干事的人，最大的问题是资金不足，他们几乎很难在金融机构贷款，因为他们缺少实体抵押物或者担保人，银行对其还款能力的评估系数很低，当然，光靠政府补贴也不现实。

回流商人虽然可能也有点积蓄，但数量肯定不多，如果坐吃山空，储蓄总有用完之时，到时候依然没有相应的收入渠道，这些人势必会返贫。这个问题是个大问题。我个人也有一些想法，就是想把常年在国外经商的商人邀请回来搞一次座谈或者论坛，请他们讲讲跨国商贸的事，主要讲一下现状和前景，我想他们是最有发言权的，这样也有利于我们从政府层面上去更好地为这一群体服好务，为他们解决一些后顾之忧。我们要在协调内地部分地区或者企业方面给商人做一些牵针引线的事，让我们的商人虽然身在国外打拼，但心系祖国家园，让他们觉得自己不是一个人在单打独斗，而是有祖国和政府在给他们做后盾，促使他们正经经商，诚信做人，能够将跨国商贸持续下去。

曾经有个领导提出要让这些在国外经商的有钱人回来，在阿图什本地投资，再搞一个类似于原"香港巴扎"的市场。我当时就跟他说，环境已经变迁，在现有的环境下打造一个商品集散地，这不切实际。我跟这个领导讲，现在的商业模式是多元化的，不仅有传统的，还有"互联网＋"为主的电商模式，就连南疆这一偏远落后的地区都逐渐发展起了电商，人家坐在家里卖货收货便可，这么便利的商业模式，还有多少人来阿图什实地采购呢？所以历史已经成为过去，有些历史传统的经营模式在变迁了的环境下是难以套用的。

阿图什的跨国布料商人最大的优势是，他们了解市场，因为他们在中亚语言交流问题小，在文化心理方面同当地人也大同小异，有了这些便利，他们对中亚百姓的日常消费能力和消费倾向基本上能有个掌握。另外，家族性经商是商人们最基本的组织模式，经商文化通过祖、父、子、孙一辈一辈的言传身教，口口相传的东西变成了这一家族既有的生意信条或者准则。最大的劣势就是，我们阿图什缺乏自己本土的企业，如果阿图什人能自己生产布匹和服装，那他们的生意就不是现在的境况。所以，我们市政府这两年打算把内地的某些耗水比较低的纺织企业引进阿图什，缩短我们商人进货的距离，降低销售成本，提升他们的利润空间。

我们的商人可以在柯桥那边学习，在家乡建纺织厂，这样可以产销一体，这会大大降低商人们的运输费用。政府打算花巨资从翁爱日克河调水，解决工农业用水问题。不过，这个模式也存在问题，即便我们的水资源够用，能为这些工业生产提供用水，但水的成本肯定要比东南沿海水资源富余的地区高很多。而且将生产设备运进来，没有合适的技术工人也不行，如果在那些纺织业发达的地区"挖墙脚"，这些工人的工资势必要走高。最难解决的问题还是环境保护问题。包括阿图什在内的南疆地区生态环境非常脆弱，一旦污染将很难修复。当地缺乏对工业废水和废料的处理能力，如果环境受到污染，到时候影响的不光是当代人，还会影响后代子孙的生存与发展。①

阿图什市当地政府的态度和行动对该市跨国商贸群体发展的影响是客观存在的。毕竟这一群体每个生意周期的最终环节依然是要回归到自己的家乡，在自己的家乡消费和生活。如何引领跨国商人深度融入当前的"一带一路"建设，为提升本区域的对外开放水平，促进外向型经济的发展，这是地方政府深入思考并努力实践的方向。

---

① 被访谈人：阿图什市某领导 A；访谈时间：2016 年 8 月 8 日上午；访谈地点：阿图什市广场。

第三节　个人视角

跨国商人是跨国商贸活动的主体，其自身经营能力和水平的提升是解决经营困境的主要动能。因此，跨国商人应从个人层面，要不断加强生计资本的积累，全面提高自身经营能力。

由于商人们的生活圈内汉族人较少，缺少学习和实践汉语的机会。受访的大肖鲁克村的跨国布料商人中，有一半以上希望能认一个从事商业经营的汉族"亲戚"，这样通过定时和不定时的交流，既能提高汉语水平，还可以通过后者获得更多的商业信息。此外，俄语的学习也很重要。在受访的 100 位商户中，只有一位商人在比什凯克专门报班学习俄语。其次，要学习运用新的商务媒介和经营管理知识。当下，电子商务工具和现代管理技能对商贸活动不可或缺。据调查，很大一部分 40 岁以上的商人还不能够使用 E-mail、微信、QQ 等新媒体，他们依然采用传统方式与外界交流。另外，有些商人尤其是规模较小的年轻商人，还没有建立相应的财务制度，部分商人连账簿都没有。这些缺陷在某种程度上对其日常经营也能产生不利影响。最后，跨国商贸人员之间要开展交流与合作。目前，大肖鲁克村的跨国布料商人同阿图什市的其他跨国商人一样，基本上属于单打独斗的个体商贸性质，不同行业或领域的跨国商人之间的交流较少，商人跨行业的流动性不高。为此，要通过举办座谈会或论坛的形式来增进不同行业、不同年龄阶段商人之间的交流，相互分享经验和学习技能，在促进自身所在行业商贸活动持续的同时，增强商人们向不同行业转移之能力。

一、语言与技术

（一）语言能力

在实践中，影响跨国商贸活动的因素较多，语言能力绝对是排在前面的重要因素之一。跨国人员到目的地国最直接、最大的问题是语言交流方面的障碍。大肖鲁克村的跨国布料商人们在中亚经商，除了在塔吉克斯坦的跨国布料商人不能使用当地语言外，在其他四国基本上都能使用当地语言，这是其顺利开展商业经营活动的基本条件之一。在中亚地区，除了主体民族的语言在被使用外，俄语也被广泛使用。跨国商人们对俄语的运用显然不如对当地民族语言的使用。在"玛蒂娜巴扎"有这样一个现象，有些当地的吉尔吉斯人在明知道商人们不太会使用俄语的情况下，偏要用俄语同后者交流，部分商人在此情况下，对谈判生意表现出极度的不耐烦，最终只能按照对方的要求达成了交易。因此，不会使用俄语在中亚国家经商比较被动。据作者调查，100 位接受调查的商人中，只有 37 号商人的弟弟在比什凯克专门报班学习俄语。除俄语外，商人对汉语的掌握也不尽如人意。商人文化水平不高，对汉语的掌握非常有限。早期，他们进货主要是同供货商用不熟练的汉语再加上手势等肢体语言来完成，如果让他们用新媒体来交流，一是他们没法用书面语言来交流，能打汉字者很少，尤其是年纪稍大的商人，口头表达一些勉强可以，但如果用书面来表达则几乎没有可能。二是缺乏肢体语言的语音交流也难以达到目的。商人们总担心如果没有亲自面对面地同供货商谈，只用手机语音来交流，对方可能会错意，从而引起不必要的误解或者纠纷。据作者调查和观察，商人们同中国内地的供货商交流，颜色、数字、时间等最简单的片段化语言运用较多。很少有商人能够做出进一步或者更深入的交流。汉语能力不足限制了商人们在商业谈判过程中的主动性发挥，也限制了商人们对市场的了解和把握。因此，学习俄语和汉语是提升其商贸能力的重要举措。如果商人们能掌握好汉语，在很大程度上可以将派往货源地的儿子或兄弟解脱出来，降低生意成本。

（二）新媒体

手机是商人们联系供货商和客户最主要的工具。在没有便携式移动电话或移动电话尚未普及之时，商人们一般通过长途电话来联系供货商，这种联系方式有较大局限性，其频率和质量远远低于当前的移动通讯设备。作者发现，"玛蒂娜巴扎"的商户对手机的使用呈现出两种截然不同的习惯。年轻商人一般都能使用微信、QQ、支付宝等新型媒体和支付软件。商人们虽然同供货商在语言交流方面还存在障碍，但可以通过新媒体等辅助工具来弥补这方面的缺陷。如需要选择布种时，商人们只需要将厂商所赠"色卡"上的样品拍下来，通过社交工具发送至厂商的手机上，对方可以根据商人的选择来报价和做出相关说明。这个能力基本上在年轻群体中得到广泛普及。老一代商人在运用新媒体方面就显得有些吃力和被动，主要原因在于这些人掌握的汉字极其有限，对于汉文版的软件使用存在一定的困难。因此，年长的商人以直通电话的方式与厂商联系。他们宁可自己将具有一定汉语基础的孩子派到柯桥，让后者负责联系厂家并发货，也不愿意在"玛蒂娜巴扎"请对新媒体玩得精的商人帮助自己。这样做主要是担心对方知晓自己的经营方向，对所有的商人来说，这是大忌。因为对方通过自己选择的样品图案就知道自己在经营哪种布料，遂间接知晓了哪种布料畅销，此类信息对商人们来说都是高度的商业机密，不容他人探知。只要被人知晓上述信息，对方也就进类似的布料，最终使得自己的生意被"抢"。截至作者调查结束前，商人们还请作者给他们传教并为其示范新媒体的运用。作者想，如果老一代商人们能使用这些现代通讯手段，对其布料生意的经营也有一定的帮助。

二、交流与交往

（一）汉族商人

据了解，在吉尔吉斯斯坦工作和生活的华人有近 10 万之多。其中汉族占一半以上。大多数汉族人主要在吉尔吉斯斯坦经商、务工、求学。其中，在"多尔多伊巴扎"（Дордой базары/Dordoi bazari）和"大唐市场"（Таатан базары/Taatan bazari）以及"国英市场"（Гоин магазин/Goin magazin）等比什凯克市的大小市场有近 2 万以上的汉族商人。在吉尔吉斯斯坦南部城市奥什也有数量不少的汉族商人在经营。由于商人们经商活动的集中性和封闭性，在吉的汉族商人同维吾尔族商人之间缺乏基本的交流。在"大唐市场"卖了近 25 五金制品的 H 姓商人坦言，她从来没有去过"玛蒂娜巴扎"，一则去那边交流不畅，二则生活所需的纺织布料都是从国内带到吉尔吉斯斯坦，"玛蒂娜巴扎"的东西质量不能令其满意。作者曾走访了汉族商人集中的巴扎和市场，商人们都知道"玛蒂娜巴扎"是中国新疆维吾尔族商人集中卖布的地方，但几乎没有一个受访对象表示同维吾尔族商人有过生活或生意上的交往。部分维吾尔族商人表示，在吉尔吉斯斯坦的汉族人很团结，令人钦佩。商人们谈到了 2010 年在奥什发生骚乱时，有一个女商人杨彩萍通过各种渠道营救被困的中国商人的故事。当时奥什有部分新疆维吾尔族人也得到了帮助，在中国政府和杨彩萍的帮助下乘包机回国。通过这件事，"玛蒂娜巴扎"商人大都表示，应该同在吉的汉族商人加强联系，在国外也应该加强民族团结，更要学习汉族商人临危不惧的优点。通过商人间的交往交流交融，在提升彼此的能力和水平的同时，在海外市场上形成更加稳固的中华民族共同体。

（二）俄罗斯商人

前文提到，布料商人们普遍对俄罗斯人有好感，原因在于后者的诚信。在商人们的印象中，俄罗斯客户比较讲信用，尤其是他们不太拖欠账款，这是布料商们认为俄罗斯人所具有的最大优点。据商人们反映，除了本地人之外，恶意欠账者大都是哈萨克斯坦的哈萨克人和吉尔吉斯斯坦的哈萨克族人。在商人们的记忆中，20 世纪 90 年代，哈萨克客户欠账也不太厉害，近十年以来，成为仅次于吉尔吉斯本地人的第二欠账大户。许多在哈萨克斯坦经营过的商人，不仅陈年的欠账没有收回，部分物资还被哈当局冻结和查没。商人们也对俄罗斯人的诚信原因做了分析：在苏联时期，虽然俄罗斯人在中亚国家的地位较高，但苏联解体后，其地位一落千丈。在中亚的俄罗斯人和中国人在某些方面有共同之处。另外，前者存有"大国心态"，在日常的生活和同别人的交往中表现得与当地主体民族不同。虽然商人们的理解存有商榷之处，但作者也观察到俄罗斯商人的与众不同。跨国布料商们在推崇对方的诚信品质时，更要学习和实践。

（三）行业交流

原阿图什市某领导 A 想组织阿图什所有的跨国商人召开一次座谈会或者经验交流会。尽管 A 领导本人也知道这件事办起来困难很大，但还是乐此不疲地想努力促成此事。在 A 领导看来，跨国商人们按照不同行业，形成大小不同的圈子，而圈子之间存在很大的自我封闭性，相互的交流和来往较少，在某种程度上影响了商人们商贸能力的提升。作者通过与"玛蒂娜巴扎"商人的交流与互动，证实了 A 领导的判断。在接受调查的 100 位商人中，只有 5 位老商人在经营布料之前还在中亚做过其他生意，也就是说，绝大多数商人涉猎的行业都较单一。正如 4 号老商人所说，农民大巴扎也根据行业或经营商品种类划分不同的区域，各领域的商人虽然都在一个大巴扎里经营，但相互间很少交流生意方面的事情。"玛蒂娜巴扎"虽然是专业性巴扎，此处的商人同大肖鲁克在吉的从事其他行业的商人之间缺乏应有的交流。卖布，开砖瓦厂，贩卖羊皮，行业之间存在鲜明的分水岭。行业圈子的封闭性，造成商人们难以在不同行业之间流动。就这个问题，作为在国外经商时间最久的商人，93 号商人 Eli·M 也认为阿图什的跨国商人应该加强彼此间的交流，不能"关起门来"做生意。对 A 领导的想法 Eli·M 表示赞同，但又存在担忧，他认为，这些在海外的商人们在国内一般都比较低调，他们很难在公开的座谈会上交流自己的经验和心得，因为他们不愿意让别人知道自己的生意状况，这是大肖鲁克甚至所有阿图什市跨国商人比较忌讳的事情。在 Eli·M 看来，加强行业之间的交流实属必要，关键在于交流方式和渠道问题。

三、青春与机遇

"玛蒂娜巴扎"巴扎的大肖鲁克商人呈现出年轻化特征。在商人群体中，其中 35 岁以下的人占总数的近一半，虽然在生意规模和经商经验方面，年轻的商人还同有 10 年以上的老资历商人有一定差距，但这种不足可以通过后天的学习和实践来予以弥补。作者在"玛蒂娜巴扎"发现一个现象，年轻商人在同顾客接触和交易时显得比较主动，生意做得比较灵活，但这种灵活往往伴随着"风险"，即有可能被"老赖"所欺骗。整体上看，"玛蒂娜巴扎"的商户每周都有人离开，也有人进来，新鲜"血液"的输送对维系布料市场的运营必不可少。年轻商人需要学习的东西很多，但他们年轻，这就是资本。"玛蒂娜巴扎"如同营盘，迎来一茬，送走一茬。一代代商人都有自身的使命，同老一代商人相比，表面上看，新一代的年轻商人面临的不再是生存性压力，而是发展性压力。通过深入观察发现，新一代的商人依然面临着严峻的生存压力。国外的布匹生意近几年越来越萧条，以至于有些实力不济的商人做不下去而回国，回国后又没有合适的事情做，失去了收入渠道，日常的生活遇到了困难。由于商人们的家庭人口规模扩张与现有的收入水平存在严重的不平衡状态，实力一般的商人给养家庭的压力有增无减。好在年轻商人最大的资本就是年龄，只要勤于学习和敢于闯荡，机遇依然存在。

四、财务习惯

经作者调查，"玛蒂娜巴扎"的大肖鲁克商人中拥有一套较为完备的财务体系者寥寥无几。尤其是从业时间不长的年轻人，这一点表现得尤为突出。在 30 岁以下的商人中，只有 37 号商人不仅记有纸质的账簿，还建有电子财务体系。财务习惯与该商人受过完整的高等教育不无关系。在 50 岁以上的商人中，51 号商人的财务体系最为健全，他不仅有月、季的商品进出专项记录，还每年年末请专业的会计做资产负债表等会计报表。作者曾问10 号商人，作为一个个体商贸人员，为何要建立如此完善的财务体系。后者的回答很简单，他说主要是给儿子做一个示范，让他早点建立财务习惯。10 号商人还透露，他的财务习惯也是受到与其合作多年的供货商的影响，后者多次建议他一定要有完备的财务体系。其他老一辈的商人也有自己的财务习惯，但作者发现，这些财务凭证处理得非常随便，缺乏现代财务理念和特色，以至于作者曾问对方一年到底能销售多少，收入多少，商人们都以"差不多……""大概……"来回复。知情人介绍，很多商人连自己都不知道具体有多少货物的进出。巴扎的"二把手"Tur·J 曾跟作者谈及此事时说道，维吾尔族人的账本不在纸上，在脑子里。脑子对于精于计算的商人来说虽然重要，但随着交易环境、手段、途径、理念等方面的变迁和复杂化，建立一套适合自己的财务体系显得尤为必要。

五、尝试转行

在大肖鲁克布料商人看来，经营布料生意的准入门槛低，投资也不是太大，一个有几万块钱的年轻人，就可以在"玛蒂娜巴扎"租一个商铺来经营布匹。商人们表示，当前的生意比起以前，虽然所赚减少，但比起大宗商品生意，显然布料生意的风险要小于前者。作者曾走访了比什凯克的多个市场，以往以电器和生活用品为主的中国商品城显得甚为冷清，中国商品遭遇历史以来最激烈的市场竞争，商人回流也比较严重。在这种不利于商贸生意的大环境下，却有一些行业发展得如火如荼。有一种商品的商机，已经引起了"玛蒂娜巴扎"不少年轻人的关注。吉尔吉斯斯坦的食品以无公害和原生态著称，尤其是其高山草原出产的高原蜂蜜，不仅是当地人日常生活的必需品，还赢得俄罗斯、中国市场的青睐。拥有大专学历的92号商人已经同比什凯克一家蜂蜜养殖企业达成了初步合作意向，他打算把吉尔吉斯斯坦的蜂蜜带到中国市场销售，这个想法显然比较大胆。因为在维吾尔族人的传统观念中，一般是在国外市场销售中国商品，92号商人的做法完全颠覆了这一传统。然而，据作者调查，早在2014年，中国乌恰县政府为了推动中吉边贸发展，在县城以西3公里处建了一家名为"中吉商业街"的边贸市场。许多从吉尔吉斯斯坦奥什、贾拉拉巴德、比什凯克等地的蜂蜜商到此坐贾行商。蜂蜜味美价廉，赢得中国消费者的喜爱。这个例子告诉我们，大肖鲁克村的跨国布料商人也有必要扩大视野，可以做一些"反其道而行之"的尝试，向其他行业进军。

六、学会调研

交易市场的封闭性使得商人们对市场信息缺乏基本的捕捉和把握，同时也使得商人们转行比较困难。这个问题对"玛蒂娜巴扎"的布料商来说很重要。虽然"玛蒂娜巴扎"地处比什凯克闹市区，但从微观上看，该巴扎存在明显的封闭性。巴扎的商户中80%以上是新疆维吾尔族人，周边的餐饮、理发等生活设施，也主要是新疆维吾尔族人经营。虽然不能说衣食住行全在

"玛蒂娜巴扎",但每天80%的活动空间和时间集中在巴扎里,而且商人们同外界的接触主要集中在上班时间同客户的互动过程中。整体上看,商人缺乏对外部相关市场的了解和认知。在选择经营的布种时,商人们往往基于客户的需要和喜好,这样做虽然比较稳妥,但商人自己显得较为被动,对市场行情和走势缺乏前瞻性的认知。在接受调查的商人中,只有37号商人经常派他的弟弟前往当地其他布料和纺织品市场"明察暗访",所以,该商户的网布经营在整个"玛蒂娜巴扎"一直处于引领地位。年长的商人们不想去调查的主要原因是怕被对方发现而丢面子。缺少时间则是年轻的商人不去做调查的主要原因。因为年轻人尤其是25岁以下的年轻人,有很多属于非家族性的生意,商人本人要看守店面,上班时间无法去做相关调查。虽然有各种顾虑和困难,但商人们普遍表示,往后要利用各种机会了解市场,尽可能做到知己知彼。

七、回归家庭

据商人们讲,以前他们一年内回归家庭的次数大都在两次,在家停留时间在一个月之内。回归时点是商人认为最重要的两个节点:肉孜节和古尔邦节(简称"两节")。两大节日相差70天。虽然"两节"间隔时间较短,但多数商人还是选择"两节"期间回国。近几年,由于受生意不景气影响,商人们一般在古尔邦节回国。在肉孜节回国的商人逐渐变少。从原来的每年平均回国两次,变成某些商人一年只回一次国。在非节点,商人们回国的主要原因是去柯桥处理进货事宜,但在家里停留时间较短。作者在大肖鲁克村采访过不少"玛蒂娜巴扎"的商人家属,他们对商人减少回归次数表示理解的同时,也普遍表达了担忧,问题主要集中在子女的教育方面。大部分年轻商人处于上有老下有小的家庭双重压力结构时期,由于商人常年在国外打拼,对子女的教育和关心不够,子女则同祖父、祖母和母亲生活,成为非典型意义上的"留守儿童"。调查结果显示,由于缺乏父爱和相应的教导,很多商人年幼的孩子存在厌学倾向。商人们自己对此类问题也知晓,只是苦于没有时间来解决。毕竟从吉尔吉斯斯坦到阿图什来回时间浪费较多,费用也很高。整体上看，老一代的商人回国频率比年轻商人要高，这同他们所具有的经济实力不无关系。令商人们欣慰的是，2016 年 9 月 19 日，吉尔吉斯斯坦国家民用航空局首次开通了比什凯克直飞新疆喀什的国际航班。每周一、三、五定期执飞。这对商人们回归家庭提供了更为便捷的途径。商人们不定期地回归家庭，对家庭的稳定和下一代的成长至关重要。

结论与思考

经济人类学的研究告诉我们，人类的经济活动不是纯粹的西方经济学意义上的建立在理性基础上的利润最大化之追逐活动，其背后蕴含着丰富的社会和文化内涵。作为交易标的物的"稀缺性资源"——商品，除了满足人们的基本生存需要外，还是人类在生产与生活中互惠互动的"介质"，被赋予了生命的意义。经济活动不是独立的社会存在，而是"嵌合"在社会的整体中。

维吾尔族跨国布料商贸的形成与发展，源于该族群重商、精商的价值伦理之塑造。被世人视为商业活动集大成者的阿图什市跨国商人，为商业传统的继承和发展作出了突出贡献。宏大的时代背景、特殊的自然地理条件、悠久的商业传统文化使得大肖鲁克村的部分农民们在不断的迁移中维系自我和家庭生计。几十年来，经久不变的商业实践模式随着内外部环境的变迁面临着诸多困境。令人不安的是，面对这种困境，商人们自身与目前所处环境之间的调适显得有些滞后，致使跨国商贸生计群体的未来发展呈现出不确定性。在外打拼多年的商人即便结束境外的生意而回国，他们依然在迁出地缺乏足够的生计资本，依然面临生计可持续问题。本书认为，在既有的大环境下，商人寻求自我发展是应对和缓解目前处境的适宜性选择。

一、主要结论

阿图什市跨国商人的经营活动并非是单纯经济意义上的孤立现象，而是嵌合在社会的整体当中。它是以现代跨国主义实践模式为基础的人（商人群体）——岸（口岸）——城（阿图什市）关系模式的形塑。无论从跨国民族的和平跨距之视角、还是从少地农民生计转型之视角、抑或是边境地区现代化的视角，研究阿图什市跨国商人群体都具有鲜明的价值和意义。通过该议题的研究，可以得出以下结论：

（一）关于"面"性的民族志研究方法

当前，边境地区的族群越来越成为民族学人类学的重要研究对象，特别是族群在"一带一路"建设大背景下发生的经济文化变迁成为学者们研究的热点话题。从方法论的角度讲，民族学传统的研究方法特别讲求具体田野调查"点"的选择，被调查的区域一般来说比较具体和微观，研究者们力图在整体性（holistic）把握的基础上致力于达到"一叶知秋"的效果。边境族群的跨国生计活动是一个宏观的课题，它需要在更加恢宏的"带"性场域和"面"性空间中去调查分析，而非一般意义上的"定点"调查所能达成。因此，要研究民间跨国商贸，并非靠民族学传统意义上的田野"点"便能达到目的，而可能需要突破具体的唯一的"单点"范式，建立"带"状甚至"面"性的方法体系。本书研究的边境地区跨国民族的跨国经商活动正是突破了"点"性研究，采用了"面"性研究。随着"一带一路"建设的进一步深入，一些更为宏观的叙事对传统民族学研究范式提出了挑战，要求研究者们在具体研究方法方面作出某种变革，即由固化的"定点"调查的民族学研究范式向更加注重多"面"性或多向度的范式转变，力求在更为宏大的视野中解读和回应这一重大命题。因此，民族学一直以来形成的"单点"式研究方法貌似不能满足当前宏大叙事整体研究的需要，需要采用"多点式"，甚至"带"乃至"面"性方法进行"非传统"方法论视角下的"民族志"描写。

作者运用"非传统"民族志研究方法对阿图什市跨国商人群体进行调查研究，其中，既有对"点"的深描，亦有对"面"的"浅描"。本议题的研究所涉及的内容广泛，边境地区的跨国商人如何通过个人努力推进自身和本地区深度融入"一带一路"建设，本身就是一个宏大的叙事架构，本书在田野调查和民族志研究上综合采用的"点"状和"面"状方法既满足对微观描述和宏观叙事的要求，也满足本书在民族志研究方法论上的需要。

（二）经济文化类型的变迁

人类文化与自然地理环境之间的关系是民族学研究者经常关注的议题。经济文化类型是此方面研究的主要理论之一。经济文化类型作为民族学研究的主要内容之一，此概念最早由苏联民族学家 C.H. 托尔斯托夫、M.T. 列文、H.H. 切博克萨罗夫于 20 世纪 50 年代提出。他们认为，经济文化类型就是"处于大致相同的社会发展水平和生活在相似的自然地理条件之下的各族人民，在历史上形成的经济文化相联系的特点的综合体。"① 我国著名民族学家林耀华认为，苏联学者提出的经济文化类型理论难以解释精神文化的作用，他将该理论中的"自然地理条件"和"社会发展水平"进一步发展为"生态环境"和"生计方式"，从而，林氏的经济文化类型概念就定义为："居住在相似的生态环境之下，并有相同生计方式的各民族在历史上形成的具有共同经济和文化特点的综合体。"② 根据经济文化类型理论，新疆维吾尔族传统的经济类型属于典型的绿洲农耕型。张继焦教授认为，所有的少数民族的移民在城市中都面临着经济文化类型从"原生型"向"市场型"的转变。他进一步把这种转变后的经济文化类型分为四类。第一种类型的特征是，此类移民逐渐融入城市的主流经济体系中，被城市原有社会文化所同化。第二类的特征是，此类移民虽然在城市里创建了适合自身发展的外向型经济模式（生计模式），但在社会生活方面却有被所居住城市主流文化同化之可能。第三类的特征是，此类移民的经济活动依附于或完全融入了所在城市的经济体系，其职业行为和经营活动为当地经济发展所需，但其社会文化生活一方面保留着本民族的传统特征，另一方面又吸收现代都市文化元素，试图形成自身新

① ［苏］列文、切博克萨罗夫：《经济文化类型与历史民族区》，叔于田译，《民族问题译丛》（民族学专辑）1956 年增刊。

② 林耀华：《民族学通论》（修订版），中央民族大学出版社 1991 年版，第 86 页。

的民族或地域文化。第四类的特征是，此类移民有自己的居住和经营聚居区，他们在城市经济中创建了外向型经济模式（生计模式），但其社会生活既具有相对封闭性和自身独立发展之空间，又表现出一定的兼容性，成为迁出地和迁入地、城市与乡村、传统与现代之间的"联结体"。① 本书研究的阿图什跨国商人的经济文化类型，便属于张继焦教授所划分的第四种类型。该群体既有自身传统的经济模式（农耕），随着自然生态环境的变迁，他们还逐渐挖掘并形成了一个适合自身情况的生计模式——跨国布料经营。这部分"跨国移民"虽然在迁入国拥有固定的住宅和经商聚集区（巴扎），但除了必要的销售活动（交易或者交换）时间外，他们与当地人的互动不强，商人们的社会生活相对封闭。另外，商人们也要遵守当地的社会制度和规则，适应当地社会生活的游戏规则，因此又具有一定的包容性。最重要的是，跨国商人还是国家与国家之间、城市与乡村之间、传统与现代之间（农耕与商贸之间）的"联结体"。作为典型的跨国移民，阿图什市大肖鲁克村的跨国布料商人居住和经营的聚集度很高，虽然商人们大都采用的是以店面经营为主的个体户模式，但亦有个别商人逐渐向企业化经营模式迈进。随着商贸事业的发展，企业化经营是商人商贸事业发展的趋势，这就为建立和形成一个新的经济文化类型奠定了基础。维吾尔族的跨国布料商贸活动属于典型的"移植型"，这种"移植"是依附性质的。原因在于，一是商人们的跨国布料经营活动依附于迁入地当地行业和市场的发展状况，受当地政治、经济变化影响较大。二是商人们的布料买卖基本上是从国内照搬至移入国的，创新较少。对商人们来说，所不同者只是接待的顾客从本国同胞变成外国人而已。

总体上看，绿洲农耕文明体中孕育出的维吾尔族跨国布料商人群体，是商农结合的城乡经济代表。虽然商人们从母国跨越至他国，从乡村迁移到城市，但商人及其家庭的消费或交换活动依然在家乡。在频繁的迁移中，农民商人们维持着经商生计活动，随着全球化的发展，该"市场型"的经济类

---

① 张继焦：《经济文化类型：从"原生型"向"市场型"——对中国少数民族城市移民的新探讨》，《思想战线》2010年第1期。

型将在布料商个人及其家庭运行中发挥更大的作用。

（三）跨国布料贸易与跨国民族的生计可持续

"全球化最主要的特质就是不同地区和不同文化背景的人类之间关系的日益紧密。"① 在不同国家和地区寻求生计成为跨国民族部分成员的现实选择。跨国移民的生计可持续是指"在不损害迁入地目前或将来自然—社会经济环境和他人谋生能力的前提下，在迁入地构建的不低于原有生活水平，能够应对当前和未来压力，并具有较高压力弹性系数的生计组合。"② 少数民族的生计变迁，"在国家与市场两大力量的驱动下，它集中表现为民族群体资源配置机制的结构性变迁，即从本土共同体的复合性、平衡性与互惠性配置方式，先后转变为国家控制下的、资源高度集中支配的实践，再到当代以资本为原则的、以市场运作为主导的基本模式。"③

我国是拥有漫长边境线的国家，陆地上同 15 个国家接壤，陆上边境线达 2.2 万公里。广袤的边境地区生活着众多的少数民族，其中有些少数民族因历史原因而成为跨国民族。边境地区的少数民族群体选择跨越国境到他国寻求生计，是当地人根据自身所处的地缘政治经济环境以及自身优势所做的策略选择。这种非组织化、自主性的非农生计活动，已经成为某些民族共同体部分成员最主要的生计模式。在我国边境地区，尤其是西部边境地区，由于信息、资源、政策等方面的制约，边区民众为了自我生存和发展，利用地缘优势实属正常的生计调适。在本土型的自我生存遇到障碍和困境时，能利用既有资源和环境，开发一种辅助型或者替代型生计类型，这不仅是学界关注的方向之一，实际上也得到地方和社会的注意和思考。新疆绿洲农耕区的

① 范可：《在野的全球化：旅行、迁徙和旅游》，《中南民族大学学报》（人文社会科学版）2013 年第 1 期。

② 张军以、王腊春、苏维词：《环境移民可持续生计研究进展》，《生态环境学报》2015 年第 6 期。

③ 郑宇：《中国少数民族生计方式转型与资源配置变迁》，《北方民族大学学报》（哲学社会科学版）2015 年第 1 期。

失地或者少地维吾尔族群体，选择经商这一非农化生计活动，来弥补传统农耕生计越来越难以满足当前人们基本生存需要之不足。他们在维系传统生计活动的同时，非传统或者非农活动逐渐成为当地部分人群赖以为生的生计模式。

布料作为"交换物"在阿图什市大肖鲁克人与中亚地区各民族成员之间往来互动，布料经营不单是单纯的经济活动，也是商人作为主体参与当地社会生活的一个途径，更是商人们在移出国与移入国以贸易的方式开展的双边友好交往。商人们不是单纯的"经济人"，更多的是与当地社会持续互动的"社会人"。经济贸易活动的持续，是商人们根据当地社会、经济和文化生态而不断调适自我的过程。虽然被商人们视为"委屈"的赊账、赖账以及其他不愉快经历屡屡发生，但以阿图什市跨国商人为代表的这一群体依然坚守着祖辈们在几十年的商业实践中形成的跨国贸易模式。这种坚守除了商人们要维持个人和家庭生计的根本原因外，恪守多年形成的跨国布料买卖生计传统亦是商人们不愿意在当前境况下放弃生意而回国的深层次原因。对于年长的商人来说，自青春年少时便执此营生，布料生意有他们的酸甜苦辣所充盈的历史记忆，看似一匹匹布料，但承载着商人们的希望，它被赋予了生命和灵性。在国外多年的漂流，虽然有想要休息的冲动，但并不是想离开就能离开，对于很多商人来说，到国外卖布已经超越了追求利润最大化之本身，更多的是追求一种身份、责任和对生活的意义之探索。正如"玛蒂娜巴扎"二把手 Tur·J 所言：做生意是阿图什人与生俱来的使命，以口岸为通道，穿梭于不同地方、不同国家，与不同文化背景的人接触，对商人们来说也是一种享受。

如果说边境地区的民众拥有资源，最大的资源就是身处国家边疆第一线。地理资源带来两种优势，即跨国民族之族缘优势和特殊政策之政缘优势。然而，这两种优势并不一直处于积极状态，有时候还会形成消极的"优势"。如在双边关系出现障碍或者恶化时，国家会对边境地区采取控制性措施，对跨国民族也会给予特别关注，这是边境地区双方处于敌对或者紧张之时，国家采用的常见治边方略。一言以蔽之，边境地区民众的跨国（境）谋生实践经常受到跨出国和跨入国之间双边关系变化的影响和制约。作者认为，在当前中国对外关系良好发展的情势下，跨国生计群体运用自身传统优势通过生计实践增强包括资本、能力和行为在内的"权力"获取和运用能力，至少在自身方面不断提升以缓解因经营能力不足而形成的困境问题，这对跨国商贸群体来说至关重要。

（四）跨国迁徙与和平跨居

人口的跨国迁徙，在国内学界又被称为跨国流动，"南北半球巨大的经济落差，使得人口的跨国迁徙成为世界大战后，尤其是冷战以后的世界性现象，迁徙因此在今天对学术界提出了更具挑战性的问题，它使我们进一步思考全球化的语境里国家治理术的有效性问题。"① 事实上，人口的跨国迁徙已经不再局限于发展中国家向发达国家迁移，发展中国家之间的迁移也随着全球化和一体化的发展越来越普遍。"人口的跨国迁移，从求生性的被动迁移到追求个人价值实现的主动迁移，其迁移动因千差万别，但终极原因则可以追溯到移民者个人追求与环境实现最佳有效结合的冲动。"② 以互惠互利和资源配置为主的市场经济需求是跨国移民的动力之一。也就是说，能在移入国获得一个相对稳定的就业生存空间，是经济性移民跨国迁移的根本目标所在。移民离乡背井到他乡寻求发展，"劳作"和"爱"构成了他们内在的心理机制，工作是为了赚更多的钱，而赚钱则是为了让家庭成员过上更加幸福的生活。③ 跨国移民不仅对跨入地也对跨出国都有积极的影响，尤其是对跨入地的经济贡献比较明显。然而由于移民们和当地人在文化上的异质性，"每个移民身上都烙着一定的文化标记，积淀着与生俱来的经验与记忆，因

---

① 范可：《在野的全球化：旅行、迁徙和旅游》，《中南民族大学学报》（人文社会科学版）2013 年第 1 期。

② 李明欢：《国际移民学研究：范畴、框架及意义》，《厦门大学学报》（哲学社会科学版）2005 年第 3 期。

③ Giddens Anthony，*The Consequences of Modernity*，Stanford：Stanford University Press，1990.

此，人口的跨国迁移，必然涉及不同文化的碰撞。"①

　　阿图什市跨国商人群体，整体上看属于经济性移民，如果进一步细分，就是经营性迁移群体。他们虽然同中亚国家的民众在语言、宗教、饮食等方面有一定的共通性，但该群体同移入国当地人依然存在诸多不同。如在意识形态、消费习惯、经营理念、法律观念等方面的不同，造成了跨国商人同当地人在互动过程中频频出现障碍。以消费习惯为例，以绿洲农业经济为传统经济类型的这个群体，长期的定居生活使他们对家庭乃至家乡有着强烈的情感，这一点在消费行为中亦有体现，即外出挣了钱的跨国商人一般不选择在家乡以外的地方过多消费，他们会将所赚取的收入带回家乡，与家人共同消费。无论是外出打工的年轻人，还是出国做生意的商人，基本上都有此消费心理和习惯。对于移入地的当地人来说，前者在他们的地方赚了大钱而不消费，显得很不"地道"，认为跨国商人没有对当地的经济做出应有的贡献，久而久之，这种不满最终演变为对外来商人的"排斥"行动。这也是在比什凯克的阿图什跨国布料商人们遭受抢劫、恐吓、诈骗等不愉快经历的深层次原因。另外，在商业经营中，跨国商人同当地客户的商业习惯不同，这是商人们目前处境艰难的原因之一。在维吾尔族商业文化里，诚信是首要原则。在他们看来，诚信是商业活动的精髓，是买卖双方维持生意长久的根本保证，不能随意违背。用当地的谚语说：嘘寒问暖问不出友谊，买卖往来要不得虚假。保持资金高效的流动性是他们的商业传统之一，因为这样可以快速实现利润的最大化和资本的原始积累。因此，在传统商业习惯中，赊账是不能容忍的。在大肖鲁克村的商人中，一直流传着这样的说法：要想贫穷，现买赊卖；现金买卖得收获，赊账买卖得纠纷；赊账的人要倒霉，经商的人要吃苦；赊账会成为呆账，账本只能供你看。这些说法虽然在商人们的脑海里存在，但却难以完全运用到实践当中，尤其是在移入国，失信和赊账现象比较普遍。阿图什市跨国布料商人认为，当地人缺乏基本的商业经营素养，所

---

① 李明欢：《国际移民学研究：范畴、框架及意义》，《厦门大学学报》（哲学社会科学版）2005 年第 3 期。

以才造成他们的资金流转出现严重困难。作者认为，布料商人与其客户在商业文化和经营习惯方面的不同，是造成一方比较被动的深层原因，也可以说是移民与当地人，或者说不同族群在商业领域中的文化碰撞。碰撞的最终结果是：为了能维系买卖，一方需要迎合另一方的习惯而不得不舍弃自身的某些商业传统习惯。因此，赊账不仅成为现实，而且演变成普遍现象。

跨国布料商人作为非永久性的跨国移民，要在移入国真正居住和生活，需要付出较大代价，需要在自身传统与当地文化之间不断调适。虽然寻觅生计是这群人离开母国远走他乡的主要目标，但在外界环境变化而自身又对此无能为力之时，只有调适自我以适应当前形势，以应对目前之困境。换言之，商人们只有通过"委屈"自我来达到"和平跨居"，对商人们来说这是最现实的选择。反之，只能回流到母国。

总之，跨国布料生意同其他类型的跨国生意一样，其生意所涉及的环节和过程具有共性，但从布料本身来看，又具有特殊性。布料不同于大宗商品，它与人的生活联系更加紧密。布料及其制品不仅给人提供美观、舒适、保暖等需求，在某些地区，还是人们进行礼物交换的重要媒介。如在我国新疆和中亚某些农牧地区，婚嫁时女方家里要置办大量的布料来缝制垫褥等室内用品，客人们到新人家里祝贺时也以布匹为礼物。类似的场合如摇篮礼等礼仪活动时，都可以发现布匹的影子。新疆维吾尔族与柯尔克孜族长期大杂居，由于在文化方面的某些共性，两者的布料文化或者对布料的认知亦具有共同之处。吉尔吉斯人对布料的运用和认知也为维吾尔族人所熟悉。如丝绸类织品是成年女性对布匹的选择倾向之一，她们尤其对艾提莱丝①情有独钟。在过去的 20 多年里，新疆部分维吾尔族商人正因知晓中亚民众对布料的消费习惯，他们在上述地区的布料买卖才得以顺利进行。

随着吉尔吉斯斯坦服装出口业的发展，以新疆维吾尔族跨国商人为主要"中间人"的中国与中亚之间的布料贸易快速发展。中国出口吉尔吉斯斯坦的布料不再局限于吉尔吉斯斯坦本国消费，俄罗斯成为大的消费市场。商

---

① 流行于我国新疆和田、喀什等地区的一种丝绸。

人们的跨国布料生意受到相关产业的国际市场影响越来越大。然而，近两年以来，出现了一个有意思的现象，比什凯克服装生产商把用中国布料缝制的服装销售到我国新疆市场，吉尔吉斯斯坦生产的服装在每年的克州—比什凯克贸易洽谈会上展销。这个现象给善于经营的维吾尔族商人带来了"灵感"，商人们一方面将中国的原料（布匹）出口到吉尔吉斯斯坦，另一方面又把吉尔吉斯斯坦生产的服装及其他纺织品进到中国，种类众多、价格低廉的吉尔吉斯斯坦服装在新疆中低端市场走俏，尤其是在新疆某些地区的农民大巴扎里出现了越来越多的吉尔吉斯斯坦品牌的服饰。正如某商人所言，他们知晓中国维吾尔族人、吉尔吉斯人、哈萨克人的服饰习惯，并将这些习俗告知吉尔吉斯斯坦的服装生产企业或作坊，后者很快心领神会地按要求生产出衣服。而这一点中国内地的服装企业较难做到。作者认为，在各种内外部环境依然在发挥既有功能的情况下，商人们在运用自身传统商贸文化的基础上，学习和实践现代商业经营理念、技巧和模式，尽力将跨国布料商贸生意持续下去，进而维持自身及其家庭生计的可持续。这一生计类型是南疆边境地区少地农民运用自身传统优势因地制宜地开展经济活动的重要尝试和探索，应予以大力提倡和持续关注。

综上所述，包括大肖鲁克村在内的阿图什人做生意有多方面的背景。两千多年来，阿图什是丝绸之路上的一个重要驿道，这里地少人多，生产方式比较落后，要生存，人们只有走出阿图什到外面寻觅生计。从某种意义上讲，阿图什人跨国经商是内外部环境变迁使然。不管阿图什市跨国商人群体在实际经营中的境遇如何，该群体始终坚持跨出国门寻求发展的理念定然会让他们在不同的区域和领域寻觅到合适的路径，以实现自身生计的可持续和家庭生活的持续改善。

二、几点思考

研究跨国布料生意困境是一个较为复杂的过程，由于商人们完整的经营活动涉及不同的国家，故对此方面的研究不同于对国内商人经营活动的研究。本书以参与观察的方法对商人的生计活动作了跟踪研究，通过多年的田野工作和后续的思考，作者认为以下问题有必要予以关注并讨论。

（一）关于西北边境地区的现代化

实现社会主义现代化是中国大地上正在进行的重大事项，要在发展不平衡的全球第二人口大国实现现代化，并非一蹴而就的事情。中国式的社会主义现代化是包括边疆民族地区在内的全体国人的现代化，而着重探索并努力实现少数民族地区的现代化关系到能不能最终实现全面的现代化。西北边境地区作为地处国土空间的边缘一线，是众多少数民族群众聚居之所。由于历史和现实的原因，该地区在实现现代化过程中面临的问题和困境相较于中心地区可能更多和更复杂，这些地区民众在现代化过程中经历的"阵痛"可能更多。因此，要推进西北边境地区现代化还需牢牢把握"中国化"特征，即要根据西北边境地区的经济、社会和文化实际来推进现代化。

西北边境地区的现代化本质上来说是作为边缘性区域的不同文化群体之间的交互影响。整体上而言，人类社会变迁的关键点经常并非是那些文化中心地带，而往往是那些被人忽视的边缘区域，在民族文化类型多元的边疆地区发生。西北边境地区在区位和文化上的特色决定了这一地区在推进现代化过程中的障碍并非难以破解，有时候看似阻碍性的事物可能会变为优势。如西北边境地区的多元文化可以成为该地区文旅发展的重要资源。当然，西北边境地区毕竟是不同民族生活的区域，每个民族对现代化的接受能力并不相同，从而形成不同的发展问题，产生不同的发展要求。同一经济体系下的不同民族可能会呈现出不同的景象：资源蕴藏上的不同生态位（ecological niche）、不同的资源禀赋（resource endowment）和发展潜力（developmental potential）。在资源和区位上的先天性不足可能会使地理区位较差的民族、资源禀赋较低的民族，在全面实现现代化道路上就有可能滞后。因此，适当地照顾"民族因素"，特别是基于平等原则和全面原则下的西北边境地区现代化，必须加强对这些在区位、数量、资源等方面处于不利地位的民族之引导和帮助。阿图什市是拥有民族、政策、文化等多方优势的边境地区，如何将这些优势变成发展的驱动力，这是包括跨国商人在内的整个阿图什市社会各界需要思考的问题。

（二）关于非口岸边境县（市）的高质量发展

在西北边境地区共有 16 个国家一类陆路口岸，直接涉及的边境县（市）共 14 个县（市）。西北边境地区的口岸县（市）在该区域所有 34 个边境县（市）中只占了 41%，也就是说有近 60% 的西北边境地区的县（市）未设国家级陆路口岸。克州的两大口岸均在乌恰县，换言之，阿图什市并非是一个典型意义上的口岸县（市）。对于这些未设国家口岸的边境县（市）如何深度融入"一带一路"建设，来实现自身的高质量发展，这不得不说是一个更值得深入研究的课题。同设有口岸的边境县（市）比起来，没有口岸的边境县（市）在区位、政策等方面缺少优势，使得这些区域虽处边境一线，但发展的机遇和条件相较于前者却大相径庭。特定的空间、土地（耕地或牧场）、生态环境以及各种自然资源构成了区域发展的客观基础，生活在其中的人们利用自身的主观能动性实现了主体（人）与客体（物）的互动（主要指包括生产在内的各种经济活动），并在此过程中形成了烙有自身特色的体制机制，在主体与客体的互动中最终产生了令主体得以相对稳定的和能够循环操纵的周期性生计模式。因此，从经济生产的角度上说，不同民族在区域内的经济活动中最终取得的经济成果并不相同，除了主观上的因素外，最重要的因素莫过于包括空间、资源和经济制度在内的客观基础。事实上，一个地区的经济社会发展，资源环境的赋值并不是唯一的决定性因素，表现在心理方面的区域文化形势也极大影响着该区域的发展前景和潜力。未设口岸的西北边境县（市）同口岸县（市）一样虽然都属边境地区，但前者因为缺少口岸这个对外开放的重要通道而显得比较封闭。然而，这种封闭并非是绝对的，正如本书中的伊尔克什坦口岸和吐尔尕特口岸，从地理位置和行政区划上来说，两大口岸并非在阿图什市。然而，阿图什市布料商人却是最能充分利用两个口岸的当地群体。因此，那些非口岸的边境县（市）应深入思考，如何才能充分利用虽不在本辖区但离本辖区最近的口岸，以口岸为通道和依托，搭上开放发展的便车，实现自身的高质量发展。

（三）回流商人的生计

铁打的巴扎，流水的商人。跨国商人因年老、资金断裂、家庭变故等各种原因而回归，从整体性视角上说，这是阿图什市跨国商人经营活动的正常现象。就个人而言，结束跨国经营而回流无论对自身还是对家庭都是一个挑战。就目前的情况来看，被动型回流远远多于主动性回流。对于中年商人来说，回流是最不愿面对之事，因为那将意味着"失业"。在国外经商多年，结束生意回国意味着商人们要重新构建自己的生计模式。然而，回流后的商人缺乏应有的资本、能力、技术，此方面的不足影响其在国内的创业。另外，跨国布料商人家庭的人口结构不同于其他家庭，较大的家庭人口规模使得回流商人的家庭给养压力巨大，失去持续性收入来源对于多子多孙的商人大家庭而言无疑是最大的困难，因此，因回流而致贫的可能性升高。

对上述问题的思考和解决路径，作者认为可以用张继焦教授的"蜂窝式社会"理论做出解释。张继焦认为，观察中国经济社会转型有两个视角：伞式和蜂窝式。中国从计划经济向市场经济转型的过程中，企业与政府之间的关系是庇护与被庇护的"伞式"关系，是一种重要的资源配置方式，"伞式社会"是官方主导的经济社会。与官方色彩鲜明的"伞式社会"相对应，大量的民间经济社会则呈现出"蜂窝式"特征，故"蜂窝式社会"具有民间性。张继焦将"蜂窝式社会"按照就业者和经商者细分为五种类型，即就业者包括"链式"和"网式"；经商者则主要有以家庭、价值链、本族裔为中心的三种类型。[①]"蜂窝式社会"没有多少资源，必须靠自身努力去获得市场空间和发展机会，其特征是互惠共赢，虽然经济性、社会性强，但政治性弱。按照张继焦教授的"蜂窝式社会"理论，本书研究的维吾尔族跨国布料商人群体亦属于众多"蜂窝"中的一种，该群体的经商活动正是"蜂窝式"

---

① 张继焦：《"蜂窝式社会"——观察中国经济社会转型的另一个概念》，《思想战线》2015年第 3 期。

民族性网络体系进行资源配置和市场化制度变迁的力量之一。因此，阿图什市维吾尔族跨国布料商人要真正参与社会资源配置和促使制度变迁，光凭某个成员的个人力量难以实现，必须要形成一个民族性和群体性的网络体系，才能形成影响力和发挥作用。这就需要商人和当地社会多方共同努力，才能有效缓解回流商人的生计压力。

附录：样本商人基本信息表

编号	代号	性别	年龄	家庭地址	文化程度	进货地	销货地	国外经商年限	生意规模	家庭人口	家族生意
1	Haj·M	男	35	亚	初中	柯桥	玛蒂娜巴扎	5	30	6	是
2	Jür·A	男	39	肖	小学	柯桥	阔尔翁巴扎	0.5	5	4	否
3	Ash·E	男	39	亚	初中	柯桥	吐尔巴扎、玛蒂娜巴扎	16	450	8	是
4	Tur·H	男	85	亚	小学	柯桥	玛蒂娜巴扎	5	1000	45	是
5	Ili·A	男	28	亚	高中	柯桥	玛蒂娜巴扎	10	230	12	是
6	Meh·B	男	19	温	初中	柯桥	玛蒂娜巴扎	1	10	5	是
7	Mal·M	男	48	肖	初中	柯桥	玛蒂娜巴扎	20	900	15	是
8	Abd·J	男	32	肖	初中	柯桥	玛蒂娜巴扎	5	10	5	否
9	Ghe·S	男	54	肖	小学	广州、柯桥	巴拉克赫力卡巴扎、玛蒂娜巴扎	22	800	14	是
10	Xey·S	男	51	肖	小学	广州、柯桥	阿图什巴扎、玛蒂娜巴扎	16	420	10	是
11	Süp·S	男	48	肖	小学	广州、柯桥	多尔多伊巴扎	10	150	18	是
12	Mem·Q	男	52	肖	初中	广州、柯桥	吐尔巴扎、玛蒂娜巴扎	18	680	23	是
13	Mem·B	男	28	肖	初中	柯桥	玛蒂娜巴扎	8	200	10	是
14	Riz·M	男	45	温	小学	柯桥	玛蒂娜巴扎	15	240	6	否

续表

编号	代号	性别	年龄	家庭地址	文化程度	进货地	销货地	国外经商年限	生意规模	家庭人口	家族生意
15	Mem · N	男	40	亚	初中	柯桥	切尔佐夫斯基巴扎、柳布林诺巴扎	11	300	12	是
16	Ila · I	男	51	温	初中	柯桥	玛蒂娜巴扎	10	200	12	是
17	Abd · H	男	31	亚	中专	柯桥	阔尔翁巴扎	3	30	5	否
18	Abi · M	男	51	肖	小学	柯桥	吐尔巴扎、玛蒂娜巴扎	18	600	20	是
19	Mub · T	男	35	肖	初中	柯桥	玛蒂娜巴扎	13	200	13	是
20	Ska · S	男	35	亚	高中	柯桥	玛蒂娜巴扎	11	350	15	是
21	Haj · H	男	50	肖	初中	柯桥	玛蒂娜巴扎	13	420	21	是
22	Mol · H	男	48	肖	初中	柯桥	阔尔翁巴扎	12	400	16	是
23	Axu · H	男	45	肖	初中	柯桥	巴拉克赫力卡巴扎	12	320	21	是
24	Tur · M	男	65	温	经学院毕业	上海、柯桥、广州	阿拉米丁巴扎、吐尔巴扎、玛蒂娜巴扎	22	860	38	是
25	Eli · U	男	45	亚	小学	柯桥	吐尔巴扎、玛蒂娜巴扎	23	750	30	是
26	Ghu · E	男	48	肖	初中	柯桥	吐尔巴扎、玛蒂娜巴扎	20	600	21	是
27	Abd · R	男	46	肖	小学	柯桥	吐尔巴扎	3	30	10	是
28	Mem · A	男	32	亚	初中	柯桥	玛蒂娜巴扎	5	30	8	是
29	Ima · A	男	27	温	小学	柯桥	玛蒂娜巴扎	2	10	8	是
30	Xel · R	男	42	温	小学	柯桥	玛蒂娜巴扎	10	210	10	是
31	Xel · M	男	25	温	大专	柯桥	玛蒂娜巴扎	3	50	11	是
32	Tur · G	男	47	温	小学	柯桥	吐尔巴扎、玛蒂娜巴扎	20	500	20	是
33	Mam · A	男	36	温	初中	柯桥	玛蒂娜巴扎	12	250	14	是

续表

编号	代号	性别	年龄	家庭地址	文化程度	进货地	销货地	国外经商年限	生意规模	家庭人口	家族生意
34	Niy·A	男	34	温	初中	柯桥	玛蒂娜巴扎	10	200	13	是
35	Ghu·A	男	27	亚	初中	柯桥	玛蒂娜巴扎	8	120	8	是
36	Nur·T	男	41	亚	初中	柯桥	吐尔巴扎、玛蒂娜巴扎	20	655	21	是
37	Haj·M1	男	26	亚	大学	柯桥	玛蒂娜巴扎	3	30	9	是
38	Pez·N	男	30	亚	小学	柯桥	玛蒂娜巴扎	10	300	6	否
39	Sem·M	男	46	亚	初中	柯桥	吐尔巴扎、玛蒂娜巴扎	19	700	25	是
40	Erk·A	男	58	亚	小学	柯桥	多尔多伊巴扎	22	620	5	否
41	Abd·K	男	28	亚	中专	柯桥	玛蒂娜巴扎	6	50	10	是
42	Ili·W	男	35	温	初中	柯桥	卡拉苏巴扎	5	80	11	是
43	Exm·W	男	27	温	初中	柯桥	卡拉苏巴扎	4	20	8	是
44	Sim·E	男	53	温	小学	柯桥	玛蒂娜巴扎	8	100	10	是
45	Qur·S	男	25	温	大专	柯桥	玛蒂娜巴扎	2	10	5	否
46	Tür·P	男	61	温	小学	柯桥	吐尔巴扎、玛蒂娜巴扎	23	800	25	是
47	Irs·P	男	58	温	小学	柯桥	吐尔巴扎、玛蒂娜巴扎	23	750	23	是
48	Qur·M	男	34	肖	初中	柯桥	卡拉苏巴扎	6	50	5	否
49	Mem·R	男	40	肖	初中	柯桥	玛蒂娜巴扎	10	350	6	否
50	Abl·T	男	33	亚	小学	柯桥	阔尔翁巴扎	2	10	5	否
51	Enw·Y	男	52	亚	小学	广州、柯桥	巴拉克赫力卡巴扎、吐尔巴扎、玛蒂娜巴扎	23	800	31	是
52	Ayl·M	男	21	肖	小学	柯桥	玛蒂娜巴扎	3	50	8	是
53	Ghe·M	男	29	肖	大学	柯桥	玛蒂娜巴扎	5	20	5	否
54	Ibr·T	男	35	亚	中专	柯桥	玛蒂娜巴扎	10	420	21	是

续表

编号	代号	性别	年龄	家庭地址	文化程度	进货地	销货地	国外经商年限	生意规模	家庭人口	家族生意
55	Abd·I	男	51	肖	小学	广州、上海、柯桥	吐尔巴扎、玛蒂娜巴扎	22	500	13	是
56	Mux·A	男	38	肖	中专	柯桥、常州	玛蒂娜巴扎	12	500	14	是
57	Tur·S	男	40	亚	中专	柯桥	玛蒂娜巴扎	13	420	10	是
58	Enw·T	男	48	肖	小学	柯桥	玛蒂娜巴扎	5	60	5	否
59	Mem·T	男	60	温	小学	柯桥	玛蒂娜巴扎	13	500	12	是
60	Mus·E	男	39	肖	初中	柯桥	玛蒂娜巴扎	15	550	10	是
61	Mem·H	男	50	肖	小学	上海、柯桥、广州	吐尔巴扎、玛蒂娜巴扎	10	100	5	否
62	Neb·K	男	40	亚	小学	柯桥	玛蒂娜巴扎	1	20	9	是
63	Qur·I	男	41	肖	初中	柯桥	玛蒂娜巴扎	5	40	5	否
64	Mem·G	男	39	亚	大学	柯桥	玛蒂娜巴扎	12	180	10	是
65	Eli·M	男	50	亚	小学	上海、柯桥、广州	阿拉米丁巴扎、吐尔巴扎、阿图什巴扎、玛蒂娜巴扎	25	780	23	是
66	Hes·T	男	40	亚	初中	柯桥	玛蒂娜巴扎	10	200	10	是
67	Tux·H	女	58	肖	中专	柯桥	吐尔巴扎、玛蒂娜巴扎	23	650	21	否
68	Sem·H	男	49	亚	小学	广州、柯桥	阿拉米丁巴扎、吐尔巴扎、阿图什巴扎、玛蒂娜巴扎	24	750	18	是
69	Hüs·H	男	50	肖	小学	广州、柯桥	吐尔巴扎、玛蒂娜巴扎	20	560	15	是

编号	代号	性别	年龄	家庭地址	文化程度	进货地	销货地	国外经商年限	生意规模	家庭人口	家族生意
70	Hes·M	男	30	亚	初中	柯桥	阿图什巴扎、玛蒂娜巴扎	8	220	17	是
71	Aba·G	男	40	亚	初中	柯桥	玛蒂娜巴扎	12	300	10	是
72	Abd·E	男	31	肖	初中	柯桥	玛蒂娜巴扎	5	20	5	否
73	Anw·A	男	26	亚	初中	柯桥	玛蒂娜巴扎	3	15	5	否
74	Nur·R	男	39	亚	小学	柯桥	玛蒂娜巴扎	10	100	12	是
75	Erk·Y	男	50	亚	小学	柯桥	吐尔巴扎、玛蒂娜巴扎	20	420	15	否
76	Shu·S	男	26	温	初中	柯桥	玛蒂娜巴扎	5	30	5	是
77	Ilh·A	男	39	肖	初中	柯桥	玛蒂娜巴扎	12	100	8	是
78	Mew·Q	男	19	肖	初中	柯桥	玛蒂娜巴扎	1	10	5	否
79	Erk·I	男	42	肖	小学	柯桥	玛蒂娜巴扎	14	230	11	是
80	Abd·T	男	46	肖	小学	广州、柯桥	巴拉克赫力卡巴扎、玛蒂娜巴扎	15	300	15	是
81	Qur·M1	男	34	肖	小学	柯桥	阿图什巴扎、玛蒂娜巴扎	10	200	12	是
82	Pez·N1	男	33	肖	初中	柯桥	玛蒂娜巴扎	6	20	6	否
83	Imi·A	男	62	肖	小学	广州、柯桥	阿图什巴扎、玛蒂娜巴扎	21	500	23	是
84	Tur·H1	男	56	肖	小学	广州、柯桥	吐尔巴扎、玛蒂娜巴扎	19	400	15	是
85	Abd·R1	男	29	肖	初中	柯桥	玛蒂娜巴扎	8	30	5	否
86	Qad·B	男	27	肖	初中	柯桥	玛蒂娜巴扎	3	15	6	否
87	Mem·A1	男	26	温	初中	柯桥	玛蒂娜巴扎	4	20	6	否
88	Mut·A	男	48	亚	小学	柯桥	切尔佐夫斯基巴扎、柳布林诺巴扎	15	320	12	是
89	Hes·O	男	41	肖	小学	广州	玛蒂娜巴扎	9	150	10	是

续表

编号	代号	性别	年龄	家庭地址	文化程度	进货地	销货地	国外经商年限	生意规模	家庭人口	家族生意
90	Til·E	男	46	亚	小学	柯桥	吐尔巴扎、玛蒂娜巴扎	18	250	11	是
91	Mer·O	男	27	亚	初中	柯桥	玛蒂娜巴扎	1	10	5	否
92	Abl·A	男	23	温	大专	柯桥	玛蒂娜巴扎	2	12	6	否
93	Obu·I	男	28	温	初中	柯桥	玛蒂娜巴扎	6	20	5	否
94	Abd·M	男	65	亚	小学	广州、柯桥	吐尔巴扎、玛蒂娜巴扎	24	600	21	是
95	Nur·M	男	54	温	小学	广州、柯桥	卡拉苏巴扎	14	300	15	是
96	Abd·A	男	48	肖	小学	柯桥	玛蒂娜巴扎	10	240	10	是
97	Yaq·T	男	52	肖	小学	柯桥	吐尔巴扎、玛蒂娜巴扎	20	320	11	是
98	Abd·X	男	31	肖	初中	柯桥	玛蒂娜巴扎	9	120	9	是
99	Bek·H	男	40	温	初中	同巴扎商人处	玛蒂娜巴扎	2	20	6	否
100	Reh·M	男	56	肖	小学	柯桥	吐尔巴扎、玛蒂娜巴扎	21	310	20	是

注：1. 表中相关指标说明：年龄单位为"岁"，国外经商年限单位为"年"，生意规模单位为"万元"，家庭人口单位为"人"。2. 此表中"家庭地址"中的"肖、亚、温"分别代表肖鲁克村、亚喀巴格村和温吐萨克村。

参 考 文 献

一、中文书籍

1. 马曼丽：《跨国民族理论问题综述》，民族出版社 2009 年版。

2. 周建新：《跨国民族族缘政治分析》，载吴楚克主编《中国当代边疆理论创新与发展研究》，学苑出版社 2013 年版。

3. 周建新：《和平跨居论：中国南方与大陆东南亚跨国民族和平跨居模式研究》，民族出版社 2008 年版。

4. 周平：《中国边疆治理研究》，经济科学出版社 2011 年版。

5. 马大正：《中国边疆经略史》，武汉大学出版社 2013 年版

6. 马大正：《新疆史鉴》，新疆人民出版社 2006 年版。

7. 费孝通：《江村经济》，北京大学出版社 2012 年版。

8. 施琳：《经济人类学》，中央民族大学出版社 2002 年版。

9. ［英］马林诺夫斯基：《西太平洋上的航海者》，张云江译，中国社会科学出版社 2009 年版。

10. 田广、罗康隆：《经济人类学》，宁夏人民出版社 2013 年版。

11. 阿图什地方志编纂委员会主编：《阿图什市志》，新疆大学出版社 1996 年版。

12. 中共阿图什市史志办主编：《西域商城——阿图什》，新疆人民出版社 2004 年版。

13. （宋）王溥：《唐会要·康国》，上海古籍出版社 2012 年版。

14. 本书编写组：《中国新疆伊斯兰教史》，新疆人民出版社 2000 年版。

15. 班固：《汉书·疏勒国》，中华书局 1992 年版。

16. 沈其彦：《无花果之乡阿图什市》，新疆克孜勒苏柯尔克孜文出版社 1989 年版。

17. 中国共产党柯尔克孜自治州党史办：《中国共产党克孜勒苏柯尔克孜自治州简史》，新疆人民出版社 2008 年版。

18. ［美］威廉·A.哈维兰：《文化人类学》，陈相超、冯然译，机械工业出版社 2014 年版。

19. ［美］亚瑟·L.斯廷施凯姆：《比较经济社会学》，杨小东译，浙江人民出版社 1987 年版。

20. 陈庆德：《经济人类学》，人民出版社 2001 年版。

21.《马克思恩格斯全集》第 13 卷，人民出版社 2008 年版。

22. 贺继宏、张光汉主编：《中国柯尔克孜族百科全书》，新疆人民出版社 1998 年版。

23. 台湾近代史研究所主编：《中俄关系史料——新疆边防（中华民国六年至八年)》（附录)，永裕印刷厂 1983 年版。

24. 阿布都哈德：《地域认同与社会交往——乌鲁木齐的阿图什人》，中央民族大学出版社 2015 年版。

25. 林耀华：《民族学通论》（修订版），中央民族大学出版社 1991 年版。

26. 中国口岸协会主编：《中国口岸年鉴》，海关出版社 2016 年版、2020 年版。

二、中文期刊

1. 于沛：《从地理边疆到"利益边疆"——冷战结束以来西方边疆理论的演变》，《中国边疆史地研究》2005 年第 2 期。

2. 万雪玉：《我国柯尔克孜族自治地方民族关系及问题》，《新疆大学学报》2003 年第 4 期。

3. 李晓霞：《新疆阿图什市民族交往调查》，《新疆社会科学》2007 年第 1 期。

4. 刘能：《费孝通和村庄生计研究：八十年的回顾》，《西北师大学报》（社会科学版）2015 年第 2 期。

5. 罗康隆：《论民族生计方式与生存环境的关系》，《中央民族大学学报》2004 年第 5 期。

6. 杨军昌：《侗族传统生计的当代变迁与目标走向》，《中央民族大学学报》（哲学社会科学版）2013 年第 5 期。

7. 秦红增、毛淑章：《改革开放 30 年少数民族生计模式变迁——来自广西壮族自治区隆安县那门壮族村的田野报告》，《思想战线》2009 年第 1 期。

8. 郑宇：《中国少数民族生计方式转型与资源配置变迁》，《北方民族大学学报》（哲学社会科学版）2015 年第 1 期。

9. 庄孔韶：《可以找到第三种生活方式吗？——关于中国四种生计类型的自然保护与文化生存》，《社会科学》2006 年第 7 期。

10. 崔明昆、杨索、赵文娟等：《云南新平傣族生计模式及其变迁的生态人类学研究》，《云南师范大学学报》（哲学社会科学版）2015 年第 5 期。

11. 陆五一、李祎雯、倪佳伟：《关于可持续生计研究的文献综述》，《中国集体经济学》2011 年第 3 期。

12. 赵兴玲、骆华松、黄帮梅等：《可持续生计视角下失地农民长远生计问题探究》，《云南地理环境研究》2009 年第 1 期。

13. 孙绪民、周森林：《论我国失地农民的可持续生计》，《理论探讨》2007 年第 5 期。

14. 李小云、董强、饶小龙等：《农户脆弱性分析方法及其本土化应用》，《中国农村经济》2007 年第 4 期。

15. 黄建伟：《基于公共政策纵向空间分层设计的失地农民生计问题研究》，《商业研究》2011 年第 2 期。

16. 杨斌、贺琦：《失地农民保障制度的理念、原则及其框架研究——基于可持续生计视角》，《当代经济管理》2011 年第 1 期。

17. 张大维：《生计资本视角下连片特困区的现状与治理——以集中连片特困地区武陵山区为对象》，《华中师范大学学报》（人文社会科学版）2011 年第 4 期。

18. 张丙乾、汪力斌、靳乐山等：《多元生计途径：一个赫哲族社区发展的路径选择》，《农业经济问题》2007 年第 8 期。

19. 梁义成、李树苗、李聪：《基于多元概率单位模型的农户多样化生计策略分析》，《统计与决策》2011 年第 15 期。

20. 苏芳、蒲欣冬、徐中民等：《生计资本与生计策略关系研究——以张掖市甘州区为例》，《中国人口·资源与环境》2009 年第 6 期。

21. 张学英：《可持续生计视域下的被征地农民就业问题研究》，《贵州社会科学》2010 年第 4 期。

22. 王慧博：《失地农民可持续生计问题分析》，《宁夏社会科学》2008 年第 5 期。

23. 王三秀：《国外可持续生计观念的演进、理论逻辑及其启示》，《毛泽东邓小平理论研究》2010 年第 9 期。

24. 刘峰、杨志平：《国内外解决失地农民生计保障问题的经验研究及启示》，《内蒙古农业大学学报》（社会科学版）2012 年第 5 期。

25. 杨云彦、赵锋：《可持续生计分析框架下农户生计资本的调查与分析——以南水北调（中线）工程库区为例》，《农业经济问题》2009 年第 3 期。

26. 姚娟、程路明、石晓平：《新疆参与旅游业牧民生计资本研究——以喀纳斯和乌鲁木齐县南山生态旅游区为例》，《干旱区资源与环境》2012 年第 12 期。

27. 周易、付少平：《失地农民的生计资本与生计策略关系研究——以陕西省杨凌区为例》，《广东农业科学》2012 年第 5 期。

28. 马晓燕：《移民社区的多元文化冲突与和谐——北京市望京"韩国城"研究》，《中国农业大学学报》（社会科学版）2008 年第 4 期。

29. 刘云刚、谭宇文、周雯婷：《广州日本移民的生活活动与生活空间》，《地理学报》2010 年第 10 期。

30. 李志刚、杜枫：《"跨国商贸主义"下的城市新社会空间生产——对广州非裔经济区的实证》，《城市规划》2012 年第 8 期。

31. 龙登高：《海外华商经营模式的社会学剖析》，《社会学研究》1998 年第 2 期。

32. 傅江景：《试论海外华商经济发展的成就、经验与启示》，《国际经贸探索》2003 年第 5 期。

33. 周敏、刘宏：《海外华人跨国主义实践的模式及其差异——基于美国与新加坡的比较分析》，《华侨华人历史研究》2013 年第 1 期。

34. 周建新、蒙秋月：《跨境谋生：现象与策略——以广西那坡县那孟屯中越边民跨国谋生个案为例》，《广西民族大学学报》（哲学社会科学版）2013 年第 1 期。

35. 罗康隆、田广：《论经济人类学在中国本土化实践及理论贡献》，《中央民族大学学报》（哲学社会科学版）2014 年第 3 期。

36. 苏芳、徐中民、尚海洋：《可持续生计分析研究综述》，《地球科学进展》2009 年第 1 期。

37. 丁月牙：《论跨国主义及其理论贡献》，《民族研究》2012 年第 3 期。

38. 方晓华：《巴扎的文化解读》，《新疆社会科学》2007 年第 5 期。

39. 郭来喜：《中国对外开放口岸布局研究》，《地理学报》1994 年第 5 期。

40. 文云朝：《新疆边境口岸特征及其发展决策研究》，《经济地理》1996 年第 1 期。

41. 杜发春：《边境贸易与边疆民族地区的经济发展》，《民族研究》2000 年第 1 期。

42. 杨亚雄：《论清政府对新疆维吾尔地区伯克制度的政策演变》，《青海师范大学学报》（哲学社会科学版）2016 年第 4 期。

43. 曾红：《维吾尔族传统家庭及家庭功能的变迁》，《新疆师范大学学报》（哲学社会科学版）1999 年第 1 期。

44. 张丽君、张珑、李丹：《口岸发展对边境口岸城镇发展影响实证研究——以二连浩特为例》，《中央民族大学学报》（哲学社会科学版）2016 年第 1 期。

45. 杜语：《近代中国通商口岸研究——历史与现状》，《中国社会科学院研究生院学报》1996 年第 6 期。

46. 戴鞍钢：《近代中国西部内陆边疆通商口岸论析》，《复旦学报》（社会科学版）2005 年第 4 期。

47. 何跃：《云南边境地区主要贸易口岸的境外流动人口与边疆安全》，《云南师范大学学报》（哲学社会科学版）2008 年第 2 期。

48. 于晓华、方创琳等：《丝绸之路经济带陆路边境口岸城市地缘战略优势度综合评价》，《干旱区地理》2016 年第 5 期。

49. 纪光明、由亚男：《中哈边境文化旅游产品需求测度研究——以霍尔果斯口岸为例》，《新疆财经大学学报》2017 年第 2 期。

50. 方晓华：《论维吾尔族的家庭及其变迁》，《新疆大学学报》（哲学社会科学版）2002 年第 3 期。

51. 王玉芬、刘碧云：《中俄贸易中的灰色清关及其对策》，《国际贸易问题》2005 年第 4 期。

52. 韦进深：《合作性地缘经济战略与丝绸之路经济带建设》，《广西民族大学学报》

（哲学社会科学版）2016 年第 1 期。

　　53. 张继焦：《经济文化类型：从"原生态型"到"市场型"——对中国少数民族城市移民的新探讨》，《思想战线》2010 年第 1 期。

　　54. 张丽萍、张镱锂、闫建忠、吴莹莹：《青藏高原东部山地农牧区生计与耕地利用模式研究》，《地理学报》2008 年第 4 期。

　　55. 范可：《在野的全球化：旅行、迁徙和旅游》，《中南民族大学学报》（人文社会科学版）2013 年第 1 期。

　　56. 张军以、王腊春、苏维词：《环境移民可持续生计研究进展》，《生态环境学报》2015 年第 6 期。

　　57. 郑宇：《中国少数民族生计方式转型与资源配置变迁》，《北方民族大学学报》（哲学社会科学版）2015 年第 1 期。

　　58. 李明欢：《国际移民学研究：范畴、框架及意义》，《厦门大学学报》（哲学社会科学版）2005 年第 3 期。

　　59. 马曼丽、艾买提：《关于边疆跨国民族地缘冲突的动因与和平跨居条件的思索》，《中国边疆史地研究》2003 年第 2 期。

　　60. 张继焦：《"伞式社会"——观察中国经济社会结构转型的一个新概念》，《思想战线》2014 年第 4 期。

　　61. 张继焦：《"蜂窝式社会"——观察中国经济社会转型的另一个概念》，《思想战线》2015 年第 3 期。

　　62. ［美］纳列什·辛格、乔纳森·吉尔曼：《让生计可持续》，祝东力译，《国际社会科学》（中文版）2011 年第 1 期。

三、学位论文

　　1. 刘生琰：《游牧民生计方式变迁与心理适应研究——以甘南藏区为视点》，博士学位论文，兰州大学西北少数民族研究中心，2013 年。

　　2. 马海寿：《当代新疆昌吉地区回族生计方式变迁研究》，博士学位论文，兰州大学西北少数民族研究中心，2010 年。

　　3. 穆沙江·努吉热：《新疆边境口岸经济与地方经济协调发展研究》，博士学位论文，新疆大学经济与管理学院，2018 年。

4. 敏俊卿：《中间人：流动与交换——临潭旧城回商群体研究》，博士学位论文，中央民族大学民族学与社会学学院，2009 年。

5. 赵靖伟：《农户生计安全问题研究》，博士学位论文，西北农林科技大学人文学院，2011 年。

四、外文文献

1. Adams Bodomo，"The African Trading Community in Guangzhou：An Emerging Bridge for Africa-China Relations"，*The China Quarterly*，Vol.203，No.（Sep. 2010），pp.693-707.

2. Chambers R，Conway G，*Sustainable rural livelihoods：Practical concepts for the 21st century*，Brighton，England：IDS（Institute of Development Studies），1992，pp.5-9.

3. Ellis Frank：*Rural Livelihood sand Diversity in Developing Countries*，Oxford：Oxford University Press，2000，pp.xiv+273.

4. Scoones I，*Sustainable rural livelihood：A Framework for Analysis*，London：IDS（Institute for Development Studies），1998，pp.1-23.

5. Farrington J，Carney D，Ashley C，et al，*Sustainable Livelihoods in practice：early applications of concepts in rural areas*，*Natural Resource Perspectives*，42，London：Overseas Development Institute，（June 1999），p.3.

6. Alejandro Portes，"Conclusion：Theoretical convergencies and empirical evidence in the study of immigrant transnationalism"，*International Migration Review*，Vol.37，No.3，2003.

五、网络、报刊资料

1. 阿图什市统计局：《阿图什市 2019 年国民经济和社会发展统计公报》，2020 年 7 月 28 日，见 https://www.xjats.gov.cn/xjats/c103461/202007/c71aef65e1ba45f7ad2324e78a8dd99c.shtml。

2. 柯桥区人民政府网站：《市场总简介》，2018 年 10 月 30 日，见 http：//www.kq.

gov.cn/art/2018/10/30/art_1562161_22685108.html。

3. 柯桥区人民政府网站：《市场总简介》，2018 年 10 月 30 日，见 http：//www.kq.gov.cn/art/2018/10/30/art_1562161_22685108.html。

4. 乌恰县人民政府：《乌恰县气候概况》，2022 年 5 月 10 日，见 http：//www.xjwqx.gov.cn/xjwqx/c102698/202110/aa5645c3d2e948e2a99103dd9f65cb92.shtml。

5. 中华人民共和国驻吉尔吉斯斯坦共和国大使馆经济商务参赞处：《吉尔吉斯希大力推动建立本国纺织产业链条》，2016 年 6 月 12 日，见 http：//kg.mofcom.gov.cn/article/jmxw/201601/20160101240677.shtml。

6. 中华人民共和国驻吉尔吉斯斯坦共和国大使馆经济商务参赞处：《吉尔吉斯斯坦受贿系数在独联体国家中排名靠前》，2016 年 6 月 8 日，见 http：//www.mofcom.gov.cn/article/i/jyjl/e/201611/20161101884355.shtml。

7. 中华人民共和国驻吉尔吉斯斯坦共和国大使馆经济商务参赞处：《吉尔吉斯共和国外贸管理制度（吉尔吉斯投资指南之四)》，2004 年 6 月 2 日，http：//kg.mofcom.gov.cn/article/ztdy/200408/20040800261310.shtml。

8. 克孜勒苏柯尔克孜自治州外侨办：《克州外办深化效能建设突出"服务"主题》，2011 年 6 月 16 日，见 http：//www.xjkz.gov.cn/admin/PageLike.aspx？DocID=253501&ColumnID=000002930007&ChannelID=293&Sum=1。

9. 克孜勒苏柯尔克孜自治州人民政府：《关于审批办理护照及出境证明的有关规定》，2007 年 10 月 10 日，见 http：//www.xjkz.gov.cn/b86c5b76-b6b1-4ab3-a779-bc3375befff4_1.html。

后　记

　　新疆克孜勒苏柯尔克孜自治州是南疆地区唯一一个拥有两大陆路边境口岸且常年运行的行政区。因为有两大口岸的加持，包括阿图什市在内的众多克州群众充分利用口岸优势，积极开展种类多样的生计活动，形成了不同类型的口岸职业群体（口岸人）。在这些口岸职业群体中，阿图什市的跨国商人不能不说是一个比较特殊的存在，与常年生活和工作在口岸的口岸人不同，阿图什市跨国商人是以口岸为通道和载体，实现自身的跨国流动和生计的持续。

　　古丝绸之路上的阿图什市维吾尔族人具有悠久的经商传统，当地"到月球上做生意的故事"① 代代相传。经商已经成为众多阿图什市松他克乡民众最主要的生计活动。阿图什市维吾尔族商人正是充分利用吐尔尕特口岸和伊尔克什坦口岸而常年往来于中国和吉尔吉斯斯坦。可以说，克州的两大口岸特别是吐尔尕特口岸与阿图什市跨国商人形成了特殊的关系：两者相互成就。一方面，没有口岸的开通和开放，就没有阿图什市民间跨国商贸事业的发展；另一方面，阿图什市跨国商贸群体的发展壮大，进一步推动了吐尔尕特口岸和伊尔克什坦口岸的建设。本书重点选取了阿图什市跨国商人最为集中的松他克乡的跨国商人为调查对象，运用民族学、人类学研究视角，全面调查研究这些曾经以种地为生的农民群体是如何利用边境口岸发展成为令世

---

① 　在阿图什，当地流传这样一则故事：有一个阿图什人去月球，碰到了另外一个阿图什人。前者问：到月球所为何事？后者回答：没什么大事，就是想来看看月球上有没有生意可做。

人津津乐道的跨国商人。

2023 年，徐黎丽教授申报的国家社会科学基金重大项目"中国陆地边境对应国口岸志资料收集、整理与研究"正式获批立项，这是徐老师自研究陆路边境口岸以来获得的第二个重大项目，这也是徐老师及其边疆研究团队取得的又一重大成就。早在 10 年前，作者就在徐老师的指导下关注西北陆路边境口岸，特别是对位于新疆克孜勒苏柯尔克孜自治州的两个陆路口岸给予了长期的实地调查和全面研究。作者以民族学、人类学为主要理论视角，综合运用经济学、历史学、政治学等多学科研究方法，全面调查研究阿图什市跨国商人群体的历史和现状，取得了较为丰富的一手资料。经过多年的积淀，作者将阿图什市跨国商人的研究撰写成书，最终以《穿梭于中吉边境口岸的阿图什市跨国商人》为名形成专门研究这一群体的著作。如今，在徐老师的关心和指导下，这本作者历经近 10 年创作而成的作品终于付梓，呈现在广大读者的面前，令人感慨万千。

口岸研究目前成为边疆研究的热点之一。从目前的研究成果看，当前学界对于口岸的研究主要集中在口岸经济、口岸城镇以及口岸的分布等方面，对"口岸人"的研究并不多见。作为推进口岸建设与发展的主体力量，口岸职业群体是"口岸人"的核心组成部分。关注"口岸人"是徐老师及其口岸研究团队开展口岸研究的重点，也是作者研究口岸的主要方向。

前往中亚国家开展布料经营，是绝大部分阿图什市跨国商人的首选。也就是说，跨国布料商人是阿图什市跨国商人的核心组成部分。作者对这一群体的调查研究虽然历经近 10 年，但长时间、大规模的调查研究有 4 次，即 2012 年、2015 年、2016 年、2019 年。特别是在 2016 年，作者在阿图什市持续作调查研究整整 1 年。2019 年，作者再次对阿图什市跨国商人进行了回访。在上述研究期间，为了全面了解阿图什市跨国布料商人在跨入国的实际情况，作者到吉尔吉斯斯坦比什凯克进行了为期两个月的实地调查。此外，为了进一步弄清跨国商人的进货情况，作者对浙江省绍兴市柯桥的"中国轻纺城"做了为期 1 月的田野调查。新冠疫情暴发之后，因为大部分商人暂停了跨国经商，故作者没有继续实地调查，而是采用线上的方式关注商人的情况。因此，本书中所运用的调查资料，特别是相关的数据主要是来自2016年和2019年的田野调查。较为翔实的田野调查资料为本书的写作提供了鲜活的一手资料，也奠定了作者对阿图什市跨国商人群体研究的基础。

本书以阿图什市跨国商人长期穿梭的吐尔尕特口岸和伊尔克什坦口岸为主要研究的切入点，以跨国商人特别是布料商人的经营过程为研究维度，采用实证分析和人文研究相结合的方法，运用文化人类学、经济人类学、生态经济学、历史学等多种学科的视角，通过深入田野调查和参与观察，对阿图什市松他克乡大肖鲁克村维吾尔族跨国布料商贸的历史与现状进行专题研究，尤其是对布料商人的经营过程和目前困扰商人正常经营的主要因素作了调查研究。最后，从三重视角提出改善阿图什市跨国商人经营现状的策略。

《穿梭于中吉边境口岸的阿图什市跨国商人》的出版，作者首先要感谢导师徐黎丽教授，徐老师对本书的调查研究、写作以及出版给予了无私的支持和宝贵的指导。作者的同事朱长兵老师、作者的研究生王涛同学、李浩同学也参与了部分章节的文字校订，对此也一并致以谢意。因各种原因，本书的撰写依然存在些许纰漏和不足，敬请学界同仁批评指正。

杨亚雄

2024 年 1 月 30 日